微博与信息传播

《图书情报工作》杂志社　编

海洋出版社
2013年 · 北京

图书在版编目（CIP）数据

微博与信息传播/图书情报工作杂志社编著．—北京：海洋出版社，2013.10
（名家视点．第4辑）
ISBN 978－7－5027－8656－4

Ⅰ．①微…　Ⅱ．①图…　Ⅲ．①互连网络－传播媒介－文集
Ⅳ．①G206.2－53

中国版本图书馆CIP数据核字（2013）第215121号

责任编辑：杨海萍
责任印制：赵麟苏
海洋出版社　**出版发行**
http://www.oceanpress.com.cn
北京市海淀区大慧寺路8号　邮编：100081
北京旺都印务有限公司印刷　　新华书店北京发行所经销
2013年10月第1版　2013年10月第1次印刷
开本：787 mm×1092 mm　1/16　印张：20.25
字数：477千字　定价：45.00元
发行部：62132549　邮购部：68038093　总编室：62114335

《名家视点丛书》编委会

序

由《图书情报工作》杂志社编辑、海洋出版社出版的《名家视点：图书馆学情报学档案学理论与实践系列丛书》第4辑即将付梓问世。作为我担任《图书情报工作》杂志社社长、主编后经手策划的第一套丛书，我很高兴看到，经过相当长时间的讨论、选题、编辑、加工、出版等一系列环节，第4辑共5本书，就要正式出版。我有种释然的感觉，又觉得有必要多说几句话。

近些年，我们所处的信息环境和文献情报领域发生了非常重大的变化。大英图书馆2008—2011年的战略规划指出：我们所处的环境在过去的二十年里发生的变化超过了过去两百年的变化（初景利、吴冬曼．国际图书馆发展趋势调研报告（一）：环境分析与主要战略．国家图书馆学刊，2010年第1期）；美国一位学者Scott Nicholson也曾提出：图书馆界在过去五年的变化超过了前面一百年的变化，而未来五年的变化将使过去五年的变化微不足道（张晓林．颠覆数字图书馆的大趋势．中国图书馆学报，2011第5期）。

我们需要敏感地认识到这种变化，并积极地应对变化，直面变化所带来的挑战。变化是永恒的（change is constant），但变化也是机会。没有一个学科、一个领域不受快速发展的信息技术所影响，不受快速变化的信息环境所影响。文献情报工作在这种大变革的环境下很可能受到的冲击最大，但也可能是孕育的机会最多的领域。关键是，我们能不能抓住变化的机会，寻求新的业务生长点和自我创新发展的路径。

图书馆学、情报学、档案学的研究者、从业人员、教师、学生和管理者，必须从自身业务上的例行事务中跳出来，睁大眼睛看世界，跟踪和了解国际国内学界业界正在思考的问题，正在发生的变化，正在设计的未来路线。近年来文献情报及相关领域发生的变化可以从《图书情报工作》每年发表的众多文章中感受到这种律动，也可从我们精选的部分文章编辑出版的这套丛书可见一斑。无论是作为图书馆服务的热点的学科服务、知识服务，还是与文献情报有密切关系信息环境和信息化的微博、电子政务、电子商务，都在经历着变革与创新，而正是这种变革与创新不断地推动着文献情报工作及相关领域工作的不断深化和不断向前发展。

我们编辑的这套丛书共5本，分别为《知识服务的现在与未来》、《学科服务进展与创新》、《微博与信息传播》、《电子政务研究与实践进展》、《电子商务研究与实践进展》，基本都是从《图书情报工作》2009 年到 2013 年初所正式发表的文章精选出来的。5 个主题所研究的问题各有侧重，但都注重理论与实践的结合，体现了作者对相关问题的理论思考和实践探索，反映了当前业界学界对这些问题的研究水平和业务进展。相信会对广大读者有一定的帮助，或具有一定的启示作用。他山之石，可以攻玉。我们也都需要通过学习、交流和借鉴，相互沟通，取长补短，共同成长，共同提高。《图书情报工作》是严谨的学术期刊。作为半月刊，每年发文在 700 篇左右（来稿有 7000 篇左右），同时我们还创办了纯网络的电子期刊《知识管理论坛》（原名《图书情报工作网刊》）。这么多的文章全部阅读完，还是有些困难的。为此，我们选择了 5 个专题，从大量的发表的文章中筛选出一些质量好、有特色的文章，编辑了一个专辑 5 本书。读者可以选择其中感兴趣的主题阅读相关的文章，并追踪阅读和利用该领域更多的研究成果与实践进展。

这是自 2009 年《图书情报工作》杂志社与海洋出版社首次合作出版第 1 辑（4 本）、2011 年出版第 2 辑（5 本）、2012 年出版第 3 辑（4 本）之后的再度合作。我们希望通过对《图书情报工作》所发表的文章的精华部分以书的形式出版，形成对这些研究成果的再利用，更充分地发挥这些研究成果的价值和影响力，为读者提供增值的服务，使这些论文的学术思想、理论创新、实践经验、专业成就得到最大限度地利用。

感谢本丛书的多位作者为丛书所提供的重要的科研成果与实践创新案例，这些成果尽管只是《图书情报工作》发表的，但也一定程度上代表了国内这些领域最新的研究成果和取得的学术成就，为读者了解、学习、借鉴和应用这些成果提供了有价值的参考源，并在此基础上进行深入的研究与探索，不断深化所研究的问题，不断创造出更多更好的成果。

丛书的出版，是《图书情报工作》杂志社、海洋出版社和广大作者共同努力的结果，是我们三方共同奉献给业内广大读者的一份礼物。感谢本专辑的作者，感谢海洋出版社。但愿本专辑的出版，能对图书馆学情报学档案学的相关理论研究与实践创新有所裨益、有所推动，体现出其应有的社会价值，为人们的学习、研究、实践提供必要的支持，为发展壮大我们的学科，为图书情报服务的持续创新，做出应有的贡献。

初景利

《图书情报工作》杂志社社长、主编

2013 年 7 月 3 日于中关村

目　次

基础篇

技术篇

用户篇

实　务　篇

综　合　篇

基 础 篇

微博客信息传播结构、路径及其影响因素分析*

袁　毅

（华东师范大学商学院　上海 200241）

摘　要　以新浪微博客为研究平台，采集事件传播路径中的用户属性数据及行为数据，利用社会网络分析软件绘制信息传播网络图，并对传播网络的结构、路径及其影响因素进行分析，最后，发现传播网络的形态与用户的影响力、节点的合理布局及外部干扰因素有关。

关键词　微博客　信息传播　社会网络分析

分类号　G206　TP393

微博客是一种被定义为书写文字不超过 140 个字符，记录用户当前活动、意见和状态，通过关注、粉丝、评论、转发等功能实现信息传播和共享的博客变体。微博客较其他互联工具最大的优势在于能够更为快速地传播信息，其快速传播信息的原因除了发送方式的多样化以外，一个非常重要的因素是它具有转发功能，并且转发贴能通过“粉丝”的“粉丝”迅速传播扩散。当某一原创贴发布后，它通常被原创作者的粉丝发现并可能转发，转发贴又可能被粉丝的粉丝发现并可能转发，以此层层传播扩散，形成了一个典型的级联传播网络。为了考察微博客的传播规律，本文以新浪微博客为研究平台，跟踪了事件在研究周期内被传播的路径，绘制了节点和路径形成的传播网络结构图，最后对影响信息传播网络结构及路径形成的因素进行了分析。

1　数据选择与处理

数据选择与处理通过以下步骤完成：

* 本文系 2008 年国家社会科学基金项目“网络社区信息运动模式研究”（项目编号：08BTQ029）研究成果之一。

1.1 微博客平台的选择

由于新浪微博客是目前我国用户数最多，也是最有影响的微博客，因此，本研究确定在新浪微博中选择研究样本。

1.2 传播事件的选择

为了使研究结论更具有一般性，本研究避免选择被过分热捧或有商业炒作嫌疑的事件，而是随机选择一条农民工生存状态的话题（以下称原创贴），原创作者为薛晓棠，地址为：http：//t. sina. com. cn/1554014995/k4CeUoLKt，话题以文字配发图片的形式出现，图片显示一个满脸皱纹、衣着破旧的农民工半蹲着吃干粮的图片，文字对农民工艰苦的生活状态表示了同情。

1.3 确定转发原创贴的用户集，并采集每个用户信息

转发用户及其信息按以下步骤采集：①以原创贴为起点，采集原创贴页面的评论信息，包括：评论用户名，评论用户名的ID，评论中引用的用户名，评论内容，评论时间；②搜索评论中所引用的用户的ID；如“@老沉：盟国//@USMBA：有机会要去感受一下这种友谊”这条评论中取老沉和USMBA的ID；③获取上述两类用户（一类是评论用户，一类是评论用户引用的用户）的关注和粉丝（由于系统限制，粉丝至多只能取到前1 000位）。④搜索上述用户的微博客（截止到原创内容发表的时间），观察是否转发了原创内容，如果转发，记录该用户，该用户即为本研究要找的转发用户，再取其关注和粉丝，循环上面过程，直到无新的转发者。

在搜索转发原创贴用户的同时，采集该用户7项信息：用户ID、关注数、粉丝数、发表的微博文数、是否认证用户、被转发数、传播级别。其中，被转发数是指用户发布或转发该原创贴后，被其他用户转发的次数，传播级别是本研究中为了考察信息传播的路径而设定的参数，在某条传播路径上，根据用户转发时间的先后划分为不同的传播等级，转发原创节点的节点A设为1级，转发节点A的节点B设为2级，以此类推。

原创贴发布时间2010年3月8日23点55分，采集时间从3月25日13点整到3月29日13点整，即数据存在时间域为3月8日23点55分-3月29日13时。共获取转发数为2 530次，其中2 340个用户转发了1次，61个用户转发了2次，11个用户转发了3次，转发4次和9次的各1个用户，转发5次和6次的各2个用户，也就是说，2 351个用户参与转发，这些用户即为转发原创贴的用户集，用户集中每个用户的7项信息被采集入库，以备分析所用。

2 微博客信息传播网络结构与路径

首先定义传播图 G = {V, E, W} 来描述微博客信息传播网络，其中，V 是微博客的节点集合，将微博客用户及其微博客页面统一看作微博客网络的节点，本研究的节点即传播该农民工贴的所有微博客用户及其微博站点。节点 a_1 转发了原创节点 1 的原创贴，则生成一条由 1 指向 a_1 的有向链，a_1 称为一级传播节点，当 a_2 又转发了 a_1 所转发的贴，则又生成一条由 a_1 指向 a_2 的有向链，a_2 称为二级传播节点，以前类推，于是形成了从 $1\rightarrow a_1\rightarrow a_2\rightarrow\cdots$ 的传播链，节点与节点的转发路径数称为距离，例如，节点 a_2 到原创节点 1 的距离为 2，节点到原创点的距离称为链长，当一条传播链传播到 5 级传播节点后，再没有被转发，则称该传播链链长为 5；E 为由原创节点出发，所有转发原创贴的用户及微博站点形成的所有路径集合；在所有转发节点中，由于不同节点的粉丝数、关注数、性别、地域、是否是认证用户均不相同，用户的某些特征可能会造成节点影响力不同，将节点的影响力集合记为 W。也就是说，整个传播网络由节点、路径以及节点的影响力所构成。此外，为了叙述方便，根据一个节点被转发次数的多寡，该节点被称为强势节点、次强势节点及弱势节点。

利用社会网络工具 Netdraw 绘制信息传播网络图[1]。Netdraw 的文本文件程序为（部分）：

```
* node data
uid          level   forward   focus   fans   blogs   vip
216523996    3       16        531     2796   5367    1
227842593    7       2         108     64     240     0
1001560384   6       1         266     117    175     0
…            …       …         …       …      …       …
* tie data
From         to           distance
1554014995   1074250082   1
1554014995   1088047653   1
…            …            …
1074250082   1226270601   2
1074250082   1448166187   2
…            …            …
216523996    1169245034   3
216523996    1363780062   3
…            …            …
```

文本文件中的节点“ * node data”不仅给出了节点 ID，同时给出了各节点的属性信息，即包括传播级别（level）、被转发次数（forward）、关注数

(focus)、粉丝数（fans)、发表的微博文数（blogs）以及是否是认证用户(vip)。这样做的优点在于，当使用Netdraw，绘制原创贴传播的网络图时，鼠标放在任何一个节点上，点击右键，即可看到每个节点的属性信息，便于进行数据观察和分析，更重要的是，可以任意选择节点的某一项属性显示传播网络，使图形更易于观察，如选择节点粉丝数这一属性显示网络时，粉丝数量大的用户的节点尺寸大于粉丝数量小的用户的节点尺寸，一般根据研究的目的及观察的需要，确定选择何种属性显示网络。

文本文件中的“＊ tie data”中，第一列与第二列都是节点的ID，根据第二列节点到原点（原点ID为1554014995）的链长（distance）分为若干组，如第一组的链长为1，说明第一组中第二列节点都是到原点链长为1的节点，即在原创贴发布后最早转发的一级传播节点；第二组的链长为2，以此类推。

调用Netdraw，绘制原创贴传播的网络图（见图1），为了图形的清晰，图1未显示每个节点的ID，但在重要的节点标记了数字（如原创节点命名为节点1)。此外，在软件中设置了节点属性，根据节点被其他用户转发的次数多寡显示节点的大小（如节点3被转发了77次，图1中显示节点3的面积最大)，以便从图中可以清楚地观测到被转发次数多的用户节点，即所谓强势节点；图1中省略了对原创节点仅进行了一级传播和二级传播便无进一步传播的节点，由于原创节点附近有大量这类节点，省略这部分节点，可以更为清楚地观测信息传播的主要路径，但对于大于或等于三级传播的路径，图中保留从1级到最终的路径，以保证信息传播路径的完整显示。

图1也清楚地显示了微博客信息传播是一个从原创贴为中心层层扩散的级联传播结构，在数据采集周期内，从原创节点出发，最长传播路径链长为12，即最后一次传播为12级传播，以下将对传播过程中的几种典型类型进行分析：

- 第1种类型：偶发型。仅发生一级传播，没有其他用户再次传播上一次的传播。它包括两种情况：第一种是对原创节点的一级传播，即A转发了原创节点后再没有其他用户转发A的转发，从而中断了传播链。在2 351个参与转发的用户中，有1 770个用户一次传播原创贴后再未被其他用户转发，说明微博客的偶发性传播所占的比例是非常大的；第二种情况是在二级（包括二级）以上传播链中，B又转发了上一个用户的转发，但没有其他用户再次传播B（如节点8)，图1中可以看到大量这类只有一个分支的情况，这种偶发型的用户通常是在网络中没有影响力的用户，因为没有影响力，信息到此难以继续被传播。
- 第2种类型：偶遇机会型。在传播过程中，偶遇强势节点，扩大了传

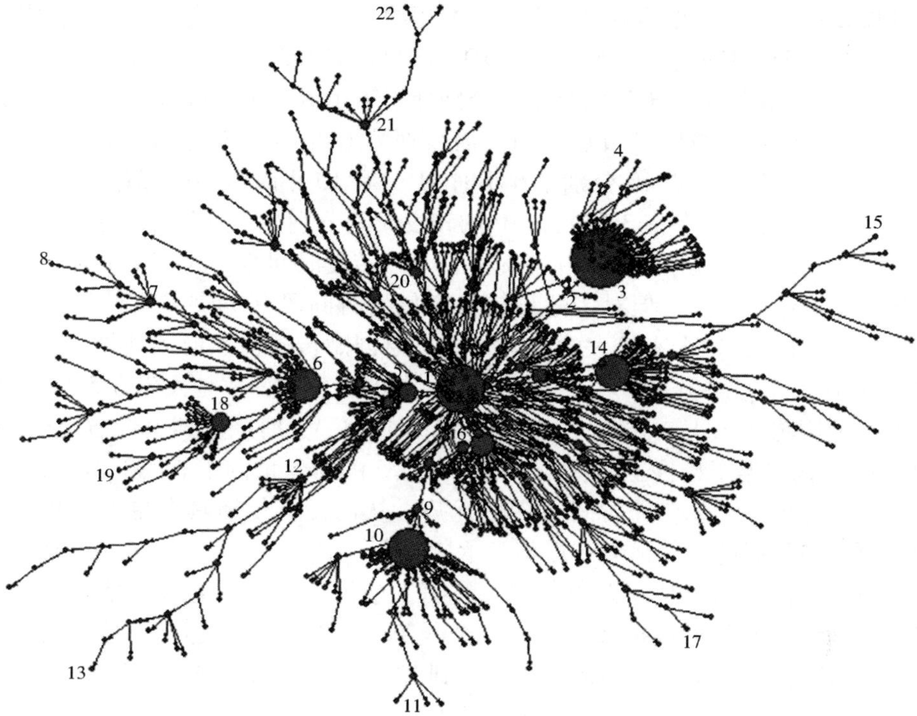

图 1　微博客信息传播结构与路径

播的面积及传播的链长。如原创节点 1 经过节点 2、3 到节点 4 的分支，如果根据新浪微博的用户 ID 排序，该分支按以下用户逐级传播：1554014995（节点 1）－1404971935－1662345577－1212040547（节点 2）－1253531973（节点 3）－1699941995－1698108537－1681717110（节点 4）。该分支在传播过程中，到了第 4 级时，遇到节点 3，该用户有很强的传染力，引发了大量转发，扩大了转发的宽度，将传播延长到 7 级，如果未遇到节点 3，传播可能在 5 级时就中断。同样分支 1－9－10－11 也属此类型，该分支最长距离为 9；分支 1－14－15 情况类似，但由于节点 14 在后面又遇到较为强势的节点，导致传播链长达 11。

• 第 3 种类型：强势节点相互呼应型。从节点 5 发出以下分支：分支 1－5－6－7－8，分支 1－5－6－18－19，分支 1－5－12－13。该子网主要由上述三个分支网络组成，是整个传播网络中传播面积最大且传播链最长（链长为 12）的一个子网。该传播网络强势的原因在于：①在数据采集时间域，节点 5（ID 为 1641428154）的粉丝数高达 24 655 个（可通过 http：//t. sina. com. cn/

1641428154 访问），并且不同于第二种类型的是，在第二种类型中，虽然节点 3（ID 为 1253531973）和节点 10（ID 为 1680313495）的粉丝分别高达 108 627 和 42 734，但是由于该两个节点分别处于第 4 级和第 5 级传播，传播级别高于节点 5 的传播级别（节点 5 的传播级别为 1 级），从转发发生的时间看，节点 5 比节点 3 和节点 10 分别早 6 小时 41 分和 10 小时 34 分（节点 5 是 3 月 25 日零点 31 分，而节点 3 和节点 10 的转发时间分别是 3 月 25 日 7 点 12 分和 3 月 25 日 11 点 05 分）。在常规情况下，节点转发时间相差 6 – 10 小时并不会明显地影响传播效率，但对传播量较为密集的时间段（如突发事件往往在短时间快速传播），则会有较大的影响，本文原创贴传播虽然时间周期界定在 3 月 8 日 23 点 55 分 – 3 月 29 日 13 点，但大量的转发均密集地发生在 3 月 25 日这天（原因将在第 4 节分析），因此，在 25 日这一天时间周期里传播提早 6 – 10 小时，就占据了传播上的优势，尽管节点 5 的粉丝量低于节点 3 和节点 10，但由于在传播级别及传播时间上占据优势，从而使其传播具有更大的扩散面积及更长的传播链。②强势节点相互承接配合。继节点 5 后，又有 6，18，12 等强势节点在不同的时刻逐步扩散。从图 1 中可以看到，还有其他次强势节点也在网络中不断承接扩散，形成一个强势、次强势节点逐层承接、均匀地分布较大的传播网络，其中最大链长达到 12。分支 1 – 16 – 17（见图 1 第 4 象限）的情况，属第 2 型与第 3 型中间状态，由于节点 16 属 2 级传播节点，边上又有两个次强势节点配合，使早期传播的面积扩散较快，但整个子网络后面缺乏强势节点承接，分布不够均匀，因此传播网络从面积上弱于第 3 型。

- 第 4 种类型：以节点 1 – 20 – 21 – 22 为主支及临近 4 个支干形成的子网，该子网没有明显的强势传播节点，但是在图 1 中可以看到传播早期有一些次强势节点较为均匀地分布着，中期和后期又有几个次强势节点承接，导致整个网络的面积较大，且传播链长也达到 11。

从上述四种类型可以看到，当传播中强势节点在传播的早期传播，并且网络中强势节点均匀分布时，传播的面积及链长较为理想。这点在网络传播及营销方面有重要意义，合理设置、增加或改变强势节点及其节点合理布局，会改善网络传播结构、速度、面积及链长。

3　网络结构及路径形成的影响因素

传播网络的形成与多种因素有关，除了偶发因素外，发现以下因素对网络的结构及路径的形成产生较大的影响：

3.1　高影响力用户数量影响网络规模及结构

在事件传播网络中，转发是信息传播的关键，当网络中有较多的高被转发的用户时，才易形成较大规模的网络，那么用户被转发与哪些因素有关就成了问题的关键？为此，从转发用户集中提取各用户的ID、所处的传播级别、被转发的数量，转发时间，关注数、粉丝数、发表的微博数量、是否是认证用户，再将用户被转发数分别与其他字段进行相关性分析，结果发现，用户被转发的数量与该用户的粉丝数存在高度相关，相关系数达0.704 0，与该用户是否是认证用户存在低度相关，而与所发表的微博客条数等没有相关性，如表1、表2所示：

表1　样本用户的主要属性（部分）

用户 ID	传播级	被转发数	转发时间	关注数	粉丝数	微博数	是否认证
1554014995	1	63	201003082355	195	363	329	0
1670201604	2	1	201003251006	169	150	256	0
1677638975	3	1	201003251012	369	535	1096	0
1357428174	4	1	201003251018	753	219	35	0
1357426835	5	1	201003251033	631	136	39	0
1357426104	6	3	201003251034	590	111	29	0
1357425703	7	2	201003251036	736	109	32	0

注：用户 ID－新浪微博客给予的用户标识；传播级－从原创节点开始发散的一条路径中，各节点按传播的先后命名为传播级，原点本应是零传播级，但为了相关系数计算的方便，将原点设置为1级，其他节点相应均增加一级；是否认证－记0为非认证用户，1为认证用户。

表2　用户被转发数与其他字段的相关系数

相关系数	传播级	转发时间	关注数	粉丝数	博客数	是否认证
被转发数	－0. 1334	－0. 2750	0. 1944	0. 7040	0. 1563	0. 3318

上述研究说明，用户被转发的数量只与用户的粉丝量高度相关，即拥有粉丝数多的用户所发布或转发的贴子才易于被他人发现并继续转发，拥有较多粉丝的用户被称为有影响力的用户，当网络中拥有较多的有影响力用户时，才能吸引更多的关注，从而引起信息的持续传播，形成更大的网络规模，这些有影响力的用户则成了网络的信息中枢。从图1中也可以看到重要的传播链中都有高影响力的用户。

3.2　传播时间、传播级别及高影响力用户的合理分布决定传播的路径

从信息传播的周期看，一般来说，信息传播分为早期、中期和晚期三个阶段，信息发布的早期较易受到关注或引发兴趣，即使是有影响力的用户，

如果是在传播的晚期介入，也会影响传播效果，如节点3，虽然他吸引了大量的转发，但却难以为继，而节点5，由于节点5是高影响力用户，尽管影响力低于节点5，但由于在传播的早期，易形成更大的网络，高影响力用户传播级别越小、传播时间越早、高影响力用户之间相互承接配合的越好，越容易形成较大的传播网络和较长的传播路径。

3.3 外部因素会干扰或改变传播网络

一般认为，一条原创贴发布后，渐渐被传播开来，在一定时间积聚达到峰点，最后再慢慢衰减。本研究中考察的农民工贴却反映了一个很奇怪的再现，即在3月8日和9日分别被转发1次和5次后，似乎从此销声匿迹，再无一次转发，但在24日却突然被转发，25日达到转发的高潮，如表3所示：

表3 时间周期内信息被转发和评论的情况

日期	3月8日	3月9日	3月24日	3月25日	3月26日	3月27日	3月28日	3月29日
转发数	1	5	146	2144	184	31	17	2

进一步考察发现，原因在于微博客场外事件的影响，3月23日美国总统奥巴马在白宫签署医保改革法案，24日在白宫举行新闻发布会，25正式宣布该法案。由于累卵是原创作者薛绍裳的粉丝，是第一个转原创贴的人（于3月9日转发），风之子又是累卵的粉丝，当累卵转发了薛绍裳后，风之子又于3月24日转发了累卵的这条转发贴，并评论说“奥巴马完成了为美国96%的人争取医疗保障的工作。这一个业绩，足以名垂青史！———”，此贴掀起了24日和25日转发、评价或回复该贴的高潮，内容均是关于养老、医保及农民工生活的话题。

由于该外部因素的影响，将一个普通的、几乎无人讨论的话题上升到民生问题的高度，吸引了大量关注民生问题的用户参与，不仅放大的网络的规模，也延长了网络传播的路径。

4 结语

从上述研究可见，微博客信息传播网络以原创贴为中心，沿着多条路径逐级发散，发散的面积大小、路径长度与传播过程中经历的节点有关系，当节点拥有较多的粉丝数时，该节点具有明显的强传播能力，能吸引更多的用户关注并转发，强势节点越早出现在传播早期，越有利于信息的扩散，传播网络的面积将会更大，传播链将更长，传播中强势节点、次强势节点的合理分布有助于构建更大的传播网络。此外，传播网络的规模及速度还与其他因素有关，如与事件本身性质有关系，有些事件较其他事件更易于吸引用户注意力；还与传播过程中所遇到的其他事件干扰有关，当发生了新的触发点，可能再次触发了对原事件的转发或讨论，使事件传播网络可能重新放大。也就是说，信息传播的面积、传播链长、传播的速度及传播的生命周期取决于事件本身、微博客场内场外的干扰因素、传播的节点以及节点的合理布局几个方面。这一研究结论对网络营销及互联网舆情监控具有一定的意义。当需要扩散信息时，合理地有目的地进行节点的监控和布局，使结构更加利于传播，当需要将信息传播的周期延长时，可以合理地策划话题，进一步激发传播，掀起新一轮的扩散；当需要对信息传播进行控制和遏制时，则可能通过监控强势节点、限制强势节点、破坏网络结构或转移话题等活动达到目的。

参考文献：

[1] 刘军．整体网分析讲义——UCINET 软件实用指南．上海：格致出版社，2009.

作者简介

袁　毅，女，1963 年生，教授，博士，博士生导师，发表论文 50 余篇，出版著作 2 部。

基于复杂网络理论的微博信息传播实证分析

田占伟[1]　隋　玚[2]

（1. 哈尔滨工业大学管理学院　哈尔滨 150090；2. 黑龙江大学新闻传播学院　哈尔滨 150030）

摘　要　为研究信息在微博中的传播特征，对新浪微博数据进行实证分析。利用复杂网络理论方法，对构建的微博信息传播网络，进行基于度、路径统计指标的分析，发现该网络具有集群性、小世界、高度中心化等特征。这些特征表明，信息在微博网络中的传播效率比其他在线社会网络更高；网络中介数中心点对信息传播效率的贡献显著，但网络并不脆弱；节点在信息传播中的作用差异很大，易于形成意见领袖。按行业属性对网络进行群落划分后，发现各群落在微博中表现出的信息传播特性与在现实社会中相似。

关键词　复杂网络　微博　信息传播　网络结构分析

分类号　G202

1　引　言

微博本质上是一种在线社会网络，社会网络可定义为以个人或群体为结点构成的集合[1]。现实社会中的人际关系网络、演员合作网络等，都属于社会网络。早期对于社会网络的研究主要采用调查问卷分析和实验的方法。Dunbra 推断出人类智力所允许的稳定的社交网络规模约等于 150 人，即 150 法则[2]。哈佛大学心理学教授 Milgram 通过邮件传递实验得到著名的“六度分隔”理论[3]。上述两个理论构成了在线社会网络的理论基础。

随着复杂网络理论研究的深入，学者们越来越多地将复杂网络分析方法应用到社会网络研究中。而在线社会网络的崛起，为研究提供了大量的数据。研究结果表明多数在线社会网络具有无标度、小世界、高聚类系数、层次化结构等共性[4-10]。对于信息在网络上的传播，基于复杂网络理论的研究注重构建网络模型。Sudbury 提出了随机网的 SIR 模型，发现舆论最多能传递到

80%的人群[11]；Zanette借助平均场理论研究了小世界网络上的信息传播[12]；刘宗华等则研究了舆论在一般网络上的传播[13]；王磊等研究了知识在企业网络中的传播演化[14]。此外，还有大量学者研究了信息包在因特网上的传递、交通阻塞等问题，提出了多种控制阻塞的方法[15]。社会科学领域的学者多采用统计学方法，对大规模数据进行研究，发现规律[6,16]。

微博信息通过裂变方式进行传播，速度和广度远远高于任何一种传统媒介。然而对于微博的网络结构、微博信息在网络上的扩散特征，目前研究还较少。为此，本文拟利用新浪微博“名人堂”用户之间的关注关系数据，构建微博中信息传播网络，运用复杂网络理论方法，对网络结构和信息在网络中的传播进行研究分析。

2 数据准备和网络构建

我们采集新浪微博“名人堂”用户数据进行实证研究（截至2011年2月），利用用户“关注”与“被关注”关系，构建信息传播网络。该网络的构建主要是基于以下两点：①新浪微博“名人堂”用户为实名认证，来自各行业的知名人士能够掌握所在行业的前沿信息；②用户的“关注”与“被关注”关系可以衡量信息的传播情况，关注关系可以反映信息传播方向，数量可以反映信息传播强度。

用户共有26 106名，分为17个综合类别、125个具体分类。我们可采集所有用户的信息进行研究，发现存在6 737 914条“关注”关系，去除外部“关注”关系后剩余2 111 853条。以26 106个用户为节点，“关注”关系为弧，构建微博中信息传播的网络N，该网络为具有2 111 853条弧的有向弱连通网络，可以表示为26 106×26 106的邻接矩阵：

$$N=\begin{bmatrix} 0 & a_{1,2} & \cdots & ?\ a_{1,26\,106} \\ a_{2,1} & 0 & \cdots & a_{2,26\,106} \\ \cdots & \cdots & \cdots & \cdots \\ a_{26\,106,1} & a_{26\,106,2} & \cdots & 0 \end{bmatrix}$$

其中，$a_{i,j}$（i，$j=1$，2，…，26 106），表示第i个用户对第j个用户的关注，0代表没有关注关系，1表示存在关注关系。

3 网络结构分析

网络结构描述指标有几十种，Costa等人对这些指标进行了介绍[17]。针对本文的研究问题，本部分分析网络N在度和路径特征两方面的指标。

3.1　基于度的统计特性指标的结构分析

基于度的统计指标可以描述节点互相连接、网络动态演化特征，包括密度与平均度、度分布与关联性、集群性。

3.1.1　度与密度

网络 N 为有向图，度分为出度和入度。节点的出度越大，其信息的流入量越大；入度越大，信息的流出量越大。节点度的统计信息见表 1。

数据显示受关注程度较高的前 20% 用户，拥有的被关注量占总量的 67.6%，而较多关注其他用户的前 20% 用户，拥有的关注量占总量的 65.4%。虽然并不严格符合“二八定律”，但是我们也可以看出从度值考虑，网络中的重要节点只占少部分。

表 1　度统计信息

指标	出度	入度
最小值	0	0
最大值	1 825	6 143
均 值	80.90	80.90
中 值	39	36
众 数	0	9

网络 N 中节点的平均出（入）度为 80.9，如果不去除网外关注关系，平均出度为 258，这与“互惠”型的在线社交网络（如 facebook、人人网等）近似符合“150”法则相比，要大很多。因为名人堂网络中的用户均是社会名人，受关注程度很高，平均入度近 4 万。此外，由于节点数量较大，网络 N 的密度较小（0.003 1）。

3.1.2　度分布与度相关性

度分布可以描述网络节点重要程度的分布。网络 N 为有向网络，包括出度分布 $p(k^{out})$ 和入度分布 $p(k^{in})$。为了消除网络规模的影响，我们利用累积度分布函数来表示度分布：

$$p_c(k) = \sum_{k' \leqslant k} p(k') \tag{1}$$

网络 N 的出入度的双对数累积度分布散点图如图 1 所示：

从图 1 中我们可以看出节点的度分布存在较大的异质性，去除头部后出度和入度分别服从指数为 0.42 和 0.35 的幂律分布，具有明显的无标度特性。这表明节点在信息流入、流出方面有很大的不同。

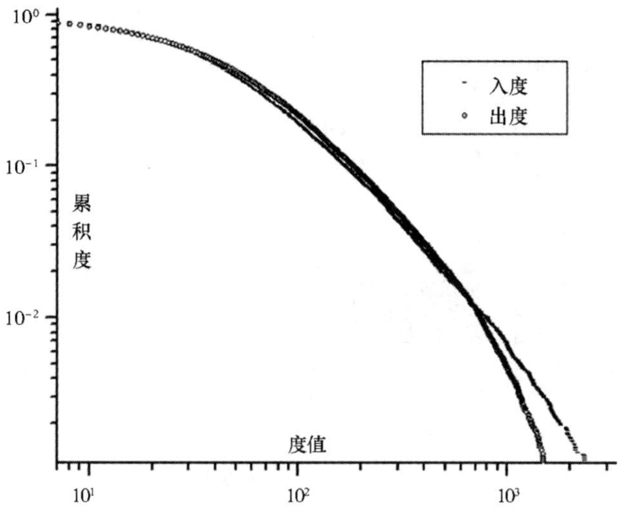

图 1　网络 N 的出入度累积度分布

度的相关性可以用度为 k 的节点邻点的平均度 $k_{nn}(k)$ 来表示：

$$k_{nn}(k) = \frac{1}{n}\sum_{i \in M_k}\frac{1}{k_i}\left(\sum_{j \in N_i} a_{ij} k_i\right) \tag{2}$$

其中，M_k 表示度为 k 的节点的集合，N_i 表示节点 i 的邻点的集合。如果 $k_{nn}(k)-k$ 的曲线的斜率大于零，则为度正相关，否则为度负相关。在线社会网络多是正相关，而技术网络、生物网络多为负相关[18]。考察网络 N 的相关性时，我们利用节点的入度与节点关注的其他节点的平均被关注度来描述，其度－相关度分布如图 2 所示：

从图 2 中可以看出微博网络大体上呈现负相关性，即度小的节点倾向于与度大的节点相连。网络 N 节点的平均入度为 80.90，而其关注节点的平均入度为 611.27，93.1% 的节点关注节点的平均入度大于自身入度，这表明大多数用户更喜欢关注被关注程度高于自己的用户，或者关注“明星”用户，这种特征易于形成“意见领袖”。

3.1.3　集群性

社会网络一般都具有群落结构[19]。集群系数可以描述网络集群性的完美程度，无向无权网络中节点的集群系数定义为：

$$C_i = \frac{2l_i}{k_i(k_i-1)} \tag{3}$$

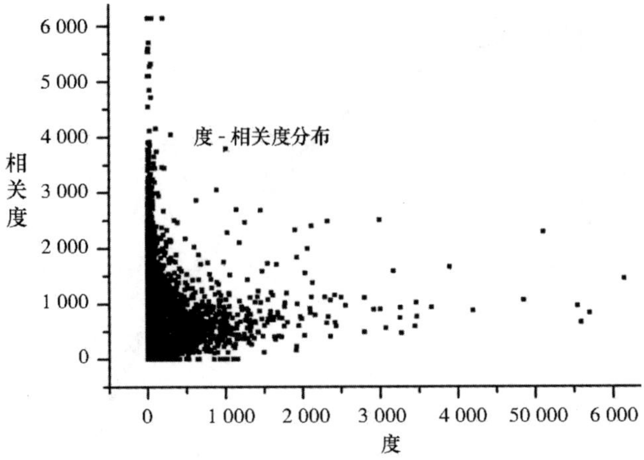

图 2　网络 N 的度 – 相关度分布

其中 l_i 表示与节点 i 连接的节点之间存在的实际边数，k_i 表示节点 i 的度。网络的集群系数为所有节点集群系数的均值。对于网络 N，在考虑集群系数时，将其处理成无向图，这同样可以描述节点之间的群落关系。经过计算，网络 N 的 W- S 小世界集群系数为0. 205 53，集群系数为 0. 073 34，这比同等规模的随机网络集群系数 $3.983 * 10^{-5}$ 要大几个数量级，可见网络 N 表现了很好的集群性。

3.2　基于路径统计特性指标的结构分析

为了研究网络中信息传播的效率和网络的脆弱性，我们选择平均距离、直径、中心度、中心化等基于路径的统计指标进行分析。

3.2.1　平均距离和直径

网络的平均距离、直径，可以反中，在整个网络信息传播的效率。信息传播网络 N 为无权网络，我们定义其平均距离为：

$$l = \frac{1}{n(n-1)} \sum_{i \neq j} d_{i,j} \quad (i,\ j = 1,\ 2,\ \cdots,\ 26\ 106) \tag{4}$$

$n = 26\ 106$，$d_{i,j}$ 表示节点 i，j 之间的最短路径。已研究的在线社会网络，都具有较小的平均最短路径（大都小于 4）和直径（小于 9），基本符合六度分隔理论。经过计算，我们得到网络 N 的平均最短路径为 3. 09，直径为 10，即信息在各个节点之间平均经过 3. 09 步，最多经过 10 步即可相互到达。网络 N 是新浪微博网络的子集，因此我们可预测整个微博网络也应该具有较小的平均路径和直径，呈现小世界特征。

3.2.2 中心度与中心化

常用的中心度指标包括度中心度、紧密中心度和介数中心度[20]。对于中心程度最简单的描述是度中心度，即度最大的节点就是中心点，它直接反映节点的影响力。节点 V9783 入度值最大，为 6 143，23.5% 的用户直接关注了它，它在网络中显然是相对重要的。紧密中心度认为中心点为网络的拓扑中心，可以用来分析节点通过网络对其他节点的间接影响力。N 为有向网络，节点之间并不是强连通的，不能直接利用紧密中心度来寻找网络的中心，我们对节点 a 的入度紧密中心度指标做如下修改：

$$C_c(a) = \frac{\frac{m}{(n-1)}}{\frac{\sum_{b=1}^{n} d_{ab}}{m}} \tag{5}$$

其中，m 为可以直接或通过其他节点关注节点 a 的数量，d_{ab} 为节点 b 关注 a 经过的路径数，直接关注为 1，不能关注为 0。经过计算，网络节点的紧密中心度分布在 0 –0.53 之间，其中 88% 紧密中心度分布在0.18 –0.36 之间，紧密中心度最大的节点依然是 V9783，紧密中心度与入度值的 *spearman* 相关系数为 0.82，可见在网络 N 中入度值与入度紧密中心度呈现较好的正相关性。介数中心度认为网络的中心点应该是信息在网络上传输时负载最大的节点，由于网络 N 的规模较大，因此节点的介数中心度都较小，但体现了明显的差异性，中心点的地位非常突出。在网络 N 中，99.95% 的节点介数中心度小于 0.008，有 4 个节点介于 0.015 –0.023 之间，节点 V10609 具有最大的介数中心点，它具有第三大的入度值和较大的出度值。

网络的中心化程度定义如下：

$$C_N^g = \frac{\sum_{x \in N} (C_N^* - C_N(x))}{(n-1)\max(C_N^* - C_N(x))} \tag{6}$$

其中，C_N^* 为网络中中心度最大的节点的中心度值，如果网络中各节点的中心度都相同，则 C_N^g 为 0，而对于星状图，其中心化程度最高，C_N^g 为 1。网络 N 的入度中心度、紧密中心度、介数中心度的中心化程度分别为 0.99、0.41、0.99，可见网络呈现了较好的中心性。

4 信息传播分析

本部分从节点的统计特征和网络的群落结构两个角度对网络中信息传播的方向、效率、脆弱性等进行讨论。

4.1 基于节点统计特性的分析

基于得到的网络结构特征，我们可以分析信息在网络中传播的方向、效率以及网络的脆弱性。

4.1.1 信息流向

节点通过信息的传播来影响其他节点，倾向于流出信息的节点影响力较大，处于信息流动的“上游”；流入和流出均衡的节点，更多地起到“桥梁”的作用；而倾向于流入信息的节点，更多地被影响，处于信息流动的“下游”。节点的出度代表信息的流入，入度代表信息的流出，不考虑边的权重，我们可以利用节点的入度出度比 γ 衡量节点在信息传播网络中的位置。$\gamma>1$ 表示节点倾向于信息流出，$\gamma<1$ 倾向于信息流入，出度为 0 的节点 γ 等于无穷大，即该节点只有信息流出。

经计算，网络 N 中有 44.1% 的节点 γ 大于 1，1.6% 等于 1，54.3% 大于 1。然而处于信息流动“上游”的节点中，有许多出入度值都很小，它们并非网络的重要信息源。我们对节点作进一步限制，使其出入度值均大于网络的出入度的中值，这样的节点出入度值均较大，可视为网络中活跃的节点，它们对信息传播的贡献较大。处理后有 15.3% 的节点 γ 大于 1，我们可以认为这些节点处于信息流动的“上游”，信息更多地由这些节点流向其他节点。

4.1.2 网络的效率与脆弱性

网络具有较小的平均距离和直径，信息在各个节点之间平均经过 3.09 步即可相互到达，我们利用效率对网络信息传播的容易程度进一步进行衡量。网络的效率[21]定义为：

$$E=\frac{1}{n(n-1)}\sum_{i\neq j}\frac{1}{d_{ij}} \tag{7}$$

d_{ij}为节点 i，j 的最短路径长度，效率即节点间最短路径倒数和的均值。经计算，网络的效率为 0.327 4，这比已研究的在线社会网络（校内网 0.28[8]、LiveJournal 0.17[7]）都要大，可见内容由简短文字组成的微博网络平台更利于信息的传播。

在网络效率的基础上，我们可以定义节点的效率为 $E_i=E-E(n-i)$，其中 $E(n-i)$ 表示除去节点 i 后网络的效率。节点的脆弱性定义为 $V_i=\frac{E_i}{E}$，网络的脆弱性为 $\max(V_i)$，即脆弱性最大的节点的脆弱性。网络中最短路径经过介数中心点的条数最多，我们可以推断介数中心点为网络中脆弱性最高的节点。去除介数中心点后网络效率降低为 0.326 9，介数中心点对网络效率的贡献率为0.15%（度中心点为0.034%），考虑到共有26 106个节点，介数中心点对效率的影响显著，但它使得网络的脆弱性仅为0.001 5，可见网络并不脆弱。

4.2　基于群落结构的分析

微博信息传播网络表现了很好的集群性，这种性质更利于信息的传播。相关研究表明，具有相同特质的节点更容易相连[22]。网络中的用户按照从事行业的性质，被分为17类，可以按照这个类别来划分群落结构。有4个群落包含的用户数量过少，将其去除，剩余的13个群落可构成网络 W，为加权有向网络，弧的权值为节点间相互关注的数量。设 w（A，B，s）表示权值 s 由节点 A 指向 B 的弧，a、b 表示 A、B 所包含的用户数。为了消除用户数量不同带来的影响，我们对权值 s 做如下处理：

$$s' = \frac{s}{a \times b \times \frac{2\ 111\ 853}{26\ 106 \times 26\ 105}} \tag{8}$$

得到新的网络 W'，其节点和权值的分布如表2所示：

表2　网络 W' 中节点和权值分布

序号	群落	出权	入权	出/入
1	娱乐	3.46	11.22	0.31
2	时尚	6.45	7.28	0.89
3	财经	8.34	9.86	0.85
4	体育	2.84	5.01	0.57
5	科技	9.94	10.51	0.95
6	传媒	10.09	8.68	1.16
7	艺术	6.68	7.46	0.89
8	教育	6.94	5.98	1.16
9	官员	5.31	2.39	2.23
10	文学	7.68	10.08	0.76
11	汽车	7.09	4.34	1.63
12	游戏	7.58	2.38	3.19
13	房产	7.15	4.37	1.64

我们可以看出，信息流出最多的群落为娱乐界，流入最多的为传媒界。游戏业界、政府官员较明显地倾向于信息流入，娱乐界、体育界较明显地倾

向于信息的流出，而传媒界、教育界、科技界较好地起到了信息传播桥梁的作用，这与各个群落在现实社会中起到的作用类似。将弧转换成边，合并权值，利用边长与权值相似性表示节点间的紧密关系，我们描述出网络的轮廓如图3所示：

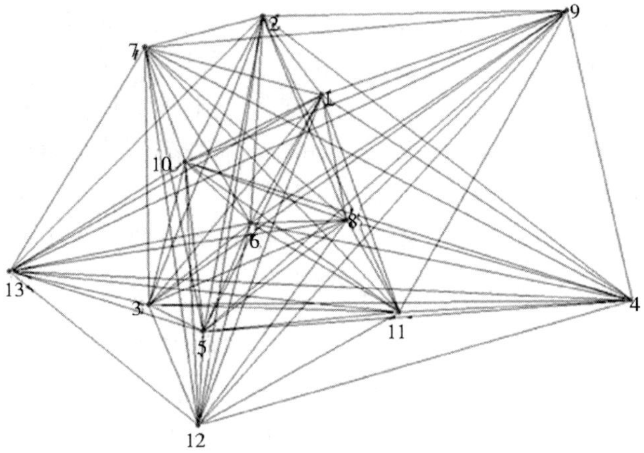

图3　群落信息传播紧密关系网络

从图3中我们可以看出，传媒界处于网络的中心，加之其用户数在所有节点中是最多的，可知传媒界在微博信息传播网络中起到核心作用。

5　结　语

基于新浪微博“名人堂”用户之间关注关系数据构建的信息传播网络，表现出了密度较小、度分布遵循幂律分布、小世界、高度中心化等特征。这些结构特征使得微博网络的信息传播具有更高的效率，但网络中节点在信息流入、流出方面，却存在较大的异质性。对节点进行群落划分后，群落表现出的属性和在现实社会中相似。

本文从网络结构的角度出发，研究用户节点的特性，通过其特性，分析在信息传播中的作用。然而微博用户的属性还受其他因素的影响，比如微博数量、评论数量等。学术界对于微博的研究刚刚起步，伴随着微博的快速发展，在公众信息传播、网络营销、数据挖掘等方面，需要更多具有实用价值的微博研究。

参考文献：

［1］　Wasserman S, Faust K. Social network analysis: Methods and applications ［M］. Cambridge: Cambridge University Press, 1994: 1 – 3.

[2] Dunbar R I M. Coevolution of neocortical size, group size and language in humans [J]. Behavioral and Brain Sciences, 1993, 16 (4): 681 – 735.

[3] Milgram S. The small- world problem [J]. Psychology Today, 1967, 1 (1): 61 – 67.

[4] 胡海波，徐玲，王科，等. 大型在线社会网络结构分析 [J]. 上海交通大学学报，2009 (4): 587 – 591.

[5] Ravasz E, Barabsi A L. Hierarchical organization in complex networks [J]. Physical Review E, 2003, 67 (2): 1 – 7.

[6] Golder S A, Wilkinson D M, Huberman B A. Rhythms of social interaction: Messaging within a massive online network [C] //Proceedings of 3rd International Conference on Communities and Technologies. London: Springer, 2007: 41 – 66.

[7] Zakharov P. Thermodynamic approach for community discovering within the complex networks: LiveJournal study [J]. Arxiv: physics, 2006, 32 (1): 1 – 8.

[8] Fu Feng, Chen Xiaojie, Liu Lianghuan, et al. Social dilemmas in an online social network: The structure and evolution of cooperation [J]. Physics Letters A, 2007, 371 (1): 58 – 64.

[9] Kumar R, Novak J, Tomkins A. Structure and evolution of online social networks [C] // Proceedings of the 12th ACM SIGKDD, Philadelphia: ACM, 2006: 611 – 617.

[10] Lerman K. Social information processing in news aggregation [J]. IEEE Internet Computing, 2007, 11 (6): 16 – 28.

[11] Sudbury A J. The proportion of the population never hearing a rumour [J]. Journal of Applied Probability, 1985, 22 (2): 443 – 446.

[12] Zanette D H. Critical behavior of propagation on small- world networks [J]. Physical Review E, 2001, 64 (5): 9 – 24.

[13] Zhou Jie, Liu Zonghua, Li Baowen. Influence of network structure on rumor propagation [J]. Physics Letters A, 2007, 368 (6): 458 – 463.

[14] 王磊，张庆普. 动态环境下企业知识能力的自组织演化分析 [J]. 图书情报工作，2009，53 (20): 80 – 83.

[15] Zhao Liang, Lai Yingcheng, Kwangho Park, et al. Onset of traffic congestion in complex networks [J]. Physical Review E, 2005, 71 (2): 61 – 83.

[16] Kwak H, Lee H, Park H, et al. What is Twitter, a social network or a news media? [C] //Proceedings of the 19th International Conference on World Wide Web. New York: ACM, 2010: 591 – 600.

[17] Costa L, Da F, Rodrigues F A, Traieso C, et al. Characterization of complex networks: A survey of measurements [J]. Advances in Physics, 2007, 56 (1): 167 – 242.

[18] 胡海波，王科，徐玲，等. 基于复杂网络理论的在线社会网络分析 [J]. 复杂系统与复杂性科学，2008，5 (2): 1 – 12.

[19] Liu Zonghua, Hu Bambi. Epidemic spreading in community networks [J]. Europhysics Letters, 2005, 72 (2): 315 -327.
[20] 王林，张婧婧. 复杂网络的中心化 [J]. 复杂系统与复杂性科学，2006，3 (1): 13 -20.
[21] Latora V, Marchiori M. Economic small- world behavior in weighted networks [J]. The European Physical Journal B- Condensed, 2003, 32 (2): 249 -263.
[22] Palla G, Dernyi I, Farkas I, et al. Uncovering the overlapping community structure of complex networks in nature and society [J]. Nature, 2005, 435 (7043): 814 -818.

作者简介

田占伟，男，1983 年生，博士研究生，发表论文 6 篇。

隋　玚，女，1985 年生，硕士，发表论文 3 篇。

基于微博的学术信息交流机制研究

——以新浪微博为例

盛　宇

（上海政法学院现代教育技术中心　上海 201701）

摘　要　微博具有更新快、双向交流方便等传统交流方式无法比拟的优点。以新浪微博为例，提出基于微博的学术交流过程模型，并分别从信息发布者和使用者角度对模型各部分进行详细介绍，主要包括微博学术交流主体、微博学术信息内容、微博学术信息获取以及微博学术信息的评价和利用。最后，对微博学术交流进行总结，提出几点建议和对未来的展望。

关键词　微博　学术信息　信息交流

分类号　G350

1　研究的意义

网络信息技术对学术领域全面渗透，引发了网络学术的蓬勃发展，目前已有基于网络学术论坛、学术博客的相关研究[1-2]。微博信息更新快速、公开获取的特点可以满足以最快的速度获取最新学术前沿信息的需求。微博中因拥有大量学者及海量学术信息而成为新型的资源宝库，该资源具有内容丰富、更新快速、观点新颖、获取便捷等优点。了解微博学术交流的现状、规律、交流模式，对于今后开发和利用这一资源有着积极作用。本文对当前微博学术交流环境进行研究，提出基于微博的学术交流过程模型，总结其优势和不足，期望未来微博学术交流能与传统知识交流方式互补，促进学术发展，提高学术水平。

2　微博学术信息交流过程模型

2.1　微博学术交流的优势

近年学术信息交流研究主要集中于图书馆等传统交流方式，网络交流方式也逐渐兴起[3]。胡德华等[4]总结了学术交流的 7 种模型，有 Garvey - Griffith 模型、信息流模型、生命周期模型等。任红娟等[5]和刘国亮等[6]分别使用社会网络定量方法和定性分析方法对网络学术交流模式进行了研究。同传统学术交流相比，微博学术交流具有以下优势：

2.1.1 拥有大量的专家学者和丰富的学术资源

微博有大量的专家学者和学术机构，每天都在生产大量学术信息，就数量而言，目前没有一种学术交流媒介能与其相比。

2.1.2 信息更新快，有利于最新学术前沿的传播

微博信息更新快速，通过微博获取学术前沿信息比学术论坛快，比会议快，比期刊杂志快，更比学术著作快。其速度是任何其他来源都无法比拟的，有利于最新学术前沿的及时传播，促进学术发展。

2.1.3 信息可公开获取，学术资源获取成本更低

数据难以获取往往成为学术交流的障碍之一，以往无论是小范围的学术会议，还是收费的期刊数据库，都给学术交流设置了障碍，而在微博上很容易获取公开信息，学术资源获取成本更低。

2.1.4 信息交流具有平等性，有利于各层次学者的跨界交流

微博具有交流平等性，无论是学术权威还是普通学者，都站在同一层面上进行“面对面”的双向交流，普通学者也可以通过新观点和积极发言成为“学术意见领袖”。同时微博的社会网络性让跨界交流变得频繁，有利于碰撞出创新观点。

2.1.5 第三方应用让学术信息采集与分析自动化

微博学术信息更新的速度也带来了信息采集方面的困难，但目前大量由第三方开发的微博应用解决了这一难题。以新浪微博为例，目前新浪微博官方网站上的各种应用已达 600 余种，其中许多应用都可在学术研究领域发挥作用。

2.2 学术信息在微博平台的传播特点

目前微博信息交流多集中在新闻、娱乐和生活等方面。学术信息在微博中的传播产生了理性与感性、严谨性与松散性、专业性与大众化的理念碰撞，微博中的学术交流既带有普通微博交流的烙印，又呈现自身独特的风貌，主要特点有：

2.2.1 主体相对固定

普通微博交流参与门槛低，主体流动性和随意性大，而微博学术交流需

要专业背景，门槛相对较高，同一专业领域内的发布者和使用者相对固定。

2.2.2 个人微博传播观点，学术微群集中讨论

个人微博通常用来阐述学术观点，召集学术意见，发表学术评论，而针对某主题进行深入讨论多需要借助微群形式，例如新浪微博中数据挖掘主题微群就有70余个。

2.2.3 内容具有理性、专业性、集中性和连贯性等特点

微博中普通交流内容松散，语言大众化、情绪化，前后无逻辑关联性，而微博学术交流语言组织更理性，内容具有专业性且在一段时间内主题集中，内容前后具有逻辑关联性。

2.2.4 信息检索和利用更深入

相较于普通微博交流，微博学术交流对信息的获取方法和利用的准确性、权威性、时效性都提出了更高要求。然而微博平台不是专业学术交流平台，很多功能尚不完善，如何利用现有功能获取和挖掘更多专业知识，是今后长远的研究目标。

2.3 微博学术信息交流过程模型概述

正是因为微博学术交流具有的种种优势，人们无法再忽视这一新兴的学术资源。为更好地了解当前微博学术交流环境和交流过程，本文以新浪微博为例研究得出微博学术交流过程模型，如图1所示：

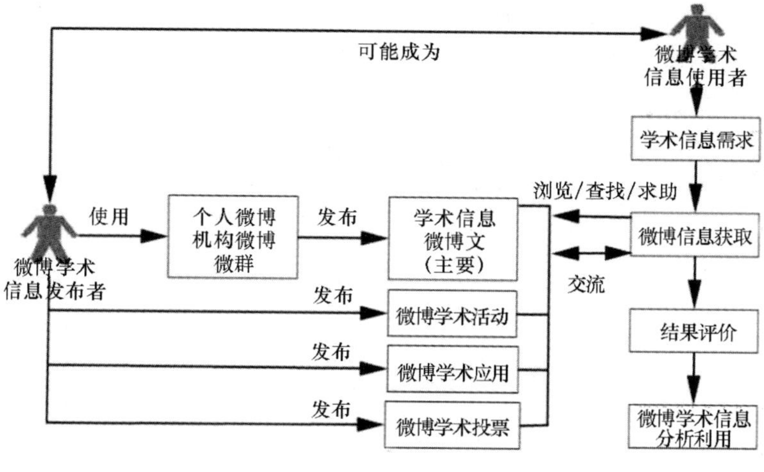

图1 基于微博的学术交流过程模型

该模型将微博学术信息交流概述为：以学术信息发布者和使用者为主体，以微博为平台，由微博学术信息发布、学术信息需求、微博学术信息获取、结果评价、结果分析利用等行为组成的交流系统。

2.4 微博学术信息交流过程模型分解分析

2.4.1 微博学术信息交流主体

主体分为发布者和使用者，发布者中存在“学术意见领袖”，其发言质量和影响力都大大超过普通作者，是本文研究的重点。领袖的一部分来自知名学者，他们代表微博中的权威学术力量；另一部分则来自“普通大众”，他们以提供最新学术资讯或独到的学术见解而备受关注。本文对其分别展开调查，研究其主体特征：

- 知名专家学者。调查样本来自新浪名人堂专家学者，共514名，总结其特征如下：

——专家微博不等于学术微博。调查发现专家微博大致分为学术微博、生活微博和混合类微博。纯学术微博只占少数，如“武大沈阳”以发布学术研究信息、组织虚拟团队为目的开设的微博可归为学术微博。多数微博则是学术信息和生活信息混合，学术内容分散，为信息筛选带来困难。

——专家地域分布不均，学术交流参与率和学术贡献不及现实之中。专家主要集中在北京、上海、广东等地，而贵州、宁夏等地人数较少，地域分布不均（见表1）。现实中的学者由于种种原因未能开通微博，他们的“缺席”将使微博学术信息的深度和影响力大打折扣。微博属于非正式交流，知识产权等个人利益受不到保护，因此学者的学术贡献均不及现实之中。

表1 部分专家学者地域分布

地区	人数	地区	人数	地区	人数
北京	277	河南	7	贵州	1
上海	44	陕西	7	海南	1
广东	27	其他	6	宁夏	1
海外	19	河北	5	青海	1
浙江	18	吉林	5	澳门	1

——知名专家具有明星效应。排名前10的专家都有超过20万的关注者

(见表2)，第一名“徐小平”关注数达到352万，表明微博上知名学者同明星一样拥有更强大的影响力与传播力，且传播层面和学科领域更广。

表2　部分专家学者排名（按关注度）

学者排名	关注数	学者排名	关注数
1 徐小平	3 522 059	6 张怡筠	686 204
2 孙云晓	1 422 235	7 吕氏讲堂	593 280
3 于建嵘	1 287 496	8 展江	524 366
4 王辉耀	799 355	9 宋少卫	518 745
5 钱钢	743 051	10 方汉奇	476 294

——学术交流跨层次，跨领域。对关注数排名前20的专家互相关注情况进行社会网络分析，结果如图2所示：

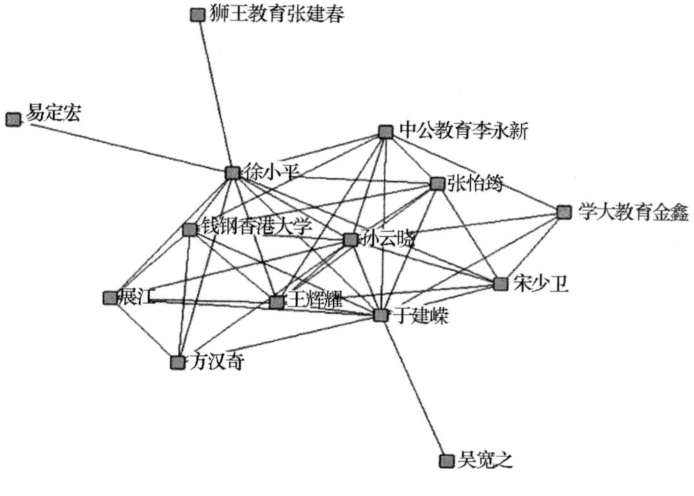

图2　20位微博知名学者网络关系

20人中有14人存在相互关注，其中7人之间交流密切（关注与被关注频率3次以上），关注数与被关注数存在正相关关系（见图3）。

20位学者虽分属于不同专业，仍具有十分密切的交流关系，这与传统的专业学术圈不同，可以说微博把学术交流的范围扩大了，把专业学术圈变成了更广义的泛学术圈，这种跨专业之间的学术交流有利于学科的交叉融合，能激发创作灵感。

- “普通大众”型的学术领袖。对此，笔者曾有过详细探讨[7]：他们是

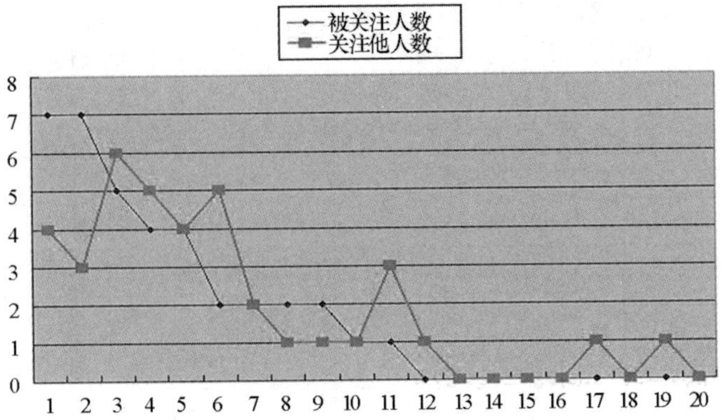

图 3　关注与被关注人数比较

普通学者，却因为活跃和发布独到的学术见解备受关注，并在微博中形成自己的学术圈，通常具有较高的关注度。通过对其数据挖掘还可以发现学科领域的研究热点或未来的发展趋势，这部分人的微博通常是学术质量较高的微博。

2.4.2　微博学术交流的内容

微博学术交流形式更为多样，主要有微博活动、微博应用、微博投票和博文 4 种形式，学术交流在 4 种形式中都有涉及，但以发博文为主要形式。

博文是微博学术交流的主要形式，包括学术前沿、会议报告、专业招聘和专业求助，如表 3 所示：

表 3　微博文内容分类

博文分类	详细介绍
学术前沿	资源共享、研究进展、研究思路、最近数据、业内新闻、评论等信息
会议报告	学术会议、学术报告、学术沙龙、学术培训以及学术访问的预告、进行和回顾等信息
专业招聘	某个专业领域的人才招聘和应聘信息
专业求助	某个专业问题的求助或探讨信息，包括对该问题的解答信息

专业招聘之所以被归入学术信息中是因为在招聘要求中往往可以获得专业的最新动向、专业发展趋势、对人才的素质要求等信息，可以预测该专业未来发展方向。由于微博字数限制，学术内容大多表述主要观点，详细研究思路和实验数据通常使用图片或超链接等多媒体形式辅助说明。

为了解微博学术内容的实际情况，本文对“数据挖掘”领域进行实证研究。博文在数量上占绝对优势，约有20万条以上，其他三种类型数量较少（见表4）。接下来采集2011年12月19日至2011年12月28日“数据挖掘”主题博文3 393条，其中原创975条，约占25%，非原创为2 958条，约占75%。鉴于非原创情况比较复杂，学术价值也不及原创博文，因此选择原创博文进行内容研究。学术前沿类信息量最大，占80%左右；其次是利用微博进行专业招聘，而会议报告和求助信息相对都比较少，只有1%左右（见表5）。因此，微博上最热门的学术内容是学术前沿资讯，这一特点弥补了传统学术交流滞后的不足。

表4　新浪微博数据挖掘领域学术活动

微博学术活动类型	数量（条）
博文	224 301
活动	27
应用	2
投票	16

表5　原创博文内容情况分析

原创博文内容分类	数量（条）	百分比（%）
学术前沿	777	79.7
会议报告	13	1.3
专业招聘	92	9.4
专业求助	17	1.7
其他	76	7.8

其余几种形式使用频率较低，本文只做简单介绍：微博学术活动形式主要有招聘会、技术沙龙、专业培训等，它将虚拟和现实学术活动联系了起来，使微博成为一个召集平台。微博学术应用是指针对微博开发的、可以在学术研究中发挥作用的第三方软件，它是采集和分析微博信息的有力工具，此类工具新浪应用中已有上百种。微博学术投票是在微博上发起的学术调查，目前的微博投票功能单一，适合做生活娱乐等简单事件调查，离学术调查的深度要求尚有一定距离。

2.4.3　微博学术信息的获取

使用者通过微博获取学术信息有三种方式：浏览、查找和求助。了解学科前沿是每个学者的日常工作，选择浏览方式比较适合。通过关注其他学者微博或是关键字订阅等方式了解最新学术动态，获得的学术信息面广，有利于开启交叉思路，激发创作灵感。当遇到学术难题时，可以采用查找方式。微博除了传统检索外，还提供了多维度的检索入口（见表6），灵活的检索方式为准确获取信息带来便利。博文微博信息瞬息万变，如果一次不能采集完，下一次数据就会发生变动，可利用“时间”维，固定采集时间，同时选择博文类型，以精确地采集到所需要的数据。当使用者无法找到需要的信息或需要集思广益时，可采取求助形式。微博用户群庞大，该方式有利于头脑风暴。例如，利用微博平台组织虚拟学术团队，征询博友对学术报告的修改意见，都可以完善学术内容，提高学术质量。以上三种学术信息的获取方式常被混合使用，无论采用何种方式，只要使用者需要，随时可以通过微博同发布者进行交流，直到满意为止。

表6　微博多角度信息检索

查找类型	多角度检索
微博	关键词、排序、昵称、时间、地点、类型（图片，视频，音乐，短链等）
找人	昵称、标签、公司、学校、地点、年龄、性别、用户（所有，认证）
图片	关键词
微群	全部、标签、地区、分类（如兴趣爱好、行业交流等）
活动	全部、有奖、线上、同城、状态（即将开始，正在进行，已结束）
应用	关键词
投票	全部、进行中、已结束

2.4.4　微博学术信息的评价与利用

目前微博学术信息质量良莠不齐且没有可参考的评价标准，令信息筛选变得困难重重。本文认为微博学术信息的评价可参考互联网学术信息质量评价依据，从准确性、权威性、学术性、广度深度、系统性和时效性角度进行衡量[8]。具体采集时可以选用作者威望、转发次数、评价分析、主题连续性等作为指标。由于微博学术质量评价研究刚刚起步，还缺乏对指标体系的细化和实证检验，该问题将在今后研究中进一步论证。

微博更新快速，最适用于获取专业前沿资讯和热点话题，预测专业未来发展方向；微博信息量庞大、容易公开获取的特点使得微博学术信息为数据分析和数据挖掘提供了基础。对于从微博中获取前沿信息、挖掘热点，笔者已有论述[7]。其主要思想是：利用软件对关键词进行微博采集和清洗。通过提取特征词配合共词分析找出领域的研究热点。同时，通过社会网络分析找出该领域的学术领袖。最后，通过关注学术领袖、订阅热点关键字对最新学术动向进行跟踪。

微博中有海量学术信息，且容易公开获取，可利用数据挖掘工具找出其中有价值的学术知识和潜在规律。微博数据挖掘除了传统挖掘工具外，微博第三方应用将崭露头角，从数据采集到数据分析，具有针对性的第三方应用比大众化的挖掘工具更得心应手。传统工具和新兴工具的配合使用，将使微博这一新兴学术资源的开发和利用的前景十分广阔。

3 问题及建议

微博学术交流有着传统方式无法比拟的优点，但由于微博平台设计理念同学术交流理念未能完全契合，在具体应用时还存在许多问题和不足，主要有：

3.1 学术信息质量难以保证

传统学术交流的审查制度可保证其结果的权威性，而微博学术信息具有客观限制（如字数）、学术与非学术信息混杂、微博文字随意和一过性等特点，使得交流存在探讨不深入、内容分散、言语不严谨、难以回溯等不足，信息质量得不到保证。建议政策上实行实名制，以减少虚假学术信息；形式上采用标签将博文归类，以实现个人微博内按学术主题聚类等。

3.2 学科分类薄弱

传统学术交流方式常以学科主题为核心展开交流，作者与文章有较明显的学科烙印；微博中学术交流以人为核心，信息按人聚类，学术内容主题分散，无明显学科界限。建议部分微博内容下设置学科分类，如名人堂中专家学者按学科分类（目前只有字母和地区分类），以利于业内交流。借鉴“蛮子文摘”集成信息的思路，开创微博“学术文摘”，集成业内学术信息也是解决其学科分类问题的途径之一。

3.3 学术权威的微博开通率影响学术交流质量

学术权威开通微博将提升整个微博学术的层次，并注入更多的活力。权威们一方面可带来有价值的学术信息，另一方面凭借其影响力可激发更多的参与者。其实，能在微博平台同众多的高水平学者交流本身就十分具有吸引力，微博运营商要做的就是提供更好的交流平台和个性化服务，吸引更多的专家学者。

3.4 隐性知识不愿公开，知识产权难以保护

传统学术交流结果可双以社会认可的形式发表，作者个人利益受到保护，而微博中个人知识产权保障困难，很多作者不愿意公开自己的最新研究思路和成果。应该设立一定的激励机制，使参与者愿意共享其隐性知识，并获得一定的回报。

3.5 交流平台具有局限性

微博平台部分功能过于简单，无法满足学术交流的需求。微博调查功能若更健全，微博应用若能够集成多种统计功能或由户自定义某些选项，则能够促进微博学术交流的进一步发展。

微博学术交流虽然刚刚起步，但它有着广阔的发展前景。同时，在研究过程中新问题也会不断涌现，需要进一步实证检验。相信在未来微博将成为学术交流不可或缺的平台。

参考文献：

[1] 赵玉冬．基于网络学术论坛的学术信息交流研究［J］．图书馆学研究，2010（10）：40－43.

[2] 谢佳琳，覃鹤．基于学术博客的知识交流研究［J］．情报杂志，2011，30（8）：159－162.

[3] 曾湘琼，徐军华．1998—2008 年国内学术信息交流研究之文献与主题分析［J］．图书馆工作与研究，2009（12）：7－10.

[4] 胡德华，韩欢．学术交流模型研究［J］．图书情报工作，2010，54（2）：26－30.

[5] 任红娟，张志强，张翼．学术交流研究领域的交流模式研究［J］．情报科学，2010，28（6）：926－930.

[6] 刘国亮，王东，曲久龙，等．网络环境下学术交流的知识共享实现模式研究［J］．情报科学，2009，27（12）：1789－1792.

[7] 盛宇．基于微博的学科热点发现、追踪与分析［J］．图书情报工作，2012，56（8）：32－37.

[8] 胡磊．互联网学术信息质量启发式评价中存在的问题分析［J］．情报科学，2011，29（2）：178－181.

作者简介

盛 宇，女，1980 年生，讲师，发表论文 10 余篇。

技　术　篇

微博信息挖掘技术研究综述*

蒋盛益[1]　麦智凯[1]　庞观松[2]　吴美玲[2]　王连喜[3]

（1. 广东外语外贸大学信息学院　广州 510006；2. 广东外语外贸大学国际工商管理学院　广州 510006；3. 广东外语外贸大学图书馆　广州 510420）

摘　要　对目前微博信息挖掘技术中的微博内容挖掘及用户关系挖掘的研究情况及相关方法进行介绍及归纳，认为其中微博内容挖掘主要包括微博短文本挖掘、话题趋势检测、情感倾向性分析等方面，用户关系挖掘主要包括用户群体特性、用户社区发现、意见领袖挖掘及微博传播模式等方面；指出这些方法的局限性，并对微博信息挖掘的发展进行展望，以为进一步研究提供参考。

关键词　微博　数据挖掘　话题检测　倾向性分析　社区发现　意见领袖

分类号　G206　TP393

1　引　言

微博（microblog）是近几年兴起的一种新型社交媒体及信息交流平台。它集成了手机短信、博客与社交网站的优点，使得信息更加实时、内容更加简洁、社区更加活跃。微博服务起始于2006年创建于美国的Twitter。截至2011年9月，Twitter的全球活跃用户数量已超过1亿[1]，而国内微博用户总数则在2011年底达到了2.5亿。

目前，微博信息挖掘技术并没有统一的定义，本文将其解释为通过数据挖掘技术及相关方法，从大量的、有噪声的、模糊的微博信息（包括用户发表的文本内容、用户关系等信息）中，提取出隐含的、有价值的信息。微博相关研究所涉及的学科范围极广，从计算机科学技术、人工智能等自然科学到营销管理、心理学等人文科学，这些学科均涌现了许多针对微博的新兴研

* 本文系国家自然科学基金项目“不平衡数据的学习算法及应用研究”（项目编号：61070061）研究成果之一。

究方向。本文主要从自然科学角度综述微博信息挖掘的相关成果。

当前对微博信息挖掘技术的研究，主要包括微博短文本理解、微博内容挖掘、微博用户社区挖掘、微博意见领袖研究和微博信息传播模式研究等。其中，对微博内容的挖掘，主要是对微博的短文本内容进行预处理，结合微博的相关要素，提取出微博的特征，并对其进行倾向性分析、趋势检测及内容分类等研究。微博社区挖掘及意见领袖研究则属于微博用户关系挖掘范畴，其主要研究内容是基于用户之间因相互关注而形成的用户关系网络，通过对关系网络进行节点和社区结构分析，来研究用户关系的特性。而微博信息传播模式研究主要针对信息的传播结构、路径等方面进行观测及分析。

面对日益增多的微博内容挖掘、微博用户关系挖掘等研究，本文拟通过对其进行总结及归纳，指出当前研究方法存在的一些局限，并对微博信息挖掘进行展望，为进一步研究提供参考。

2 微博内容挖掘

2.1 微博短文本挖掘

微博的长度普遍较短，通常上限为 140 个字，若将每条微博视为一个文本片段，则微博实际上是由海量短文本构成的集合。短文本理解是微博内容挖掘的基础，在微博话题检测、情感倾向性分析等研究中均需要使用到短文本挖掘技术。

随着短信、即时通信工具的普及与流行，短文本内容飞速增加，传统的文本挖掘技术无法完全适用于短文本内容的处理。微博短文本的特点主要体现在：①文本表达口语化，不规则字符、谐音词、网络用语多；②文本特征词少且稀疏，使得特征之间的相关性难以度量[2]；③文本样本数量巨大，分布高度不平衡，少部分的短文本在整体中占有较大比重[3]。

目前关于短文本分类的研究较多。为弥补短文本特征的不足，S. Bharath 等人以 Twitter 特定领域中部分用户的个人信息及所发文本作为特征样本，将短文本划分到预定义的分类之中[4]。Liu Zitao 则提出了一种新的微博短文本特征抽取方法，首先在不同对话中选取大信息量的词语，再通过知网拓展这些词语的语义特性，实验表明，该方法能有效提高分类准确率[5]。林小俊等人提出了一种基于概念网络的短文本分类方法，根据短文本的语言特点将其转化为结构化概念网络，并以概念网络之间的相似度进行文本分类[6]。

针对微博短文本中大量出现的重复信息，曹鹏等人根据 Twitter 中信息转发的语法特点提取出规则以过滤转发产生的冗余信息[7]，并提出了统计字符种类和计算两种字符串最短编辑距离的方法，以判定近似重复的消息。王永恒等人提出了一种海量短文本聚类方法，结合频繁词集与语义信息，以并行聚类的方式实现对海量短文本的聚类[8]。对于微博短文本特征的稀疏，Hu Xia 等人提出通过搜索引擎拓展短文本的上下文，以丰富短文本特征[9]。时睿等人则将名词集合作为特征，从语义角度计算短文本间的相似度，以判别微博主题含义[10]。

尽管上述方法已能根据微博短文本的特点提供相应的处理办法，但大多仅能针对特定领域的短文本进行处理，并且在时间效率及空间效率上仍有极大的提升空间。若要更全面、更高效地进行微博短文本挖掘，仍需研究更加系统的方法。

2.2 话题趋势检测

微博中的信息以其极快的流动性著称，诸如地震、选举、丑闻等社会热点信息能够在极短的时间内迅速传播、扩散。及时检测、发现微博中的热门话题及话题趋势，能更好地掌握在线社会化媒体的舆论动态。微博中的话题表现为两种形式：

- 显性话题。话题名由两个“#”符号包围，区分于话题正文内容。如#数据挖掘#便是一个话题。Twitter 等国外微博中则以单个“#”号进行分隔。
- 隐性话题。隐性话题是指信息中隐含的话题，通常并没有特殊符号以示区分，人们可能使用不同的关键字描述同一话题。

如何正确识别微博短文本中的话题，并做出准确分析判断，是微博话题趋势检测的关键；而设计能适应前述短文本的三个特点的挖掘算法是前提。

通常可通过分析词频变化的方法来发现微博信息中的热门话题[11]。对微博信息使用分词技术[12]，可提取出微博中出现的词语及词语组合，作为候选话题集合。如果在短时间内某词组的词频得到了显著提高，那么便可认为该词组是热门话题。同时，该方法可以在一定程度上过滤噪声——部分非话题词组的词频通常不会有太大的变化。但是，由于现有的分词技术对普遍口语化、多新词的短文本处理效果不够理想，话题识别的精度将受到影响。

在发现话题的基础上，话题趋势检测技术需要有预测话题趋势走向的能力，例如，检测话题走势是处于上升期或是下降期。由于每个话题都会经历产生、增长、削弱、消亡等几个阶段，可对每个话题建立一个生命周期，并依据频率变化率判断其所处阶段[13]。结合 PageRank 算法[14]，将话题词频、转发数、发布时间、作者的关注者等因素作为加权依据[15]，便可计算出微博话题及其信息的权重。通过实时监听微博的更新，可动态刷新话题数据，从而检测出话题的趋势走向。此外，微博中的关系极为复杂，权重应随实际情况灵活调整。

总的来说，微博话题趋势检测的基础在于正确地理解短文本信息，但在短文本挖掘方面，目前的基础研究，如短文本表示、词加权方法、聚类以及分类等尚不成熟。提高这些基础技术的性能是提高话题趋势检测的前提。此外，现有的方法在性能上不能达到处理实时产生的大规模微博信息的实际应用要求。

2.3 情感倾向性分析

微博以简短的文字记录用户所思、所见及所感，因此往往带有一定的倾向性。研究表明，在热门事件中用户的倾向性表现得更为明显[16]。了解用户的情感倾向，对于研究用户对商品的满意度、社会事件的态度取向等方面都具有重要的价值。

国内关于情感倾向性分析的研究已较为成熟，其研究主要可分为倾向性分类及倾向性信息抽取两个大类[17]。对于微博内容的情感倾向性分析，目前常用的策略是将微博信息划分为正面、负面及中性三种类型，代表用户对某一事物的情感倾向性。而微博倾向性分析的关键则在于提取微博短文本中的关键信息作为特征属性，并对信息进行正确分类。与传统新闻文章、博客日志不同，微博文本内容极短，包含的信息量少，如何准确提取微博的特征属性是难点所在。

一种常用的方法是以微博中的话题标记及表情符号作为分类标签[18-19]。由于微博话题并不一定限定为某一事件，情感动作等非事件词组也可利用话题的格式当成情感标签使用，故可将话题作为一种倾向依据。另一方面，表情符号是微博情感内容的直接体现，如“LOL”、“:)”或“[\郁闷]”等表情文字均可直接体现情感倾向。不过，表情符号复杂多变，情感标签也难以与普通话题相区分，这对分类的精度有一定影响。

此外，还可以结合分词及词性标注技术提取微博信息中的关键词，以之作为分类标签。若提取出的关键词中包含积极或消极的词语，则将微博信息归入对应的正面或负面分类中。然而相当一部分微博可能并不包含具有情感倾向的关键词，这时应该对其进行过滤。一种做法是，如果微博中包含新闻中的标题或百科中的句子，那么则将其归入中性分类之中[20]。

除了上述方法，最大熵、朴素贝叶斯、支持向量机等方法均可用作微博情感分类器[19-21]。为了避免微博信息内容太短所带来的不利影响，除了将上述方法中提取出的属性标签作为分类器输入外，还应结合信息的上下文及相关微博进行判断。此时可使用基于图论的方法[22]来分析微博信息间的关系，从而优化信息分类精度。

目前的微博情感倾向性分析方法通过对微博信息进行预处理，提取出表示情感的关键词语，并建立情感分类器进行分类，已经可以做到对微博进行正、负面等倾向的判断。然而，由于微博短文本处理技术的限制，分类的精度受到了一定的影响。在分类结果中，如何对倾向性进行进一步细分（如喜怒哀乐情感），是下一步研究的重要方向。

3 微博用户关系挖掘

微博用户关系挖掘主要包括微博用户关系中的社区发现、意见领袖的定义及识别、信息传播模式等方面。本文从微博用户的群体特性、用户社区的发现、意见领袖的挖掘及微博传播模式这 4 个方面进行总结。

3.1 用户群体特性

国内门户微博的关注度在其网站发布的当年年底就已达 69% 之高，截至 2011 年底，国内有近半数的网民在使用微博。可见微博已成为用户上网的一种习惯，分析并利用微博用户群体的特性进行研究是信息挖掘的一大突破点。

从用户关系来看，微博开创了一种弱关系[23]的单向关注方式。用户可以单方面关注他人，而无需获得对方同意。这种单向关注关系极大地促进了用户间的交流，用户乐于不断关注自己感兴趣的人，并形成新的关系网络。微博社区挖掘的研究是用户关系网络的重要课题。

与此同时，微博用户越来越习惯于快速、简单、交互性强的互动方式，“快餐”文化逐渐渗透人心。简短的信息使得微博相对于传统媒体更加快速、简单，降低了用户的创作压力及阅读成本，用户也习惯于不断添加新好友、取消关注沉默者以获取更多更新的微博。这使得微博信息迭代快、用户关系变化多，给微博关键信息的抽取及用户社区的发现带来了难度。

此外，微博的盛行也会带来消极的影响，如隐私窃取、负面言论、沉迷微博等。通过微博挖掘技术识别影响力较强的用户并对其言行加以引导，对构建和谐网络具有积极意义。

综上，目前微博的用户特性可归纳为 4 个方面：①用户基数大，大部分网民都在使用微博，这要求挖掘技术有大规模数据处理的能力；②用户关系变化快，每天都有大量相互关注行为产生，算法应考虑到动态变化的情况；③用户关系复杂，一个用户可能处于不同的关系圈中，算法应能发现复杂的网络结构；④意见领袖影响范围广，位于传播中心点的意见领袖的影响力覆盖面较广，对不同领域的意见领袖进行识别是微博信息挖掘的目标之一。

3.2 用户社区发现

在微博用户关系构建的过程中，一些具有相似特征的用户被自发地聚集到了一起，结成群体。因此，在微博的关系网络中，可以把个体用户视为节点，关系视为边，群体视为社区。特殊的是，微博中用户所结成的关系是一种新的关系，它将互联网上早期以即时通讯工具构建的双向关系切割成两个不对称的单向关系，这与早期的 Facebook、MySpace 及 LinkedIn 等具有对称性关系的社交网络不同[24-25]。

微博社区发现旨在识别出关系网络中固有的社区结构，即按照节点间的连边关系把节点划分成若干节点组，使得节点组内部的连边相对稠密，不同节点组之间的连边相对稀疏。社区发现算法最先由 M. Girvan 和 M. E J. Newman 于 2002 年正式提出[26]，使用的是一种分裂式层次聚类方法。虽然该研究并不是针对微博的社区发现而提出的，但是对于微博的社区发现研究提供了一定的研究思路和指导作用。而微博社区发现的特殊性在于，在有向的关系网络中，用户在社区中所处的位置将更加复杂。

实际上，用户节点以及节点间的关系并不是静态的，社区呈现出一定的动态性质，从而形成动态社区。微博动态社区分析主要包括社区形成、社区生长、社区缩减、社区合并、社区分裂、社区消亡等。分析动态社区可以帮助人们发现很多规律[27]。例如，G. A. Scott 等通过对 Twitter 用户进行动态跟踪研究，发现具有不同文化的用户的日间和季节性情绪随着工作、睡眠及昼夜时长的变化而发生变化[28]。K. S. Funda 等也认为对社区结构的动态分析可以帮助判断微博用户之间关系的持续性[29]。Meeder 等利用时间戳信息分析微博用户的动态变化规律[30]。

虽然近几年对于用户社区发现的研究方兴未艾，但是许多研究还处于起步阶段，对于规模大、特征空间维度低和用户关系复杂的微博来说，算法的性能很难满足实际要求，算法在准确度、灵活性和可扩展性方面都有待进一步改进和完善。

3.3 意见领袖挖掘

在微博中人们可以开放、自由地交流信息和传播思想，但是大多数微博用户的思想和意见可能会受到一些意见领袖的影响。“意见领袖”的概念最早是由 Lazarsfeld 等提出的，是指在信息传递和人际互动过程中为人们提供某些方面的客观事实并加以主观评断的具有较高影响力和活动力的人或组织[31]。已有分析指出，意见领袖在信息传播中所起的作用比在信息交流中更大，而普通用户也可通过与意见领袖建立交流关系来促进信息传播[32]。

在微博产生之初，便有学者对博客中的意见领袖进行研究，并分析了意见领袖所具有的特征[33-34]。靖鸣等认为微博意见领袖的加入，让人们对于事件的关注形成越来越大的舆论风暴[35]。在识别意见领袖方面，平亮和宗利永认为通过分析用户的关注和被关注的程度以及信息的流向可以判断用户是关键用户还是普通用户[36]；刘志明和刘鲁则从用户影响力和用户活跃度两个角度考虑，构建了微博意见领袖指标体系，提出了使用层次分析法和粗糙集决策分析理论对意见领袖的特征进行识别及分析的理论框架[37]。

在意见领袖的影响力研究方面，出现了各种定义用户影响力的方法。一种方法是借鉴 PageRank 算法的思想，设计一种 TwitterRank 算法来衡量一个用户在某一主题内的影响力[38]，其主要思想是给定一个主题，将用户的影响力定义为其所有粉丝的影响力之和。还有方法是使用粉丝数量和微博转发数量对用户影响力进行衡量[39-40]，结果表明，粉丝数量多的用户的微博不一定会得到很多的转发或者评论。

上述对于微博意见领袖的挖掘基本是从用户影响力的角度出发，以发现意见领袖并评估其带来的影响。但是，文献中现有用户影响力的定义和评价准则过于单一。此外，这些相关研究也没有充分考虑微博社区的动态变化特性。

3.4 微博传播模式分析

微博信息的传播模式与传统的博客、论坛或社交网络存在很大的差异。了解微博信息传播模式的特点，有利于控制信息的传播。研究表明，微博信息的传播结构、路径，与用户的影响力、节点的位置及外部干扰等因素有关[41]。具体而言，微博信息的传播特点表现为：①话题多，更新快。微博上极易产生各种话题，并且话题的更新迭代速度极快。②实时性高，流动性强。一条新微博在短时间内便有可能得到极多的转发和评论。③草根力量大。即便是没有任何背景的草根网民，也可能在微博上得到广泛响应。④名人效应强。名人对话题的发展、演变具有极强的推进作用。

根据信息的传播模式对微博进行分类，是研究微博信息传播特性的有效途径。依据其传播特点，可将微博分类为放射式微博和扁平式微博[42]。另有学者提出了直接法、职能法、矩阵法及网络法 4 种分类模式，将微博按不同特征进行分类[43]，以更深入地分析微博的特点。但无论哪一类微博，都具备便捷性、实时性及互动性等特征。

综合以上特点，卢金珠[44]提出微博信息具有单一性、碎片化、开放性、整合性、实时性及跟随性六大传播特性。另有学者认为微博的传播优势有简单便捷、互动性强、实效性强和现场感强等方面[45]。

然而，目前对于微博信息传播模式的研究，多处于定义概念、揭示现象等阶段，缺乏深入本质规律的探索，难以为深层次信息挖掘提供强有力的理论支持。另一方面，微博信息传播方式复杂多变，在特定情境下信息的传播情况往往是多种传播模式的结合体，使用单一模式进行研究则难以对其进行正确的分析。

4 总结及展望

目前微博信息挖掘技术研究得到了国内外学者的广泛关注，本文主要总结并归纳了微博内容挖掘、微博用户关系挖掘这两个方向的研究状况及主要方法。

微博内容挖掘的关键点与难点在于微博短文本理解，短文本处理是微博话题趋势检测、情感倾向性分析等研究的基础与前提。由于微博短文本特征稀疏、语法不规则，目前并没有较为高效、全面、系统的挖掘方法。

针对微博内容的特点，可将内容挖掘的研究范围缩小至某个特定领域，如新闻内容、文化内容、公共健康内容等，再逐一突破、寻求共性。由于特定领域具有更为明显的领域特点、衡量指标，更利于提高特定挖掘技术的性能。例如，与新闻相关的微博，具有信息量大、来源广、更新快、转发率高等特点，这就要求微博新闻话题识别模型具有动态自我更新的能力，同时，能处理大量重复微博。目前已有不少学者投身至各自熟悉的领域中进行研究，可以预见，结合特定领域特点的微博内容挖掘将成为解决微博信息挖掘现有困难的重要方法。

微博用户关系挖掘研究主要是从用户关系的角度，研究用户的网络社区和对用户的影响力进行度量。但面对微博中大规模、关系复杂的动态用户关系网络，当前的算法在处理效率上还难以满足实际运行需求。

由于微博用户群体大而复杂，难以在宏观上完全把握，因此针对特定情景中的用户群体进行研究往往更具操作性及实际意义。例如在某热点事件中，由于观点立场、用户关系等不同因素，用户将自发地形成不同社区，社区中将产生对应的意见领袖，相关微博信息也将在用户群体中按某种模式进行传播。如何在特定的情景中进一步提高社区发现的性能、全面评估群体中的意见领袖、准确把握微博信息的传播模式，将成为微博用户群体挖掘的重要研究方向。

随着微博内容挖掘及微博用户群体挖掘的不断深入，部分相关挖掘技术将具有广阔的实际应用前景，如微博舆情预警、虚假微博检测、微博用户推荐等应用。基于微博话题检测技术的舆情监测应用，结合微博信息传播模式及情感倾向性分析技术，可对微博舆情建立起预警系统；在个性推荐技术中配合使用微博用户社区挖掘的相关技术，可应用于微博用户推荐；微博意见领袖则可作为识别虚假微博的一种依据。将成熟可用的微博挖掘技术投入到实际应用当中，是微博挖掘技术未来发展的重要方向。

在微博规模不断扩大的背景下，如何更有效地利用微博资源已成为政府、企业及个人密切关注的问题，微博信息挖掘技术也必然面临着更大的挑战。尽管信息挖掘的相关理论、技术及应用已经得到了一定的发展，但面对仍在不断变化、发展的微博，仍有许多值得研究和探讨的领域，如微博个性化推荐、微博自动摘要、微博用户聚类等方面，而挖掘技术的实际应用也仍具有广阔的开拓空间。

参考文献：

[1] Mangalindan J P, Dick Costolo: Twitter has 100 million active users [EB/OL]. [2011-09-08]. http://tech.fortune.cnn.com/2011/09/08/twitter-has-100-million-users/.

[2] 闫瑞，曹先彬，李凯．面向短文本的动态组合分类算法［J］．电子学报，2009 (5)：1019-1024.

[3] 彭泽映，俞晓明，许洪波，等．大规模短文本的不完全聚类［J］．中文信息学报，2011 (1)：54-59.

[4] Bharath S, Dave F, Hakan F, et al. Short text classification in Twitter to improve information filtering [C] //Crestani F, Marchand-Maillet S, Chen Hsin-Hsi, et al. Proceedings of the 33rd International ACM SIGIR Conference on Research and Development in Information Retrieval. New York: ACM, 2010: 841-842.

[5] Liu Zitao. Short text feature selection for micro-blog mining [C] //Shen Heng tao, Zhang Yanchun. Proceedings of International Conference on Computational Intelligence and Software Engineering. Wuhan: IEEE, 2010: 1-4.

[6] 林小俊，张猛，暴筱，等．基于概念网络的短文本分类方法［J］．计算机工程，2010 (21)：4-6.

[7] 曹鹏，李静远，满彤，等．Twitter中近似重复消息的判定方法研究［J］．中文信息学报，2011 (1)：20-27.

[8] 王永恒，贾焰，杨树强．海量短语信息文本聚类技术研究［J］．计算机工程，2007 (14)：38-40.

[9] Hu Xia, Tang Lei, Liu Huan. Enhancing accessibility of microblogging messages using semantic knowledge [C] //Macdonald C, Ounis I, Ruthven I. Proceedings of the 20th

ACM International Conference on Information and Knowledge Management. New York: ACM, 2011: 2465-2468.
[10] 时睿，封化民．一种基于名词的微博语义计算方法［J］．北京电子科技学院学报，2011（4）：16-22.
[11] Michael M, Nick K. TwitterMonitor: Trend detection over the twitter stream [C] //Elmagarmid A K, Agrawal D. Proceedings of the 2010 International Conference on Management of Data. New York: ACM, 2010: 1155-1158.
[12] 腾少华．基于 CRFs 的中文分词和短文本分类技术［D］．北京：清华大学，2009.
[13] Mario C, Luigi di C, Claudio S. Emerging topic detection on Twitter based on temporal and social terms evaluation [C] //Proceedings of the Tenth International Workshop on Multimedia Data Mining. New York: ACM, 2010: 4.
[14] Page L, Brin S, Motwani R, et al. The pagerank citation ranking: Bringing order to the Web [C] //Proceedings of the 7th International World Wide Web Conference. Amsterdam: Elsevier Science, 1998.
[15] Jaime T, Daniel R, Ringel M M. TwitterSearch: A comparison of microblog search and Web search [C] //King I, Nejdl W, Li Hang. Proceedings of the Fourth ACM International Conference on Web Search and Data Mining. New York: ACM, 2011: 35-44.
[16] Mike T, Kevan B, Georgios P. Sentiment in Twitter events [J]. Journal of the American Society for Information Science and Technology, 2011, 62 (2): 406-418.
[17] 黄萱菁，张奇，吴苑斌．文本情感倾向分析［J］．中文信息学报，2011，25（6）：118-126.
[18] Dmitry D, Oren T, Ari R. Enhanced sentiment learning using Twitter hashtags and smileys [C] //Huang Chu- Ren, Jurafsky Dan. Proceedings of the 23rd International Conference on Computational Linguistics: Posters. Stroudsburg: Association for Computational Linguistics, 2010: 241-249.
[19] Alec G, Richa B, Lei Huang. Twitter sentiment classification using distant supervision [R]. [2012-12-12]. http: //www. stanford. edu/ ~ alecmgo/papers/TwitterDistantSupervision09. pdf.
[20] Alec G, Lei Huang, Richa B. Twitter sentiment analysis [R]. [2012-06-06]. http: //www- nlp. stanford. edu/courses/cs224n/2009/fp/3. pdf, 2009.
[21] Kane A K, Steven S. Sentiment analysis: Facebook status messages [R]. [2010-05-26]. http: //www - nlp. stanford. edu/courses/cs224n/2010/reports/ssoriajr - kanej. pdf.
[22] Jiang Long, Yu Mo, Zhou Ming, et al. Target- dependent twitter sentiment classification [C] //Proceedings of the 49th Annual Meeting of the Association for Computational Linguistics: Human Language Technologies. Stroudsburg: Association for Computational Linguistics, 2011: 151-160.

[23] 滕云，杨琴．网络弱关系与个人社会资本获取［J］．重庆社会科学，2007（2）：122－124.

[24] Golder S A，Yardi S. Structural predictors of tie formation in Twitter：Transitivity and mutuality［C］//Elmagarmid A K，Agrawal D. Proceedings of the 2010 IEEE Second International Conference on Social Computing. IEEE Conference Publications，2010：88－95.

[25] Yin Dawei，Hong Liangjie，Davison B D. Structural link analysis and prediction in microblogs［C］//Macdonald C，Ounis I，Ruthven I. Proceedings of the 20th ACM International Conference on Information and Knowledge Management. New York：ACM，2011：1163－1168.

[26] Girvan M，Newman M E J. Community structure in social and biological networks［J］. Proceeding of National Academy of Sciences，2002，99（12）：7821－7826.

[27] Myra S. Evolution in social networks：A survey［J］. Social Network Data Analytics，2011：149－175.

[28] Golder S A，Macy M W. Diurnal and seasonal mood vary with work，sleep and daylength across diverse cultures［J］. Science，2011，333（6051）：1878－1881.

[29] Kivran- Swaine F，Govindan P，Naaman M. The impact of network structure on breaking ties in online social networks：Unfollowing on Twitter［C］//Tan D S，Amershi S，Begole B，et al. Proceedings of the 2011 Annual Conference on Human Factors in Computing Systems. New York：ACM，2011：1101－1104.

[30] Brendan M，Brian K，Amin S，et al. We know who you followed last summer：Inferring social link creation times in Twitter［C］//Srinivasan S，Ramamritham K，Kumar A，et al. Proceedings of the 20th International Conference on World Wide Web. New York：ACM，2011：517－526.

[31] Lazarsfeld P F，Berelson B，Gaudet H. The people' s choice［M］. New York：Columbia University Press，1948.

[32] 袁毅，杨成明．微博客用户信息交流过程中形成的不同社会网络及其关系实证研究［J］．图书情报工作，2011，55（12）：31－35.

[33] Song Xiaodan，Chi Yun，Hino Koji，et al. Identifying opinion leaders in the blogosphere［C］//Varde A S，Jian Pei. Proceedings of the Sixteenth ACM Conference on Information and Knowledge Management. New York：ACM，2007：971－974.

[34] Agarwal N，Liu Huan，Tang Lei，et al. Identifying the influential bloggers in a community［C］//Marc Najork，Broder A Z，Chakrabarti S. Proceedings of the International Conference on Web Search and Web Data Mining. New York：ACM，2008：207－218.

[35] 靖鸣，王瑞．微博“意见领袖”在微博舆论监督中的作用与问题［J］．新闻与写作，2011（9）：36－38.

[36] 平亮，宗利永．基于社会网络中心性分析的微博信息传播研究——以 Sina 微博为

例［J］. 图书情报知识，2010，54（6）：92－97.
［37］ 刘志明，刘鲁. 微博网络舆情中的意见领袖识别及分析［J］. 系统工程，2011，29（6）：8－16.
［38］ Weng Jianshu，Lim Ee-Peng，Jiang Jing，et al. TwitterRank：Finding topic-sensitive influential twitterers［C］//Davison B D，Suel T，Craswell N，et al. Proceedings of the Third ACM International Conference on Web Search and Data Mining. New York：ACM，2010：261－270.
［39］ Haewoon K，Changhyun L，Hosung P，et al. What is Twitter，a social network or a news media?［C］//Proceedings of the 19th International Conference on World Wide Web. New York：ACM，2010.
［40］ Cha M，Haddadi H，Benevenuto F，et al. Measuring user influence in Twitter：The million follower fallacy［C］//Fox M，Poole D. Proceedings of Fourth International AAAI Conference on Weblogs and Social Media. Atlanta：AAAI Press，2010：10－17.
［41］ 袁毅. 微博客信息传播结构、路径及其影响因素分析［J］. 图书情报工作，2011，55（12）：26－30.
［42］ 闫幸，常亚平. 微博研究综述［J］. 情报杂志，2011（9）：61－65.
［43］ 吴胜，苏琴. 微博网站信息分类模式研究［J］. 图书情报工作，2011，55（11）：54－57.
［44］ 卢金珠. 微博客传播特性及盈利模式分析［J］. 新闻记者，2010（4）：58－62.
［45］ 许卓. 微博客的传播优势及发展前景［J］. 新闻前哨，2010（1）：37.

作者简介

蒋盛益，男，1963年生，教授，博士，硕士生导师，发表论文50余篇。
麦智凯，男，1990年生，本科生，发表论文1篇。
庞观松，男，1988年生，硕士研究生，发表论文8篇。
吴美玲，女，1988年生，硕士研究生，发表论文2篇。
王连喜，男，1985年生，助理馆员，硕士，发表论文10篇。

基于 LDA 的微博文本主题建模方法研究述评*

张培晶[1] 宋 蕾[2]

（1. 中国人民公安大学办公室 北京 100038；2. 北京警察学院公安科技系 北京 102202）

摘 要 在介绍概率主题模型发展过程以及概率主题模型的代表性模型 LDA 基本原理的基础上，分析 LDA 模型的特征及其用于微博类网络文本挖掘的优势；介绍和评述微博环境下现有的基于 LDA 模型的文本主题建模方法，并对其扩展方式和建模效果进行总结和比较；最后对微博文本主题建模的发展方向进行展望。

关键词 LDA 概率主题模型 微博 主题建模

分类号 G356

1 引 言

以 LDA（latent dirichlet allocation）模型[1]为代表的主题模型是近年来文本挖掘领域的一个热门研究方向。主题模型具有优秀的降维能力、针对复杂系统的建模能力和良好的扩展性。利用主题建模挖掘出的主题可以帮助人们理解海量文本背后隐藏的语义，也可以作为其他文本分析方法的输入，完成文本分类、话题检测、文本自动摘要和关联判断等多方面的文本挖掘任务。LDA 主题模型已经在文本挖掘及其相关领域中得到了广泛应用，并且在以新闻类数据为主的传统网络文本挖掘方面获得了很大成功。

微博（microb log）是基于 Web2.0 实现的社会媒体（social media）的一种形式，近年来得到了爆发式的发展，已经成为人们表达思想、传播信息和交流学习的重要工具，被越来越多的用户和机构所关注。微博与传统网络文本有着显著不同，主要表现为：微博帖子的文本长度被限制在 140 个字符，

* 本文系北京市社会科学规划项目“社区管理创新视角下北京地区虚拟社区综合治理机制研究”（项目编号：11SHC026）和国家社会科学基金项目“虚拟社区中的信息交流与导控机制”（项目编号：11CTQ026）研究成果之一。

文本多是只言片语，数据稀疏性问题严重；书写较为随意，使用语法不规范，网络用语、符号语言和新生词大量出现，数据噪声大；微博支持用户通过手机和网络等多种方式进行即时信息发布，具有更新速度快和文档数据规模庞大的特征。微博的上述特点给其主题建模带来了挑战。目前，有关主题模型在微博类社会媒体上的应用研究相对较少，尚处在探索阶段。但有关研究已经证明，不论是作为独一无二的使用特征，还是作为多重真实世界任务的补充特征，主题建模对于微博文本的挖掘都是非常有用的[2]。

2 LDA 模型概述

2.1 概率主题模型的提出

海量文本的复杂性导致了基于主题的分层次统计模型的研究，产生了以 LDA 为代表的概率主题模型。相对于可以观察到的文档和词，主题是一个抽象的概念，代表了一个潜在的语义主旨（subject）。概率主题模型本质是通过对文本中词的分布规律的观察，实现对相似分布规律词集的聚类。主题相当于聚类中的簇，文档以不同的概率属于不同的主题。

概率主题模型的前身可以追溯到 LSA（latent semantic analysis）[3]潜在语义分析。LSA 打破了人们以往基于"词典空间"进行文本表示的思维模式，创新地引入了语义维度，实现了文档在低维的隐含语义空间上的表示。但是，LSA 的方法论基础来源于线性代数，是基于奇异值分解 SVD（singular value decomposition）的单词计数原始矩阵的近似分解。由 LSA 获取的概念层表示无法处理"一词多义"问题。同时，SVD 涉及到矩阵运算，计算复杂度较高，而且矩阵运算的结果在很多维度上为负数，没有对应的物理解释。霍夫曼针对 LSA 的缺陷提出了一个构建在可靠的概率统计学基础之上的新方法 PLSA（probabilistic latent semantic analysis）[4]。此前，每个语义维度对应一个特征向量，而在概率模型中，每个语义维度对应一个词典上的概率分布。PLSA 可以明确地区分单词使用的不同意思和不同类型，解决了"一词多义"问题。但 PLSA 并没有在文档层提供概率模型，这导致了模型中待估参数的数量随着语料库的大小呈线性增长，容易出现过度拟合问题。2003 年，D. Blei 等人[1]通过引入一个 Dirichlet 先验分布扩展了 PLSA 模型，克服了 PLSA 参数随着文档集增长而线性增长的不足，形成了当前被广泛应用的产生式概率主题模型 LDA。至此，主题模型被第一次正式提出。

2.2 LDA 模型的描述

LDA 模型是一个分层的贝叶斯模型，包含文档、主题和词三个层次。

LDA 模型基本思想是每个文档都可以表示成若干潜在主题的混合分布，每个主题是词汇表中所有单词的概率分布。LDA 模型将主题混合权重 θ 视为 T 维参数的隐含随机变量，并对主题混合权重 θ 引进 Dirichlet 先验。Dirichlet 分布的公式为：

$$\mathrm{Dir}\left(\alpha_1\cdots,\ \alpha_r\right)=\frac{\Gamma\left(\sum_j\alpha_j\right)}{\prod_j\Gamma\left(\alpha_j\right)}\prod_{j=1}^{T}\theta_j^{\alpha_j-1} \tag{1}$$

参数 α_1，…，α_T 均为多项式 $\theta = P\left(\theta_1,\ \cdots,\ \theta_T\right)$ 的超参数，每个超参数 α_j 可以被理解为从一个文本中抽样主题 j 的次数的一个先验。考虑不同的主题被利用的方式几乎没有变化，为方便计算，LDA 假定文本中的主题是可交换的，采用具有相同超参数 α 的对称 Dirichlet 分布，这里 $\alpha_1 = \alpha_2 = \cdots = \alpha_T = \alpha$。Dirichlet 分布和多项式分布是共轭分布。若 T 维随机向量 θ 服从 Drichlet 分布，则 θ 的 T 个分量 θ_1，θ_2，…，θ_T 都是连续的非负值，且 $\sum_j\theta_j = 1$[5]。D. Blei 最早提出的原始 LDA 文献[1]中只对文档－主题分布 θ 增加了 Dirichlet 先验，并没有对主题－词汇分布 φ 进行先验假设。为了充分利用共轭概率分布的特性，便于推理运算，Giffiths 等人在后续的研究中对 φ 加上了 Dirichlet 先验，并假定主题中的单词是可交换的，其超参数为 β。[6]至此，LDA 中有了两组先验。一组是文档－主题的先验，来自一个对称的 Dirichlet（α）；另一组是主题－词汇的先验，来自一个对称的 Dirichlet（β）。

2.3 LDA 模型的特征及其用于微博文本建模的优势

LDA 主题模型具有优秀的降维能力，可以将原来高维的单词空间降维到由一组主题构成的相对较小的主题空间上。降维技术不仅可以有效降低文本相似性计算的复杂度，还可以避免传统文本建模方法存在的数据稀疏性等问题。对于微博类的短文本而言，文本中单词非常有限，同一个词共现在两篇不同短文本中的概率较小，使用传统以词或短语为特征的向量表示方法，很难准确计算文本间的相似度。利用主题模型可以将每个短文本表示成低维的主题空间上的一个向量。低维的主题向量的空间则不会是稀疏的，有助于隐含的相关性被挖掘出来，从而减少数据稀疏性对度量文本之间相似度的影响，更充分地挖掘文本集合的内在信息。

LDA 主题模型具有扎实的概率理论基础。一方面，LDA 模型使用概率统计方法来分析文本，是建立在词袋（bag of words）假设之上的。词袋假设认为一篇文章可以表示为一组单词的无序组合，而忽略了文章中的语法和单词的次序[5]。与基于语法规则的语言学的文本分析方法相比，LDA 通过对文本中词汇共现次数的概率统计来挖掘潜在的语义结构，更适合用于存在着大量语法不规范问题的微博类网络文本的建模和分析；另一方面，LDA 模型使用概率分布方法来表示文本，主题是单词表中词的随机分布概率，文本以不同的概率属于不同的主题，服从真实数据的概率分布。概率分布表达方法能够较好地表达和量化文本中存在的不确定性，减小噪声干扰。对于语言组织规范性差、新生词汇大量出现的微博类网络文本而言，以 LDA 为代表的概率主题模型更适合微博类网络文本挖掘过程中不确定性环境下相对准确的计算。

LDA 主题模型具有良好的扩展能力。LDA 模型属于贝叶斯网络模型，可以方便地把各种元数据、结构化信息甚至领域知识作为贝叶斯网络中的随机变量加入到主题模型中；也可以将两个主题模型合并，以搭积木的方式形成一个新的主题模型[7]。微博具有多种非文本特征信息。例如，不同类型微博(按照不同的消息发布方式，微博可以分为广播类（broadcast）、对话类（conversion）和转发类（retweet）3 种类型）的结构化特征，使用哈希标签（Hashtag）(微博文本中的 Hashtag 标签是一种用于简化搜索、索引和趋势发现的用户自定义标签，格式为“#话题名#” （中文微博）或“#话题名”(twitter))，具有用户特征和时间特征等。此外，微博也是一种社会关系网络，带有一些结构化的社会网络方面的信息。利用 LDA 模型良好的扩展性，可以将微博中的这些特征信息引入到 LDA 模型中，实现更准确的微博文本建模和主题挖掘。

综上所述，相对于其他文本建模方法，应用 LDA 主题模型进行微博类网络文本的建模和分析具有很大的优势。但是直接使用传统 LDA 模型对微博进行主题建模，一定程度上仍然受到篇幅过短、内容和格式散乱、数据噪声较大等方面的影响。目前，已经有一些基于 LDA 的改进方法用于微博环境下的主题建模。

3 微博文本主题建模方法介绍

3.1 直接使用 LDA 模型进行主题建模

3.1.1 直接使用 LDA 模型对微博帖子进行主题建模

将每个微博帖子对应为单个文档，可以直接使用 LDA 模型对其进行主题建模。由于 LDA 模型是无监督的，此方法实现过程最为简捷。但有关研究证明，LDA 主题模型的效力很大程度上受文档长度的影响，一个短文本缺少足够的词出现次数，无法帮助判断是否这些词是相关的[8]。因此，这种方法的微博主题建模效果并不理想。

3.1.2 基于聚集的 LDA 主题建模方法

社会媒体中本身存在着一定的“聚集策略”，按照这些策略可以将一系列存在某种关联关系的微博帖子聚集为一个长文档，然后使用传统的 LDA 模型在此聚集后的长文档上进行主题建模。常用的聚集策略是按照发布者进行聚集，即将同一微博用户的所有帖子聚集为一个文档。该方法得到的主题–单词分布 φ 和文本上的主题分布 θ 都是微博用户层面的，可以用于微博用户及其感兴趣主题的分析。Weng Jianshu 等人使用这种方法有效实现了敏感主题有影响力微博博主的发现[9]。

3.1.3 基于训练的 LDA 分步建模方法

一些情况下，用户希望实现针对微博帖子的分析，例如进行帖子过滤、帖子分类等。如何在解决短文本信息不足的前提下，实现这一目标呢？Hong Liangjie 等人提出了通过预先训练来分步完成的方法，本文将其总结为基于训练的 LDA 分步建模方法，其中具有代表性的实现模式有用户模式（user scheme）和术语模式（term scheme）[2]。基于训练的 LDA 分步建模方法的基本思想是先在聚集后的长文本数据集上进行 LDA 模型的训练，学习得到合理的主题，也就是挖掘出主题在词汇上的分布 φ；然后再用训练好的模型去推导训练集上原始的短文本或等待测试的新文本的主题分布 θ，在此推导过程中，并不再进行主题 φ 的重新训练，令 $\varphi_{长文本,训练} = \varphi_{帖子,测试} = \varphi_{帖子,训练} = \varphi_{长文本,测试} = \varphi$。笔者认为，这种方法本质上是将 LDA 模型的 φ 和 θ 的求解过程通过先期训练的方式进行人为的拆分，从而在应用中可以根据文本的实际情况，选择合理的解释性强的主题进行统一的文本主题分步推导，同时也简化了 φ 的求解。但这种方法也存在主题模型僵化的问题，当有新的文档来到时，若要更新模型仍需重新训练。另外，建模过程也需要大量的文本预处理工作和人工干预。

Hong Liangjie 等人提到的用户模式是将训练数据集中相同用户的帖子聚集为一个长文本，然后进行 LDA 模型的训练；术语模式是将训练数据集中具有某个相同术语的帖子聚集为一个长文本，再进行 LDA 模型的训练。术语模式设计的出发点是考虑到微博用户经常使用自定义的 Hashtag 标签来标示主题或事件，构建术语聚集文本可以使我们直接获得与这些 Hashtag 标签相关的主题。

3.2 使用 ATM 模型进行主题建模

ATM（author-topic model）[10]是一种基于 LDA 的扩展模型，旨在通过引入

文章的作者信息来指导 LDA 主题生成，最初用于对维基百科进行建模。实验表明，当测试文档中仅仅有小数量的单词被观察到时，该模型胜过 LDA。不同于 LDA 的是，模型中“文本 - 主题”的分布被“作者 - 主题”分布所取代。由于每个微博帖子只有一名作者，微博上的 ATM 主题建模实际上是 ATM 模型的一个特例。ATM 建模得到的是微博用户层面的主题混合分布，而不是微博帖子层面的主题混合。经过某些扩展或特殊的处理，扩展后的 ATM 也可以支持同时对微博帖子和用户进行主题建模[11]。

3.3 使用 Twitter-LDA 模型进行主题建模

ATM 模型较好地解决了微博数据稀疏性问题，但同时也降低了针对单个帖子的文本分析能力。考虑到一个较为普遍的观测规律：一个单独的微博帖子通常只有一个单一主题，Zhao Wayne Xin 等人对 ATM 模型进行了扩展，提出了 Twitter-LDA 模型[12]。Twitter-LDA 模型与 ATM 模型的主要区别是、Twitter-LDA 不仅可以在微博用户层面进行主题建模，而且可以对单个的微博帖子进行主题建模。

Twitter-LDA 模型在 ATM 基础上有两处变化：一是引入了背景模型 φ_B，可以有效地降低高频词汇的影响。类似“love”、“thanks”这些出现频率极高的词汇如果不被处理，会对文本挖掘造成严重干扰；二是给每个微博帖子内部的所有单词赋予一个统一的主题，可以实现对用户和帖子两个层面的同时建模。此外，Twitter-LDA 还可以方便地开展帖子层面的数据统计。例如，可以计算语料集合中有多少帖子与某主题相关以及一对单词在某主题相关的帖子中共现的次数。

3.4 使用 Labeled LDA 模型进行主题建模

考虑微博作为一种网络文本，很多数据已经被读者贴上了标签（tags），利用这些已经存在的标签资源，有助于更好地进行主题挖掘，D. Ramage 等人提出了使用 Labeled LDA 对微博文本进行主题建模[13]。Labeled LDA 最早是 D. Ramage 等人[14]在 LDA 基础上提出的一个受监督的主题模型，可以描述一个标签化文档集的产生过程。与 LDA 不同的是，Labeled LDA 通过对主题模型的一个简单约束来引入监督，即仅仅使用那些与一个文档可以观察到标签集合相对应的主题。该模型学习得来的主题直接与每个标签对应关联。Labeled LDA 的优势在于通过提供一个标签集（Label Set）到其学习过程中，使其学习得到的主题更具有解释性，也可以用于解决文本分类中的可信归属问题。

D. Ramage 等人将微博中的哈希标签对应为 Labeled LDA 中标签（Label），使用 Labeled LDA 模型在微博上进行主题建模，有效利用了微博上已有的用户自定义主旨信息，较为准确地找出了与每个哈希标签密切关联的词汇。另外，还可以使用主题模型对包含大量简易符号的微博文本进行建模，实现了符号标识的主题挖掘。例如，挖掘出符号标识“:)”与 thanks、thank、much、too、hi、following、love 等单词存在密切关联。还需指出，Labeled LDA 克服了 Supervised LDA 和 DiscLDA[15] 等早期引入监督的主题模型限制一个文档只可以与一个单一的标签关联的缺点，允许对多标签的语料集进行建模。因此，Labeled LDA 也支持在微博帖子的聚集文档之上的主题建模，聚集后的文档允许包含多个哈希标签。D. Quercia 等人[16]将基于微博帖子聚集文档上的 Labeled LDA 主题建模方法用于微博用户文档（Twitter profiles）的分类，并通过实验证明，该方法能够在较少训练数据的情况下，实现较为准确的微博用户分类，其分类性能远远胜过支持向量机（support vector machines，SVM）的线性分类方法。

3.5 使用 MB-LDA 模型进行主题建模

国内中文微博类似于国外 Twitter 的引入，但是二者除使用文字和语言结构的不同之外，在其他方面也存在差异：一方面，中文微博在 Twitter 基础上进行了简单的扩展。例如，较早支持了对话评论，并且转发微博的同时也可以加入评论，而 Twitter 只能转发，不能同时加入评论；另一方面，国内微博媒体的“转发”类微博所占比例相当大，频次要高出 Twitter 几个数量级[17]。考虑到中文微博的上述独有特征，结合微博文本内蕴含的社会网络方面的结构化信息，张晨逸等人在 LDA 基础上提出了专用于中文微博主题建模的 MB-LDA 模型[18]。

MB-LDA 在原有 LDA 的基础上作了两方面的扩展，分别将微博的文本关联关系和联系人关联关系引入到微博主题建模中。对于转发类微博（一般格式为“评论 RT@作者 原文”），将微博的转发部分和原文部分关联起来进行主题建模；对于对话类微博（以“@联系人”格式开头），将本次发布内容与联系人的微博内容关联起来进行主题建模。

张晨逸等人通过对衡量主题模型性能和推广性的 perplexity 指标的计算发现，MB-LDA 模型在中文微博上的主题挖掘功能明显优于传统的 LDA 模型。另外，通过 MB-LDA 模型不仅可以挖掘出每条微博可能所属的主题以及每个主题代表性的词，还可以推导出联系人的主题概率分布 θ_c，从而挖掘出每个联系人感兴趣的主题。

4 微博文本主题建模方法比较

上述微博文本主题建模方法主要表现为 LDA 模型两个方向的扩展：一个方向是纵向的基于操作过程的扩展；另一个方向是横向的基于模型的扩展。

4.1 基于操作过程的扩展

在基于操作过程的扩展方面，不论是基于聚集的 LDA 主题建模方法，还是基于训练的 LDA 分步建模方法，都需要预先进行短文本的聚集，与利用 ATM 模型在微博上进行主题建模的基本思想是类似的。但这几种主题建模方法产生的主题彼此间却存在很大的不同。Hong Liangjie 等人对微博帖子上的 LDA 建模（文献中称为消息模式）、ATM 的扩展模型建模（同时获得用户和帖子两个层面）、基于训练的用户模式建模和术语模式建模共 4 种方式产生的主题进行了对比实验分析[2]。实验表明，在主题的一致性方面，不同建模方法学习得到的主题并不直接相一致。对于不同建模方法得到的相似主题，使用 JS（Jensen-Shannon divergence）算法计算相似主题构成单词的概率是各自不同的，并且这种差异性会随着主题数量的增加而略微增加；使用肯德尔（Kendall）等级相关系数去测量相似主题构成单词的排名也发现存在一定差别。通过上述两项指标的测量，可以推导出，通过不同模式或模型学习的主题，它们之间是存在明显区别的。相比较其他模式，消息模式和用户模式之间的分歧更加突出，而通过术语模式和 ATM 模型学习的主题更接近消息模式学习的主题。在建模性能方面，在聚集后的长文本上训练的模型能够产生更好的性能，其中基于训练的用户模式能够实现训练过程更快和训练质量更好。但当文本长度过于大时，主题模型反而变得低效。D. Quercia 等人在使用 Label-LDA 用于微博用户分类时也曾指出，中等活跃度用户的帖子聚集后形成的微博用户文档（Twitter Profile）长短适中，其分类性能和效果最理想。[16]在主题数量方面，消息模式由于微博帖子数量巨大，与其他三种方式相比，会获得更大数量的主题。另外，通过 ATM 的扩展模型学习产生的针对帖子的主题，通常数量很少，并且比消息模式获得的结果还糟糕。

4.2 基于模型的扩展

在基于模型的扩展方面，ATM 和 Twitter-LDA 都是利用微博文本的用户特征来实现 LDA 模型的扩展。只是 Twitter-LDA 在 ATM 基础上作了进一步扩展，引入背景模型，并实现了用户层面和帖子层面的同时建模。本质上，MB-LDA 利用文本结构化信息也实现了微博短文本的扩展，只是这种扩展是依据微博的具体类型而区别对待的。Labeled-LDA 是通过引入微博中结构化的标签信息，将原先无监督学习的 LDA 模型变为监督型的模型，有效提高了主题建模效率和主题可解释性。在主题挖掘效果方面，从已有文献资料推断，相比直接在微博帖子之上的 LDA 主题建模，上述扩展后的主题模型更具优势；但多数扩展后的模型相互之间并无绝对的孰优孰劣，其建模效果与应用目标有着很大关系。例如，对于用户感兴趣主题的挖掘，ATM 模型较为简单实用；对于包含足够标签信息的微博主题挖掘和文本分类而言，Labeled-LDA 更有优势；对于转发频次很高的中文微博的主题建模，MB-LDA 适用性更强；而 Twitter-LDA 可以同时实现对用户和帖子两个层面的建模，并且 Zhao Xin 等人通过实验证明，与传统 LDA 模型和 ATM 模型相比较，该模型挖掘的某个主题的前几个单词具有更好的关联性和可解释性[19]。上述讨论的各种建模方法的比较情况，如表 1 所示：

表 1　微博上的主题建模方法比较

模型/模式	主题分布层面		扩展方式	实现方式	优势	局限性
	微博用户	微博帖子				
LDA（消息模式）[2]	否	是	无	直接使用	无需监督	主题挖掘不理想
基于用户聚集的 LDA[9]	是	否	过程扩展	文本聚集	解决短文本问题	只限微博用户层面建模，需要人工干预
基于训练的 USER 模式[2]	是	否	过程扩展	文本聚集、分步求解	解决短文本问题，简化推导	需要事先训练和人工干预，若要更新模型需重新训练
基于训练的 TERM 模式[2]	否	否	过程扩展	文本聚集、分步求解	解决短文本问题，简化推导，提高主题可解释性	需要事先训练和人工干预，若要更新模型需重新训练，要求文本具有标签信息
ATM[12][19]	是	否	模型扩展	文本聚集	解决短文本问题	只限微博用户层面主题建模
ATM 扩展模型[2]	是	是	模型扩展	文本聚集	解决短文本问题	挖掘出的帖子层面主题少且不理想
Twitter-LDA [12][19]	是	是	模型扩展	文本聚集，引入背景模型	解决短文本问题和高频词汇问题	一个帖子只能对应一个主题
Labeled-LDA [13][16]	否	是	模型扩展	引入标签信息	提高主题可解释性	要求文本具有足够的标签信息
MB-LDA[18]	部分可以	是	模型扩展	引入结构化信息	解决短文本问题，提高主题可解释性	主要针对会话类和转发类中文微博

5 展 望

微博环境下的主题建模研究仍处于开始阶段，还有许多需要研究解决的问题和难点。本文通过对微博环境下主题建模方法进行梳理发现，现有的微博文本主题建模方法主要研究解决微博文本主题建模的适应性问题。例如，LDA 基于过程的扩展和 ATM、Twitter-LDA 等模型解决了微博的短文本数据稀疏问题，Labeled-LDA 一定程度上降低了微博文本语法不规范的干扰。然而，面对海量微博文本信息的快速更新，如何实现主题模型在微博环境下的大规模部署和在线学习训练，有待进一步研究解决。为此，引入和探索更加高效的主题模型训练算法具有现实意义，有助于微博环境下主题建模由理论性向实用性的转变。例如，可以借鉴 R. Nallapati 等人提出的并行变分期望最大化算法[20]、A. Asuncion 等人提出的 LDA 模型分布式 Gibbs 采样算法等主题模型推导方法，将其应用于多处理器和分布式环境，加速微博环境下主题模型的训练[21]。

另外，从功能性角度来分析微博环境下主题建模能够发现，现有的微博文本主题建模主要用于微博的内容分类、信息过滤、用户推荐等方面的商业应用，以提高内容质量，改善用户体验；而对于社会媒体舆情监测方面的应用研究仍较少涉及。主题模型最主要的功能是抽取出文本的语义主题，可以直接用于文本话题挖掘。话题检测和话题跟踪紧密关联，是网络舆情监测的重要内容。路荣等人已经对主题模型应用于微博类新闻话题的自动识别做了一些研究，但尚未涉及微博文本的话题跟踪演化分析[22]。目前，已经有一些成熟的应用于话题演化分析的 LDA 扩展模型。例如，Wang 等人通过在 LDA 模型中引入了作为观测值的时间随机变量，得到了一个主题随时间变化的主题模型 TOT（topic over time）[23]；D. Blei 等人将当前时刻的模型参数后验作为下一时刻模型参数的条件分布引入主题模型，提出了动态主题模型 DTM（dynamic topic mode）[24]。将此类 LDA 模型的扩展应用于微博类新闻话题的演化分析，从而实现从海量微博文本信息中快速准确地追踪话题的演化，并根据演化及时做出相应的预测，为安全机构的领导决策提供支持，将会是微博环境下主题建模的一个重要研究方向。此外，在网络舆情监测领域的另一个研究热点 - 文本情感（倾向性）分析方面，也有主题模型的扩展研究。例如，Lin Chenghua 等人提出的联合情感话题模型 JST（joint sentiment/topic model）[25]能够在无监督的情况下，抽取出文本主题，并同时实现文档级的情感检测；Mei Qiaozhu 等人提出的主题情感混合模型 TSM（topic-sentiment mixture)[26]可以将抽取出的主题有关的单词分为中性、正面和负面三类，支持话题级的情感检测和情感随时间的动态演化分析。研究者也可以将此类主题模型应用到微博信息的舆情监测和分析中。总而言之，面对LDA模型良好的扩展能力和已有的丰硕研究成果，微博类社会媒体环境下的文本主题建模还有很多方面需要改进。

参考文献：

[1] Blei D, Ng A, Jordan M. Latent Dirichlet allocation [J]. Journal of Machine Learning Research, 2003 (3): 993-1022.

[2] Hong Liangjie, Davison B. Empirical study of topic modeling in Twitter [C] // Proceedings of the First Workshop on Social Media Analytics (SOMA' 10). New York: ACM Press, 2010: 80-88.

[3] Deerwester S, Dumais S, Landauer T, et al. Indexing by latent semantic analysis [J]. Journal of the American Society for Information Science, 1990, 41 (6): 391-407.

[4] Hofmann T. Unsupervised learning by probabilistic latent semantic analysis [J]. Machine Learning, 2001, 42 (1): 177-196.

[5] Steyvers M, Griffiths T. Probabilistic topic models [M] //Landauer T, McNamara D, Dennis S, et al. Latent Semantic Analysis: A Road to Meaning. Mahwah: Lawrence Erlbaum Associates, 2007: 424-440.

[6] Griffiths T, Steyvers M. Finding scientific topics [C] //Proceedings of the National Academy of Sciences. Washington D. C.: United States National Academy of Sciences, 2004: 5228-5235.

[7] Tang Jie, Jin Ruoming, Zhang Jing. A topic modeling approach and its integration into the random walk framework for academic search [C] //Proceedings of the 2008 Eighth IEEE International Conference on Data Mining (ICDM ' 08). Washington: IEEE Computer Society, 2008: 1055-1060.

[8] Lu Yue , Zhai Chengxiang. Opinion integration through semi-supervised topic modeling [C] //Proceedings of the 17th International Conference on World Wide Web. (WWW ' 08). New York: ACM Press, 2008: 121-130.

[9] Weng Jianshu, Lim Ee- Peng, Jiang Jing, et al. Twitterrank: finding topic-sensitive influential Twitterers [C] // Proceedings of the 3rd ACM International Conference on Web Search and Data Mining (WSDM' 10). New York: ACM Press, 2010: 261-270.

[10] Zvi M, Griffiths T, Steyvers M, et al. The author-topic model for authors and documents [C] //Proceedings of the 20th Conference on Uncertainty in Artificial Intelligence (UAI' 04). Arlington: AUAI Press, 2004: 487-494.

[11] Zvi M, Chemudugunta C, Griffiths T, et al. Learning author-topic models from text

corpora [J]. ACM Transactions on Information Systems, 2010, 28 (1): 1 – 38.

[12] Zhao Wayne Xin, Jiang Jing, Weng Jianshu, et al. Comparing Twitter and traditional media using topic models [C] // Proceedings of the 33rd European Conference on Information Retrieval (ECIR '11). Berlin, Heidelberg: Springer – Verlag, 2011: 338 – 349.

[13] Ramage D, Dumais S, Liebling D. Characterizing microblogs with topic models [C] // Proceedings of International AAAI Conference on Weblogs and Social Media (ICWSM '10). Menlo Park, CA: AAAI, 2010: 130 – 137.

[14] Ramage D, Hall D, Nallapati R, et al. Labeled lda: A supervised topic model for credit attribution in multi – labeled corpora [C] // Proceedings of the 2009 Conference on Empirical Methods in Natural Language Processing (EMNLP '09). Stroudsburg: Association for Computational Linguistics, 2009: 248 – 256.

[15] Lacoste – Julien S, Sha F, Jordan M. DiscLDA: Discriminative learning for dimensionality reduction and classification [C] // Proceedings of Neural Information Processing Systems Conference (NIPS' 08). Vancouver: NIPS, 2008: 897 – 904.

[16] Quercia D, Askham H, Crowcroft J. TweetLDA: Supervised topic classification and link prediction in Twitter [C] // Proceedings of the 3rd Annual ACM Web Science Conference. New York: ACM Press, 2012: 247 – 250.

[17] Yu L, Asur S, Huberman B. What trends in chinese social . edia [C] // Proceedings of the Fifth International Workshop on Social Network Mining and Analysis (SNA – KDD' 11). San Diego: KDD Press, 2011: 37.

[18] 张晨逸，孙建伶，丁轶群．基于 MB – LDA 模型的微博主题挖掘 [J]．计算机研究与发展，2011 (10)：1795 – 1802.

[19] Zhao Xin, Jiang Jing, He Jing, et al. Topical keyphrase extraction from Twitter [C] // Proceedings of the 49th Annual Meeting of the Association for Computational Linguistics: Human Language Technologies (ACL – HLT' 11), Portland: ACL Press, 2011: 379 – 388.

[20] Nallapati R, Cohen W, Lafferty J. Parallelized variational EM for latent dirichlet allocation: An experimental evaluation of speed and scalabiliy// Proceedings of the Seventh IEEE International Conference on Data Mining Workshops (ICDMW '07). Washington D. C.: IEEE Computer Society, 2007: 349 – 354.

[21] Asuncion A, Smyth P, Welling M. Asynchronous distributed learning of topic models [C] // Proceedings of the Twenty – Second Annual Conference on Neural Information Processing Systems. New York: Curran Associates, Inc, 2008: 81 – 88.

[22] 路荣，项亮，刘明荣，等．基于隐主题分析和文本聚类的微博客新闻话题发现研究 [C] //中国中文信息处理学会．第六届全国信息检索学术会议论文集．北京：中国中文信息处理学会，2010：291 – 298.

[23] Wang X, McCallum A. Topic over time: A non – markov continuous – time model of topical trends [C] //Proceedings of the 12th ACM SIGKDD International Conference on Knowledge Discovery and Data Mining (KDD' 06). New York: ACM Press, 2006: 424 – 433.

[24] Blei D, Lafferty J. Dynamic topic model [C] //Proceedings of the 23rd International Conference on Machine Learning. New York: ACM Press, 2006: 113 – 120.

[25] Lin Chenghua, He Yulan. Joint sentiment/topic model for sentiment analysis [C] //Proceeding of the 18th ACM conference on Information and Knowledge Management. New York: ACM Press, 2009: 375 – 384.

[26] Mei Qiaozhu, Xu Ling, Wondra M, et al. Topic sentiment mixture: Modeling facets and opinions in weblogs [C] // Proceedings of the 16th International Conference on World Wide Web. New York: ACM Press, 2007: 171 – 180.

作者简介

张培晶，男，1979 年生，讲师，发表论文 10 余篇。

宋　蕾，女，1980 年生，讲师，发表论文 10 余篇。

基于潜在语义分析的微博主题挖掘模型研究*

唐晓波　王洪艳

（武汉大学信息资源研究中心　武汉 430072）

摘　要　为了弥补目前微博平台主题挖掘方法的不足，兼顾到微博信息的稀疏性、多维性、海量性等特点，提出根据微博信息特点进行有针对性的预处理后，使用基于先验概率的潜在语义分析模型 LDA（Latent Dirichlet Allocation）进行微博主题挖掘，并在 LDA 建模的基础上，设计文本增量聚类算法，进一步实现主题结构的识别，从而使用户更好地理解主题及其结构。通过在真实微博数据集上的实验，证明该模型能有效进行主题挖掘和主题结构的识别。

关键词　微博　短文本　主题挖掘　LDA 模型　增量聚类

分类号　G203

1　引　言

微博作为 Web 2.0 时代兴起的一种互联网社交网络服务，已广泛渗透到人们的生活和工作学习之中。2012 年 7 月，法国调研公司 Semiocast 的数据分析显示，Twitter 用户数已突破 5 亿；第 30 次 CNNIC 发布的统计报告显示，截至 2012 年 6 月底，我国微博用户数已达 2.74 亿。微博内容简单，发布便捷，信息传递快速，在海量微博信息中检测出大多数人关注的热点主题，对舆情监控、竞争情报分析以及商品的社会化营销都具有非常重要的意义。

虽然现在多数微博平台都有热门话题榜，但其热点话题的获取方法多是通过计算含有关键词的微博数量并进行排序而实现。这种方法虽然简单，但准确度不高。为了弥补词频匹配方法在主题获取中的不足，近年来，文本主

* 本文系国家自然科学基金资助项目“社会化媒体集成检索与语义分析方法研究”（项目编号：71273194）和教育部人文社会科学重点研究基地重大项目“面向决策的企业信息资源集成研究”（项目编号：2009JJD870002）研究成果之一。

题挖掘方法受到了人们的广泛关注，并成为主题识别中的研究热点。文本挖掘一般分为基于统计的文本挖掘和基于语义的文本挖掘。本文使用语义分析方法进行微博主题的挖掘，通过语义分析加深对文本的解读能力。但是，由于微博中的信息多是零散的、高噪声的、随机的和碎片化的，这就导致了要构建的文档向量空间矩阵维数非常高[1]；另外，由于微博内容的简短性，同一个词出现在不同微博中的概率会远小于普通文本，若使用传统语义分析中以词语为特征的向量表示方法，则很难准确计算文本间的相似度。

为了降低微博信息的稀疏性和多维性对主题挖掘的影响，本文选择基于潜在语义分析的文本挖掘方法来进行微博主题的挖掘。目前，基于潜在语义分析的文本挖掘方法主要包括 LSA[2]（Latent Semantic Analysis，S. Dumais 等，1988 年）、PLSA[3]（Probabilistic Latent Semantic Analysis，T. Hofmann，1999 年）和 LDA[4]（Latent Dirichlet Allocation，D. M. Blei 等，2006 年）。还有学者在比较、分析 LSA、PLSA、LDA 的基础上证明了 LDA 在采用潜在语义表达文档主题方面具有更大的优势[5-6]。因此，本文采用 LDA 进行微博主题挖掘。由于同一主题可能涉及多个讨论点，本文认为进一步对主题结构进行识别可以更好地体现主题挖掘效果，使用户可以全面掌握主题的整体结构和发展方向，因此，本文中的主题挖掘模型包括了主题挖掘和子话题识别两个部分。

2 LDA 模型的基本原理

LDA 模型是由 D. M. Blei 等人在 2003 年提出的一个三层贝叶斯产生式概率模型，该模型假设文档是由一系列潜在主题混合而成，主题是由词汇表中所有的词汇混合而成，不同文档的主要区别在于其主题混合比例不同[4]。LDA 模型有一个前提：bag of word，即认为文档就是一个词的集合，忽略任何语法或者词语出现顺序关系。LDA 模型产生文档的贝叶斯网络如图 1 所示[4]：

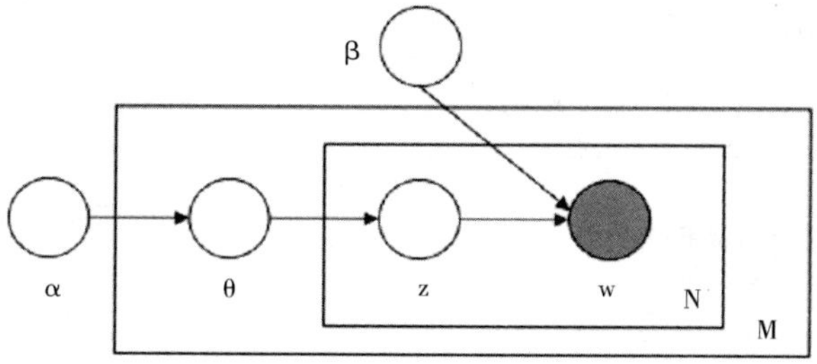

图 1　LDA 的贝叶斯网络

其中空心圆圈代表隐含变量，实心圆圈代表可观察变量，有向边代表条件概率依赖，方框代表的是重复次数。M 表示语料库中文档的总数，α 是 dirichlet 分布的参数，β 表示某一主题条件下生成某个词语的概率，随机变量 θ 是目标文档中的主题分布向量，z 表示目标文档分配在每个特征词上的 N 维主题向量，w 是目标文档的词向量表示。

具体来说，生成一篇文档 d 按照如下步骤：①抽样该文档 d 与各个主题之间的关系 θ_d，θ_d 服从 dirichlet（α）分布。如果该文档主题数目为 K，则 θ_d 是一个 K 维向量，其中每个元素代表主题在文本中出现的概率。②对文档 d 中的每一个词 w_i，首先从多项式分布 θ_d 中抽样出当前词所属的主题 z_i，$z_i = P(z_i \mid \alpha)$；然后从多项式分 z_j 中抽样 w_i，$w_i = P(w_i \mid z_j, \beta)$。

对于数据集 D 来说，LDA 的主题抽取过程就是通过 θ 和 z，求出使 $P(D \mid \alpha, \beta)$ 最大的参数 α 和 β 的值。在 LDA 中，文本的单词是可观测到的数据，而文本的主题是隐性变量，根据文本的生成规则和已知数据，LDA 通过概率推导来实现参数估计。

3　基于语义分析的微博主题挖掘模型及实现

微博实质上是一系列独立的短文本，每条微博字数一般不超过 200 字，其文本中含有一些特殊符号表示用户的行为以及与公共主题间的互动关系。微博产生速度非常快，每小时可达数万条；同时又比较分散，可能是描述用户心情、感触、工作情况的只言片语，也可能是对热点事件的评论和转发。进行微博主题挖掘，就是要在海量微博中找出大多数人都在关注的主题以及主题的脉络结构。

本文中，基于语义分析的微博主题挖掘模型的设计分为主题挖掘和子话题识别两大部分，通过数据预处理、分词和词频统计、特征词选择、LDA 建模及增量层次聚类这 5 个步骤实现，具体的实现步骤和关键问题在各小节中进行阐述。该模型如图 2 所示：

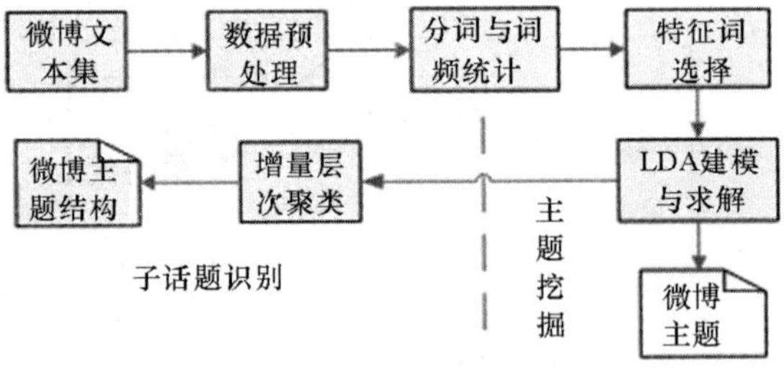

图 2　基于语义分析的微博主题挖掘模型

3.1 微博信息预处理

微博信息的预处理包括两个方面：一是对无关信息的过滤；二是为了语义分析效率进行的信息聚合、连接等处理。对无关信息过滤将会在很大程度上提高微博数据集主题相关度；根据一些条件和微博特点进行微博信息的聚合、连接等预处理，将会在一定程度上缩减文本空间的大小，提高语义分析的效率。

3.1.1 无关微博信息的过滤

包括：①过滤以“#话题名#”为格式的微博信息。一般主题挖掘指挖掘隐含在微博中的潜在主题，而微博中以“#话题名#”为标识的主题多是由微博平台或用户给定的主题，人为因素比较大，而且在每条讨论该主题的微博中都会出现，对词频统计的影响较大，所以将其做删除处理。②过滤带有“@用户”格式的消息。包含“@用户”格式的微博类似于聊天式的互动，这类信息成为热点主题的可能性较小，因此，可以过滤此类微博。③过滤微博中收听人数小于阈值 F 的用户发表的信息[7]。微博博主的粉丝数量接近于0的用户很可能是“水军”账户或者僵尸账户，其所发的微博条数少，且有用信息少而噪声大，不能反映微博平台的热点主题，因此，此类用户所发表的微博需被过滤。④过滤微博字数小于一定值的信息。微博虽然短小，但一个句子要想表达其含义，也需要一定的字数。所以对于小于一定阈值的微博可以不予计算。

3.1.2 微博信息的合并

在微博信息中，如下两种较为明显的模式可以被用来进行条目合并[8]：① 连续转发。指多个用户之间的链式关注关系引起的对于同一条微博的连续转发。② 微博评论。微博评论是中文微博的非常重要的特点之一，它与微博转发共同组成评价热点主题的两个重要指标，在一定程度上决定了微博主题的热度和演化，很多主题相关的新的子话题都是从评论开始展开的。

由于在语义分析处理中将文本视为无序的词袋模型，因此，可以将所有的连续转发和评论各自连接在一起，看作一个文本块进行处理。这样可以缩减文本空间，扩充原文本的特征，提高文本相似度，从而在一定程度上解决短文本的特征稀疏性问题。

3.2 分词与词频统计

通过上述的预处理以后，接下来就要对文本进行分词。分词是文本处理的基础。目前，中文分词有多种不同的算法和工具。本文采用 ICTCLAS[9] 分词系统，该系统可以进行中文分词、词性标注、命名实体识别以及未登录词识别，分词正确率高达 97.58%，能够保证较好的分词效果。使用 ICTCLAS 分词系统对一条微博进行分词后，将得到一个词向量，其中的每个词都带有词性标记，如名词、动词、形容词等。不同词性的词对主题表达的贡献程度不同，对主题表达和辨识作用最大的是动词和名词，因此，本文在词频统计和文本特征词选择中只考虑了这两种词性。

3.3　特征词的选择

为了使所有“主题 - 词”概率分布在统一的概率空间上，需要为整个微博数据集建立统一的特征词表。本文通过对微博数据集进行实验分析，发现微博短文本的词频具有明显的“长尾特征”，即绝大多数的词只出现了很少的次数，只有少数词语的出现频率较高。因此在进行特征词选择的时候，本文将所有微博实验数据分词后，将文本中的动词和名词进行词语统计，仅使用词频高于某阈值的词语作为特征词而把长尾部分去掉。

3.4　微博信息 LDA 模型建模与求解

对 LDA 模型的参数进行估计的办法也有很多，常用的有 EM 算法和吉布斯抽样（Gibbssampling）。本文选用吉布斯抽样方法推断 LDA 模型的参数。该方法易于实现、速度快、所需内存较小。

通过使用吉布斯抽样法对所有主题的反复迭代抽样，最终达到抽样结果稳定（即 α 和 β 达到收敛）。吉布斯抽样过程中，得到两个矩阵：特征词 - 主题矩阵和微博 - 主题矩阵[10]。在特征词 - 主题矩阵中，每一行对应特征词表中的特征词，每一列对应各个主题，元素值代表某一特征词分配给对应主题的次数；在微博/主题矩阵中，每一行对应数据集中的一条微博文本信息，每一列对应各个主题，元素值代表该条微博文本中的特征词被分配给某一主题的次数。通过这两个矩阵可以计算出潜在变量 θ 和 z 的值，方法如下所示：

$$\theta_{d,j}=\frac{n_j^d+\alpha}{n_?^d+K\alpha}\qquad z_{w,j}=\frac{n_j^w+\beta}{n_j^?+V\beta}$$

其中，n_j^d 表示微博文档 d 中分配给主题 j 的特征词数量，$n_?^d$ 表示微博文档 d 中所有被分配了主题的词数之和，n_j^w 表示特征词 w 被分配给主题 j 的次数，$n_j^?$ 表示分配给主题 j 的所有特征词的数量。

根据 θ 和 z 就能计算出每条微博关于各个主题的概率分布以及主题关于每个词的概率分布。通过概率计算对整个微博数据集进行分析，就可以挖掘出每条微博最可能属于某个主题，每个主题最具代表性的词，从而得到每个主题的概率分布情况（即 α）以及每个主题下每个代表单词的概率分布情况

（即 β）。

综上所述，通过对微博数据集进行建模与求解，LDA 建模将产生如下结果：

- θ，一个 M × K 的矩阵，称之为“文档－潜在语义”矩阵。M 是数据集中微博总数，K 是潜在主题个数。它表示了数据集中每个文本生成主题的概率，该矩阵的每行实现了文档在语义空间上的向量表示（以下简称语义向量），这里用 d_j 表示，$d_j=(\theta_{j,1}, \theta_{j,2}, ..., \theta_{j,k})$，语义向量中的 $\theta_{j,i}$ 表示文档 j 的第 i 个潜在主题的概率分布。
- z，V × K 的矩阵，它表示一个文档中每个主题生成每个词的概率。
- α，一个 K 维向量，代表每个潜在主题生成的概率。
- β，一个 V × K 的矩阵，K 表示潜在主题的个数，V 表示文本集合中所有不同特征词的个数。它表示了整个文本集中每个主题生成每个特征词的概率。

3.5　增量层次聚类算法设计

为了更好地理解主题的脉络结构，挖掘指定主题下的子话题，本文利用 LDA 建模过程中生成的语义向量，对指定主题进行文本聚类，从而实现对主题的细分。

主题细分实质上是对该主题下各文本进行相似度度量。在传统话题检测中，判断一个文本与其他主题的相似度，需要计算该文本与主题簇中的每一个文本的相似度。这样，当主题簇规模比较大时，比较的次数将会成倍增加，非常影响处理效率。针对此问题，本文使用中心向量表示一个主题的思想[11]，在判断一个文本是否属于某一话题时，只需计算与中心向量的相似度。这里的中心向量为该主题下所有微博语义向量 d_j 的平均值，用公式表示为 $d_c=\frac{1}{n}\sum_{j=1}^{n}d_j$，其中 n 为该主题下微博信息的数量，$d_j$ 为该主题下的第 j 条微博信息。进行比较时，两个向量之间距离越小，则两个文本之间的主题就越相近。该算法的设计中，两个文本在语义上的相似程度通过 KL 距离计算判断。由于一个主题讨论点会随时间的变化而更新，为了表现主题的这种动态变化，本文通过设置聚类阈值来调整聚类结果的粒度。

根据以上描述，本文设计了一种增量层次聚类算法，该算法的设计采用 Single Pass 聚类算法的主要思想，同时更改了某些细节。其描述如下：

输入：微博数据集某一话题下的“文档－潜在语义”向量集合 $D=\{D_1, D_2, \cdots, D_n\}$

输出：多个子话题簇

过程：①读取一条新微博，用语义向量表示 D_a；②判断是否是该主题簇中的第一篇微博，是则转向③，否则转向④；③创建子话题，令子话题中心向量 $d_a = D_a$；④计算 D_a 与该主题每个子话题中心向量 d_{ci} 之间的相似度并找到最相似子话题 T，$Sim(D_a, d_{cT}) = \max Sim(D_a, d_{ci})$；⑤若 $Sim(D_a, d_{cT}) > \delta$（δ 为预设子话题阈值），将 D_a 归入话题簇 T，更新子话题中心向量，否则转向③；⑥是否存在新微博，是则转向①；否则输出结果。

4 实验过程与结果分析

4.1 实验环境

本文的实验环境为 Intel Pentium6000 1.87GHz 的 CPU、2G 的内存、160G 硬盘的 PC 机。操作系统为 Win7，实验工具为 eclipse 3.7.2、Matlab7.0 和 SAS9.1，JDK 为 1.6.0。

4.2 实验准备

4.2.1 数据集的获取与预处理

本文数据集来自于新浪微博，虽然新浪微博具有开放式应用编程接 API，但是目前使用其 API 有一定的限制，因此本文结合火狐浏览器的两个插件 datascraper 和 metastudio 来爬取新浪微博的数据。该实验数据集爬取了新浪微博平台上 2012 年 3 月 10 日到 2012 年 3 月 18 日的 4 050 个用户的微博共 66 937 条，人工标注了该段时间内的热议话题，大概有“妇女节”、“消费者权益”、“两会”等 10 个主题。

在进行 LDA 建模之前，首先根据 3.1 节的数据预处理方法，进行了预处理工作，包括删除含“@用户”格式数据、删除含“#话题名#”格式数据、删除评论和转发均为 0 的数据、删除 10 个字以下内容的微博。预处理后，数据集内微博有 42 718 条。预处理的工作，大大降低了数据的噪音。

4.2.2 词频统计与特征词选择

该实验将数据集中的微博通过 ICTCLAS 分词系统分词后，保留了动词与名词，并进行了词频统计。实验发现，微博短文本词频的“长尾特征”明显。为了使主题可以较好地被理解，并考虑建模效率，将词频在 50 以上的 3 272 个动词和名词的集合作为特征词表。

4.2.3 LDA 建模中输入文件的构造

LDA 实验的输入需要构造两个文件：vocab.file 和 data.file。vocab.file 存

储了上一步实验中得到的 3 272 个高频词语构成的特征词汇表，data. file 实质是一个矩阵形式，它存储了 3 272 个特征词汇在 42 718 条微博中的分布情况。data. file 是 LDA 实验真正的输入文件，在构造该文件的时候，需要结合数据集和 vocab. file 通过编写程序生成。

4.3 实验结果分析

4.3.1 LDA 实验结果分析

本实验的参数设置参考相关文献的方法[12]，超参数的设置为 $\alpha=1$，$\beta=0.01$，$K=20$。参数初始值确定后，结合输入文件，运行 LDA 建模程序，可以得到词汇表中的特征词语在 20 个潜在主题上的概率分布以及潜在主题在每篇微博中的概率分布。对于每个主题，选取概率较高的前 10 个特征词语来描述。由于篇幅有限，图 3 只显示了其中的三个主题。

主题1		主题2		主题3	
两会	0.043126	妇女节	0.068793	权益	0.019601
记者	0.021491	女生	0.013173	被骗	0.017098
温家宝	0.011691	礼物	0.012767	消费者	0.016686
改革	0.009962	活动	0.011699	价格	0.015411
房价	0.008553	鲜花	0.011459	榜样	0.015276
人大代表	0.007871	情人节	0.009976	质量	0.014098
大学	0.005927	健康	0.008301	上调	0.007794
人民	0.005721	家庭	0.007213	质疑	0.007462
刑诉法	0.005516	美丽	0.006597	油	0.006974
政府	0.005507	孩子	0.006556	关注	0.006833
奢侈品	0.005533	购买	0.005286	合并	0.006391

图 3　LDA 输出结果（部分）

由图 2 中每个主题对应的特征词可以看出：主题 1 是“两会”主题，该主题包含了两会关键人物和部分热议内容，跟实际情况比较一致；主题 2 是“妇女节”主题，其中内容比较零散，包含了过节方式、节日背景等内容。关于过节，人们各有各自的方式，但通过其中，可以看到人们在这个节日比较关注的内容，比如“健康”、“美丽”、“购买”，具有妇女节的特色；主题 3 是“3 · 15”相关主题，可以看出主要是产品质量问题，但其中还包含了“上调”、“油”等关键词，这与当时的另一主题“油价上调”相交叉，说明有新话题要产生。总体来看，通过 LDA 主题挖掘模型得到的主题，其对应的关键词准确性较高，并且主题之间的独立性比较强。

为了测试本方法的效果，将本方法与传统词频排序提取其主题的方法进行了对比测试。虽然两种方法对主题的表现方式不一样，但所得到的主题基本一致。图 4 是选取其中 5 个主题运用两种方法得到的召回率的对比图。

从图 4 中可以看到，由于语义分析方法解决了多义词和近义词的问题，

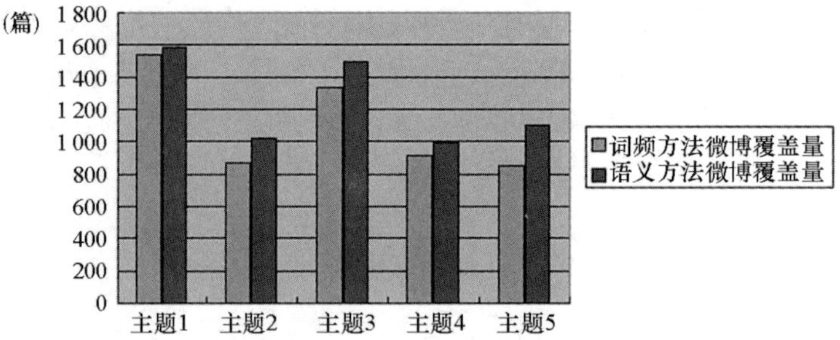

图 4　语义分析与词频匹配两种方法召回率对比

在对相关微博的覆盖率上，本方法明显优于传统词频排序方法。

4.3.2　增量聚类实验结果分析

该实验的目的是验证增量聚类算法区分子话题的能力。实验以“学雷锋”主题为例进行分析。该数据集中关于“学雷锋”主题的微博经人工标注的子话题，主要包括“学雷锋故事”、“雷锋精神”、“雷锋精神的形式化表现”。

本文使用 SAS9.1 对增量聚类算法进行编程实现，结合通过 LDA 建模结果，分析得到“学雷锋”主题下微博的语义向量集，对算法进行了验证。通过半偏 R 平方、半偏相关、双峰性系数、伪 T^2 统计量的综合分析，最后将结果划分为 3 个聚类。聚类结果如表 1 所示：

表 1　聚类结果

聚类	特征词
1	雷锋 捐 助学款 扶 摔倒 排队 救 走进 希望小学 捡 拾金不昧 手机 孩子 送 帮 票 戳 电话 落东西 联系 乘客 老人家 三轮 感动
2	雷锋 精神 榜样 偶像 崇拜 行动 弘扬 学习 思想 道德 爱心 传递 激励 帮助 服务 人民 老百姓 拯救 良知 腐败 意义
3	学雷锋 捐款 哭 滋味扫地 摆拍 照片 弄虚作假 劳动 影响 习惯 表扬 学习 买画 学生 吃 针 协调 了结 未果

聚类 1 中涵盖了网络上比较热门的学雷锋故事，比如“为贫困孩子捐款 35 万的蹬三轮老人白芳礼”、“勇救溺水儿童的七旬‘女雷锋’”、还有包括“拾金不昧”、“走进希望小学”等网友学雷锋事件；聚类 2 中涵盖了“雷锋精神的意义”、“雷锋精神与道德建设”、“雷锋是小学生十大偶像之一”等内容，基本都属于网友对雷锋精神的认识和现实状况；聚类 3 的内容体现了网

友对形式上学雷锋的强烈反对态度，微博中讨论较多的是学校组织小学生学雷锋的一些负面事件，比如“学雷锋怎么成了捐款”、“摆拍劳动照片”等，雷锋精神与形式化的学雷锋形成强烈对比，体现了人民对真正雷锋精神的呼唤和认识。通过对以上 3 个聚类内容的分析，笔者发现该算法在进行主题细分上的效果与人工识别相当，提高了用户对主题结构和发展方向的理解效率。

5　总结与展望

本文针对目前微博主题挖掘中由于缺乏语义而导致挖掘结果准确率不高的问题，提出了一个基于潜在语义分析的微博主题挖掘模型，该模型通过主题挖掘和子话题识别，使用户不但可以掌握微博平台的热点主题，还可以清晰地发现主题的结构和发展方向。实验证明，通过分析微博特点，对微博信息进行合理的预处理，大大降低了数据集的噪声；使用基于潜在文本语义分析的概率主题模型 LDA 进行主题抽取，其抽取结果比较客观和准确；结合增量聚类算法进行微博子话题的识别，可使主题的挖掘结果更容易被理解。今后的研究工作中，笔者将在此基础上研究微博主题的演化规律以及主题与用户、时间等因素的关联关系，通过对微博主题进行多角度的研究，实现对微博主题深层次的挖掘。

参考文献：

[1]　Yang C C, Tobun D N. Analyzing and visualizing Web opinion development and social interactions with density- based clustering [J]. IEEE Transactions on Systems, Man, and Cybernetics, Part A: Systems and Humans, 2011, 41 (6): 1144 – 1155.

[2]　Dumais S, Furnas G, Landauer T, et al. Using latent semantic analysis to improve access to textual information [C] // Proceedings of Computer Human Interaction. Washington: ACM, 1988: 281 – 285.

[3]　Hofmann T. Probabilistic Latent Semantic Indexing [C] //Proceedings of the 22th Annual International SIGIR Conference on Research and Development in Information Retrieval. Univca, Berkeley, CA: Assoc Computing Machinery, 1999: 50 – 57.

[4]　Blei D M, Ng A Y, Jordan M I. Latent dirichlet allocation [J]. Journal of Machine Learning Research, 2003, 3 (4 – 5): 993 – 1022.

[5]　Phan X, Nguyen L, Horiguchi S. Learning to classify short and sparse text &web with hidden topics from large – scale data collections [C] //Proceedings of 2008 WWW Conference. New York: ACM, 2008: 91 – 100.

[6]　Titov I, McDonald R. Modeling online reviews with multi grain topic models [C] // Proceedings of 2008 WWW Conference. New York: ACM, 2008: 111 – 120.

[7] 郑斐然，苗夺谦，张志飞，等．一种中文微博新闻话题检测的方法［J］．计算机科学，2012，39（1）：138－141.

[8] 杨冠超．微博客热点话题发现策略研究［D］．杭州：浙江大学，2011.

[9] Zhang Huaping, Yu Hongkui, Xiong Deyi, et al. HHMM－based Chinese lexical analyzer ICTCLAS［C］//Proceedings of the Second SIGHAN Workshop Affiliated with 41st ACL. Sapporo: Association for Computational Linguistics, 2003: 184－187.

[10] 余传明，张小青，陈雷．基于LDA模型的评论热点挖掘：原理与实现［J］．情报理论与实践，2010，33（5）：103－106.

[11] 郑希文．互联网话题演变与传播分析技术研究［D］．哈尔滨：哈尔滨工程大学，2009.

[12] Griffith T, Steyvers M. Probabilistic topic models［G］//Latent Semantic Analysis: A Road to Meaning. Hillsdale: Laurence Erlbaum Associates, 2006: 424－440.

作者简介

唐晓波，男，1962年生，教授，博士生导师，发表论文70余篇。

王洪艳，女，1980年生，博士研究生，发表论文5篇。

基于微博的学科热点发现、追踪与分析

——以数据挖掘领域为例

盛 宇

（上海政法学院现代教育技术中心 上海 201701）

摘 要 指出依据传统信息源对学科热点进行分析研究存在时间上严重滞后的缺点，提出基于微博的学科热点发现、跟踪和分析机制，论证其可行性并给出实现方法和步骤。以基于新浪微博的“数据挖掘”领域学科热点的研究作为实例，将微博结果同传统研究结果进行对比，表明该方法同传统热点分析结论有重合部分，但又可以反映出传统方法所无法反映出的最新热点。

关键词 微博 学科热点 热点发现 数据挖掘

分类号 G350

1 问题的提出

对学科热点及其变化轨迹进行分析，可以了解该学科过去和现在的热点及未来发展趋势，因此热点研究一直受到人们的关注。传统研究方法主要通过电子期刊、硕博论文、立项基金或引文信息源，采用词频分析、共词分析、聚类分析等方法，利用已有的或自行开发的软件进行分析挖掘。传统信息源具有高质量和权威性的特点，在此基础上进行热点研究也具有相当的可信度和说服力，但传统信息源最大的缺点之一就是更新滞后，目前一篇文章从完成到正式发表大约历时一年左右。信息时代技术瞬息万变，根据传统数据源得来的学科热点有时只能代表过去，大大降低了学科热点研究的质量，偏离了研究的原始目标。

微博（Microblog）是一个基于用户关系的信息分享、传播及获取平台，用户可以通过 Web、Wap 及各种客户端组建个人社区，以 140 字左右的文字或者图片、视频、网页链接等方式更新信息，并实现即时分享[1]。微博的最大特点就是快速更新、群策群力，是否可以根据微博的特点来获得学科前沿资料并对学科热点进行发现、追踪与分析，弥补传统学科热点分析的不足之处，将是本文的研究目标。

2 基于微博预测学科热点的可行性

随着 Web 2.0 的出现，互联网用户行为已发生了很大变化，从微博上获得信息较以往变得容易许多，基于微博的各种应用不断涌现，并逐渐为企业、政府、出版社等部门所认可。目前微博应用领域主要有：企业应用、新闻媒体、政府舆情、学术出版等，但将微博用于学术领域的目前尚未可见，其他领域应用中所涉及的技术方法和思路对微博在学术领域的应用研究将有很大的参考借鉴作用。本文认为通过微博平台了解他人研究进展，获取学科前沿信息，预测学科热点具有可行性，理由如下：

2.1 微博上包含了大量专家学者、研究人员

以新浪微博为例，新浪微博的名人认证是其特色之一，其中除了明星和知名企业家外还有众多高校学者、科技精英，这些人通过身份认证，可以代表学科领域的权威力量。除了名人学者外，更多的学者选择以个人身份在微博上耕耘自己的学术天地，他们有的在微博上发表自己的研究成果、研究进展、研究思路，有的用微博现场发布参加学术会议的情况，有的博士导师甚至把自己的学术研讨会也搬上了微博。还有各行各业的专业技术人员，他们把学科知识应用到工作当中，是知识转化为生产力的第一线骨干，他们的见解更侧重于技术与实践的结合，与商业价值的结合。正是这只庞大的专业技术队伍使微博展现学科前沿变为可能。

2.2 微博学术信息更新快，信息可公开获取

微博用户通过电脑、手机等多种途径实现随时、随地、随身发布和接收信息，大大提高了微博的易用性、高效性，这直接导致了微博内容更新速度极快——比论坛信息快，比网页数据快，更比期刊杂志快，这是其他任何数据来源都无法比拟的，同时也成为了获取学科前沿资料的最大优势。除了更新速度快，微博的另一个优势是信息容易公开获取，以往研究的难点往往不是技术而是数据难以获取，无论是企业的内部数据、不公开的政府信息还是收费的期刊数据库等都给学术研究设置了障碍，而在微博平台上学者们不仅可以自己畅所欲言，更可以容易地获取他人发布的信息，这种信息的公开性也为获取学科前沿资料扫清了障碍。

2.3 微博的分众聚类可形成学术圈

了解学术前沿的重要途径之一就是形成学术圈，同圈内人士交流，这也是学术会议产生的原因，这样的理念同微博的分众聚类不谋而合。在微博中，人们可以根据自己的喜好关注他人，这一思想运用到学术领域可以变为根据自己的研究领域添加关注同行人士，从而形成自己特有的学术圈，添加关注等于订阅了他人的发言，微博学术圈可以帮助你随时随地了解同行研究进展或是其他地方正在发生的最新学术事件。

2.4 第三方应用让学术信息容易被计算机自动获取和分析

微博学术信息更新的速度也带来了信息采集方面的困难，如果按照传统的人工采集方式则付出的成本极高，目前大量由第三方开发的微博应用解决了这一难题。以新浪微博为例，目前其官方网站上的各种应用已达600余种，并在不断增加中，其中许多应用都可在学术研究领域发挥作用，本文后半部分将给出这些应用的使用案例。微博应用让学术信息的搜集和分析变得简单，也让通过微博研究学科领域之热点变得可行。

3 基于微博预测学科热点的步骤

3.1 热点发现

虽然微博中存在大量学术前沿信息，但这些信息分散在微博的各个角落，如何把他们汇聚起来从中发现学科热点是该步骤要完成的任务。

3.1.1 信息采集和预处理

信息的采集是热点发现的第一步，微博信息的采集主要分两个方面：①微博内容；②作者ID。微博内容的采集可用作热点挖掘的语料，而微博作者ID的采集也同样重要，由于微博存在关注和转发功能，通过分析作者ID，可以找出其中的学术权威，对于了解学术最新进展有重要意义。采集后的数据还存在大量信息冗余，因此要进行信息的预处理，主要包括合并数据、文本清洗、添加自定义词等步骤。

3.1.2 发现学科热门词汇

将采集到的数据进行特征提取，分类聚类以及共词分析等方法处理可以找出某一领域相关的热门词汇。

3.1.3 发现学术意见领袖

意见领袖是最为活跃的话语群体，他们的意见和观点对事件的发展方向产生了深远影响。在微博的学术领域，意见领袖可以分成两种：一种是以知名学者为代表的学术权威，另一种则是从学术研究或工作实践出发，不断提供最新学科前沿信息的知识工作者。发现学术意见领袖可采用社会网络分析（social network analysis）、聚类等方法。

3.2 热点追踪

步骤一获得的学术热点和学术领袖只能代表过去，如何沿着这些热点继续追踪，不断了解学术发展的现状，并对未来发展做出预测是该步骤真正要完成的工作。

3.2.1 热点关键词微博跟踪

关键词跟踪有两种方法：①使用微博平台自带的检索工具；②使用第三方软件。自带检索工具使用简便，缺点是要靠使用者人工刷新才能获得最新数据，无疑会耗费过多的人力成本。目前已有第三方软件弥补这一缺陷，如针对新浪微博的“sina 热点搜索工具”安装后可订阅某关键词实时更新，大大方便了使用者对学术热点的追踪。

3.2.2 关注学术领袖

微博特有的关注功能可以跟踪订阅他人的最新发言，了解他人的学术观点和学术进展，从而形成虚拟学术圈。除此之外，还可以采用第三方软件，如绘制学术圈关系图等。

3.2.3 其他辅助工具

微博学术信息的特点是更新快，有利于了解学术最新动向，但由于字数限制，很多问题无法进行详细完整的描述，因此微博学术研究还要借助其他工具。例如通过搜索引擎和期刊数据库等工具获得更为详尽的学术资料，这是微博本身无法实现的。

3.3 热点分析

获得学术热点以及相关资料后，除了可以采用传统分析软件进行分析外，目前针对微博开发的第三方分析应用软件也大量涌现，这类软件的特点是实用性强，样式丰富，使用简便，可以方便地对微博数据进行分析。由于其设计时考虑了微博信息的特点，因此具有传统分析软件无法比拟的优势，例如对转发深度的分析、对粉丝标签的分析、对社交网络的绘制、对作者地域的统计，等等。灵活地应用这些分析软件，我们可以对热点进行比较研究，找出热点作者的学术交际圈，了解学术意见领袖关注的话题，对学科发展趋势和发展轨迹进行预测。

4　基于新浪微博的学科热点研究实例——以数据挖掘领域为例

目前国内主流微博主要有新浪、腾讯、人民网三大微博运营商，尤其是新浪微博靠其较完善的功能和服务以及名人认证、内部邀请等营销模式，截至2010年10月底已经有超过5 000千万用户，成为中国最主流、最火爆的微博产品[2]。本文就以新浪微博为例给出数据挖掘领域热点研究实例。

4.1　数据挖掘领域热点发现

4.1.1　信息采集与清洗

首先选取关键词“数据挖掘”，使用ROST CM软件在规定时间段内采集数据，共采集语料文件约9万字左右。由于采集到的原始文件中包含大量冗余数据、异构数据，经过数据合并、文本清洗和添加自定义分词词组后，得到符合要求的语料文件，为下一步的数据分析奠定基础。

4.1.2　特征提取与词频分析

利用特征词词频分析找出围绕“数据挖掘”的相关关键词。在对语料进行分析后得到结果，如表1所示（截取词频率高于52的词）：

表1　数据挖掘主题相关词频（部分）

关键词	词频	关键词	词频	关键词	词频	关键词	词频
数据挖掘	773	价值	122	和数	82	架构	61
分析	504	互联网	122	摄像头	82	社交	61
数据	468	算法	117	顾客	81	使用	60
技术	266	管理	117	时间	75	驱动	60
微博	214	商业	116	业务	69	行为	60
营销	163	运营	102	设计	68	本质	59
挖掘	160	学习	102	开发	68	关联	59
应用	135	智能	99	统计	66	体验	55
模型	135	系统	96	以上	65	处理	54
研究	127	企业	87	职位	64	软件	52

从中去除无意义词，保留有明确含义的词语后得到了如技术、营销、算

法、智能等一系列特征词。这些特征词之间的语义关系怎样，又表达了怎样的含义，接下来将使用共词矩阵和内容语义网络进一步分析。

4.1.3 共词分析

特征词词频仅仅帮助笔者得到了围绕数据挖掘相关的高频词语，但词语本身表达不了完整的含义。笔者借助共词矩阵和内容语义网络进一步了解词语之间的关系，根据表2所显示的共词频率可以大致得到同数据挖掘最相关共现词语以及这些词语两两相关性，经过分析选择共现频率高的词组，可以得出同数据挖掘高相关的词组有：数据分析算法、数据分析模型、微博数据挖掘、互联网数据挖掘、智能数据挖掘、数据挖掘方法，等等。

表2 数据挖掘主题共词矩阵（部分）

关键词 \ 关键词	数据挖掘	数据	分析	数据分析	技术	模型	互联网
分析	229	114		74	83	36	36
数据	227		114	69	61	43	29
技术	142	61	83	42		33	
数据分析	138	69	74		42	33	
算法	87	25	45		53		
价值	77	25	34		25		
学习	77	30	41	37	30		
微博	73						
模型	71	43	36	33	33		
互联网	71	29	36				
商业	64	37	40	32			

4.1.4 挖掘结果对比与评价

通过以上三个步骤，笔者获得了数据挖掘领域的热点话题，接下来通过同传统研究数据比较后对挖掘结果进行评价。吴思竹研究了1998－2009年期间Web of Science数据库中关于“数据挖掘和知识发现”领域的文献，对该领域的研究热点进行分类，将本文获得的热点同其进行比较，结果如表3所示：

表 3　数据挖掘热点对比

类别	基于 Web of Science 的热点分类	基于微博的热点分类
类一	数据挖掘和知识发现领域中主要算法和技术	**数据挖掘算法和技术**
类二	聚类分析的主要方法	微博数据挖掘
类三	数据挖掘和知识发现在电子商务中的应用	**商业数据挖掘**
类四	数据挖掘和知识发现在生物信息学蛋白质学和医学领域中的应用	数据挖掘在商业智能领域的应用
类五	空间数据挖掘	数据挖掘方法
类六	网络挖掘	**互联网数据挖掘**
类七	网络使用挖掘	数据挖掘平台
类八	数据挖掘和知识发现在知识管理中的应用	**数据挖掘在知识管理和知识发现中的应用**
类九	基于数据库及数据仓库的数据挖掘和知识发现	社交网络数据挖掘
类十	数据挖掘算法融合及其在网络安全中的应用	数据挖掘软件
类十一	并行数据挖掘	广告数据挖掘
类十二	分布数据挖掘及隐私安全保护	数据挖掘在行业竞争领域的应用
类十三	关联规则挖掘	客户数据挖掘
类十四	算法的应用研究	**算法分析应用**
类十五	软计算研究	

注：黑色粗体为结果一致的热点。为更好地比较，微博热点未严格按照共现频率排序，但都是同数据挖掘主题共现频率超过 25 次以上的词组

通过对比，笔者发现两者有 5 个热点话题相似，约占 30%，除了共同热点外，微博数据还提供了一些特有的热点信息如“微博数据挖掘”和“社交网络数据挖掘”，这些热点由于概念较新，应用较晚，因此在学术著作中还没有大量研究，其热门趋势还未完全展现，但在微博学术讨论中已经可以初见端倪。从发展趋势来看，微博和社交网络这类新信息平台的出现必将给数据挖掘带来全新的研究理念，成为未来研究的热点，符合事实同时也很好地证明了基于微博挖掘学科热点的超前优势所在。

4.1.5　作者社会网络分析

除了研究关键词热点外，对博文作者的研究也是必不可少的，通过对作者及其学术圈的分析和跟踪可以更深入地了解某个热点话题。本文通过对博文作者引用与被引用关系构建了作者发言频次表和作者网络，见表 4 和图 1。从中笔者可以看出发言最活跃同时被转发最多的是网名（ID）为“数据挖掘与数据分析”、“数据化管理”等人，他们处于学术网络的核心位置，形成了

其特有的学术圈，其余网友都处于网络的外围。处于核心位置的作者可以被看成是该时段的学术意见领袖，是最受网友关注的人，他们的言论也最有影响力。除了这些核心人物外，还有一些作者虽然发言很多但是被转发的次数却很少，如“喜欢下 chess 的人”，这部分人的重要性很难从社会网络图中看出，但在研究时也需要予以注意。

表 4　数据挖掘主题网友发言（转发）频次（部分）

网名（ID）	频次	网名（ID）	频次	网名（ID）	频次
数据挖掘与数据分析	51	IronMan－网	10	lihui70s	6
数据化管理	43	猎豹独行侠	10	onewaymyw	6
小蚊子乐园	32	沈浩老师	9	快鱼 fastyu	6
mrbrand 龚文	23	网站分析星期三	9	新浪科技	6
喜欢下 chess 的人	20	互联网的那点事	9	EMC 中国研究院	6
innovate5	18	Q－jiay	8	Leo_ Cu	5
罗坏坏	16	海边的小飞	8	郑来轶	5
LJY－Ma	16	小懒猫 0809	7	互联网分析沙龙	5
派代网李成东	14	赵子忠	7	微德	5
分析小丸子	11	雷锋网	7		

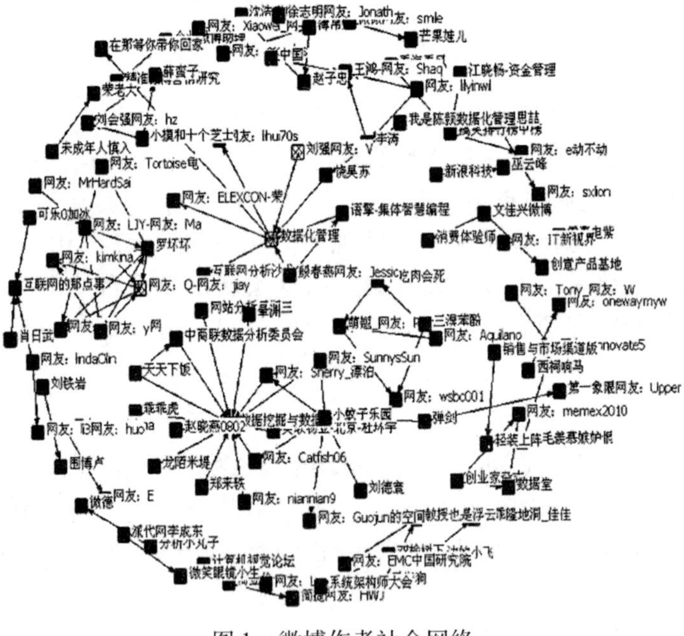

图 1　微博作者社会网络

4.2 数据挖掘领域热点追踪

4.2.1 关键词追踪

利用上一步结论得到的热门关键词在微博中跟踪，了解学术的最新进展。例如在新浪微博中用关键词“商业智能”检索得到有5 321条微博，按时间顺序查看可获得最新进展。但这种方法要求研究者不停刷新屏幕才能获得最新消息，耗费的时间成本过高。因此，本文采用第三方软件“新浪热点搜索”工具，该工具可以同时检索更新多个关键词，每个关键词一个页面，同时显示更新博文的数目，通过这种方式方便获取最新的学术进展信息，让微博学科热点跟踪变得简便易行。

4.2.2 关注学术意见领袖——学术意见领袖是微博中某个学术领域内发言最为活跃、最有影响的作者

学术意见领袖群可分为两种类型：①多发多转型，这类作者一般不仅发言积极，而且其言论被网友广泛转发传播，形成其特有的学术圈，如上文提到的“数据挖掘与数据分析”和“数据化管理”等人；②只发不转型，这类作者发言积极且发言有一定质量，但是由于某种原因并没有被其他人所认识到，或许是隐藏较深，关注较少，因此只是发言较多但被转发次数少，如表4中的“喜欢下chess的人”等。无论是哪种情况，其言论都具有研究参考价值，通过微博的关注功能可以订阅其发言，跟踪其学术研究进展，或通过绘制学术意见领袖的拓扑朋友圈可以了解其学术圈的构成。

4.2.3 其他辅助追踪

微博的特点是更新快，有利于了解学术研究的最新动向，但由于字数限制，无法对整个学术观点进行详细完整的描述，因此基于微博的学术研究有时还要借助其他媒体。如通过热门学术关键词在网络搜索引擎中搜集相关网页，可以使用RSS工具订阅相关网页，或使用期刊数据库等了解某个学术热点的研究现状等。

4.3 数据挖掘领域热点分析

除了发现和追踪学术热点外，还可以对结果进一步挖掘，如使用SPSS等专业分析软件或是针对微博开发的第三方软件，由于基于专业软件的数据挖掘研究较多，本文将针对两个针对微博的第三方软件案例加以说明。

4.3.1 使用“达闻微指数”应用对热点关键词进行对比分析

达闻微指数是以微博搜索为基础的免费海量数据分析服务，它可反映同一关键词在过去某段时间内每天的变化趋势，还可以反映不同关键词在过去

一段时间里的用户关注度[3]。本文借助该应用对上文的结果进行分析挖掘。首先对“数据挖掘”关键词在两个时间段内的发文情况进行对比，如图 2 所示：

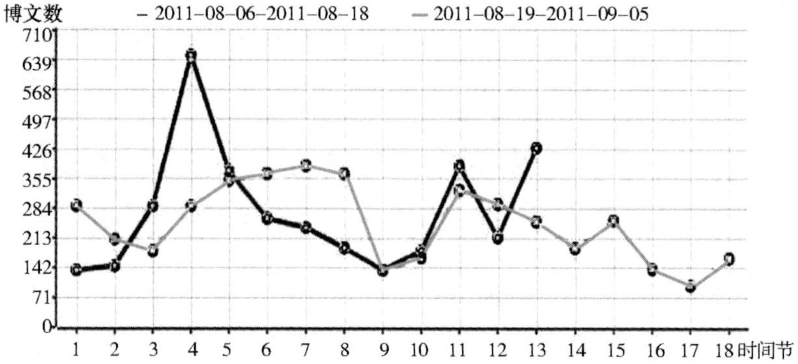

图 2　两个时间段内“数据挖掘”微博发文对比

接下来又将两个数据挖掘领域的微博热点词“数据挖掘算法”和“数据挖掘应用”在同一段时间内的发文情况进行对比（见图 3）。借助该方法可以方便直观地了解学科热点的时间分布情况及几个热点在同一时间段内的分布对比，对深入了解学科热点，掌握学科发展规律具有重要价值。

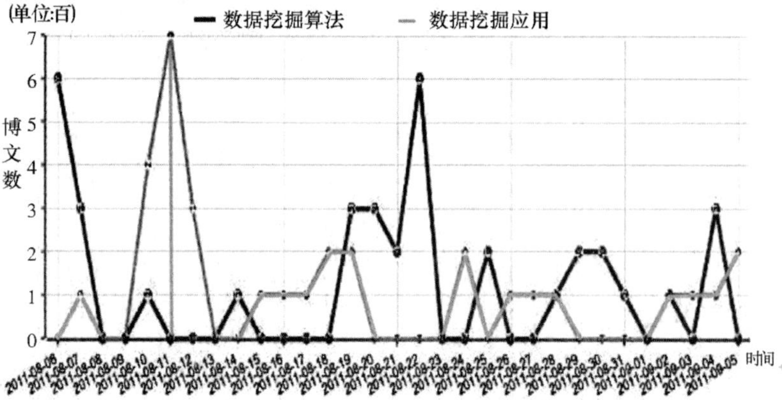

图 3　某时间段内两个关键词微博发文对比

4.3.2　使用“微博小分析”应用对学术意见领袖进行分析

微博小分析应用可以分析某个作者转发最多的博友、转发最多博友的标签、粉丝博友的标签和关注博友的标签。通过对学术意见领袖转发情况的分析，对其最关心的人和最关心的话题标签进行分析，可以按图索骥进一步挖掘出该领域内其他重要学术成员和研究方向。

本文对数据挖掘领域的学术意见领袖“数据挖掘与数据分析”进行微博分析。首先找出该意见领袖转发最多的20个博友并按照转发次数进行排序，从中发现该作者转发最多的为自己的博文，除此之外引用较多的有“小蚊子乐园”、“互联网分析沙龙”、“数据化管理”等人的博文，如果结合前面作者网络分析不难看出，这其中有些人正是其他学术圈中的意见领袖，通过转发分析，一方面可以了解令该作者产生引用认同的其他作者，了解其学术圈构成，另一方面也可以发现更多的学术意见领袖。

接下来再对作者“数据挖掘与数据分析”转发最多的博友的标签进行分析，以了解其关注方向。出现频次最高的标签为“数据分析”、“数据挖掘”、“电子商务”、“互联网”、“BI”等，这些方向恰恰同其研究领域密不可分。如果说学术意见领袖是该学科中处于研究前沿的人，那么他所关注的标签就可以代表当前学科领域的研究热点或未来的发展趋势。

5 存在的问题及展望

目前利用微博预测学科热点还处于探索阶段，因此仍然存在许多难点和障碍，主要有：

5.1 分词词表对结果产生影响较大

微博语言不同于一般的书面语言，经常涌现一些新词汇，如果使用传统的分词表或是更新不及时，会让分词结果产生偏差，从而对分析结果造成影响。

5.2 评价微博学术权威的标准有待商榷

本文评价学术意见领袖主要依靠发文频率和被转发次数。但这两个指标是否能够确定此人在学术上的造诣并认定其为权威还需要进一步的详细论证。目前情况下，还需要在这两个指标的基础上加入人工判断。

5.3 学术权威的微博开通率影响研究质量

尽管微博参与的人数越来越多，但很多现实中的学术权威或学科带头人许多还没有开通微博，这一部分人代表了学科领域的中坚力量，如果缺失，将对基于微博进行学术前沿的研究产生不利影响。

5.4 隐性知识不愿意公开

由于竞争压力等原因，很多作者不愿意将自己的最新研究观点放在微博共享，造成了隐性知识转化为显性知识的困难，从而对学术热点研究造成影响。

5.5 第三方软件的问题

本文采用了第三方软件对结果进行挖掘，但目前来看，绝大多数针对微博开发的应用软件功能都比较单一——不仅分析功能单一，而无法根据使用者的意愿进行功能调整和定制，影响分析效果。

尽管基于微博的学科热点研究目前还面临一些困难，但瑕不掩瑜，随着学界对微博这一新兴信息源的重视、学术权威尤其是年轻学术权威的微博加入、各项评价指标的完善以及针对微博分析的应用软件功能的日益强大，通过微博进行学术研讨和学术交流必将成为未来学术活动的趋势之一，基于微博的学科热点分析也将有更广阔的发展前景。

致谢：在此对武汉大学沈阳老师领导的 ROST CM 软件开发项目组全体师生表示感谢，感谢你们的辛勤劳动为微博分析研究提供了一个坚实的平台。

参考文献：

[1] 王元睿．浅析微博舆论的特点、趋势及应对方法［EB/OL］．［2011－07－22］．http：//www.yunxian.cn/Article/ShowArticle.asp？ArticleID＝33761.

[2] 李丹．公民社会视角下中国微博舆情的发展与走向［J］．东南传播，2011（5）：6－8.

[3] 达闻微指数［EB/OL］．［2011－09－10］．http：//weibo.com/app/detail/6FiHzb 2011.9.1.

[4] 微博小分析［EB/OL］．［2011－09－10］．http：//weibo.com/app/detail/6m3Wrd.

[5] 乔良．文本挖掘技术研究及其在信息检索中的应用［J］．软件导刊，2009，8（4）：160－161.

[6] 储节旺，郭春侠．共词分析法的基本原理及 EXCEL 实现［J］．情报科学，2011，29（6）：931－934.

[7] 社会网络分析方法和 IWOM 研究的结合初探［EB/OL］．［2011－07－22］．http：//www.seeisee.com/index.php/2009/07/22/p1350.

[8] 盛宇，刘俊熙，郭金兰，等．自然语言理解心理学在短文本分类中的实证研究［J］．现代情报，2009，29（8）：4－7.

[9] 余波．微博的情报学意义探讨［J］．图书情报工作，2010，54（22）：57－60.

作者简介

盛　宇，女，1980 年生，讲师，发表论文 10 余篇。

微内容序化方法与应用实例*

张　乾　蔡淑琴　石双元

（华中科技大学管理学院　武汉 430074）

摘　要　以 Web2.0 技术产生的微内容杂乱无序、难以利用的问题为出发点，应用信息组织理论和序化思想，研究如何对微内容进行汇总、序化加工，形成有序的、易于理解与利用的综合信息，包括：设计对微内容加工的方法，构建 Web2.0 信息加工框架，为 Web2.0 网站建设及改进提供依据，并探索微内容信息利用的方式。

关键词　微内容　序化　指标　信息加工

分类号　G203

Web2.0 技术使普通网民成为信息的接收者和信息的提供者。但是，广大网民提供的 Web2.0 信息（简称微内容）呈现无序化、去中心化的特点。对网民来说，序化的微内容是更有意义、更有利用价值的，因此微内容序化和中心化成为新的研究问题。

Cmswiki 将微内容定义为："微内容包括个人所形成的任何数据：比如一个简单的链接、一篇网文、一幅图画、一段音频、视频、收藏的书签、喜爱的音乐列表，等等"。熊回香认为，微内容是指在网络上至少拥有一个唯一地址或编号，以及只含有极少数中心概念的元数据和元数据的有限汇集[1]。

序化即增加系统的有序度，是指系统的所有组成元素按照特定的逻辑法则进行顺序排列的过程。张如法认为，有序化是指发现事物或现象之间的各种联系，而将它们作一定的排序和连接[2]。信息序化，又称为信息整序，和信息组织的概念密不可分。吴华欣、于雄杰指出，社会信息的生产和流通具有无序性，主要特点表现为信息从局部上看是有目的、有计划的，但从整体上看则不然。这种无序性对信息的利用造成了极大的障碍[3]。王松林认为，

* 本文系国家自然科学基金项目"微内容生产加工模式及其支持平台的研究"（项目编号：71071066）和教育部人文社会科学基金项目"基于互联网信息的企业危机事件识别研究"（项目编号：11YJA630098）研究成果之一。

信息序化就是通过对信息外在特征和内容特征的表征和序化，实现无序信息流向有序信息流的转换，从而保证用户对信息的有效获取和利用及信息的有效流通和组合[4]。

在应用方面，如何挖掘微内容的商业价值也逐渐成为研究的热点。Chen 和 Xie 认为，微内容是由大众知识导向的，对其进行加工而得到的信息产品，对企业有重大的商业价值[5]。当无序、杂乱的微内容被加工后，Tam 和 Ho 认为，这些信息产品就可以极大地影响普通网民和企业的认知和决策[6]。

1 微内容的分类

根据微内容的表现形式的差异，将传统的微内容概念进行扩充，分为信息微内容和用户微内容两类。信息微内容即传统意义的微内容，包括用户创造的记录、对其他微内容的评论等。同时本文将用户微内容定义为：在网络中，标识每一个用户的多个角度的元数据集合。

"用户"指在 Web2.0 网站中发布过微内容的用户（简称信息提供者），区别于普通网民（个体序化信息接受者，简称个体接受者）中不提供信息的用户，例如只在 Web2.0 网站浏览而不生产内容的用户，和对 Web2.0 信息有更高层次需求的企业序化信息接受者（简称企业接受者）等，如豆瓣网和优酷网。

相比于信息微内容，用户微内容有特定的结构和意义（如用户的注册信息等），但如果不对这些孤立的信息进行序化加工或信息组织，就没有实际的应用价值。将用户微内容与信息微内容区分为不同类型，一方面可以对用户信息进行序化，这同样应作为 Web2.0 信息序化必不可少的一部分，尤其在社交网站中应用较多；另一方面，由于网络中存在部分用户借助 Web 2.0平台发布广告、虚假信息或不负责任的评论等，用户微内容在过滤这些信息的创造者方面亦发挥重要作用。

Web2.0 用户分类和微内容分类如图 1 所示：

综上所述，用户微内容来自 Web2.0 用户中的信息提供者自身，信息微内容来源于信息提供者发布的 Web2.0 信息。将这两部分微内容进行序化加工之后得到的序化结果，可以被两部分 Web2.0 用户所使用——作为个体接受者的网民注重从微内容中获得清晰、有序的信息，企业接受者则注重从微内容中得到具有商业价值的信息。

2 微内容序化指标

微内容是杂乱、无序的，微内容的序化即通过一定线索将杂乱的信息进

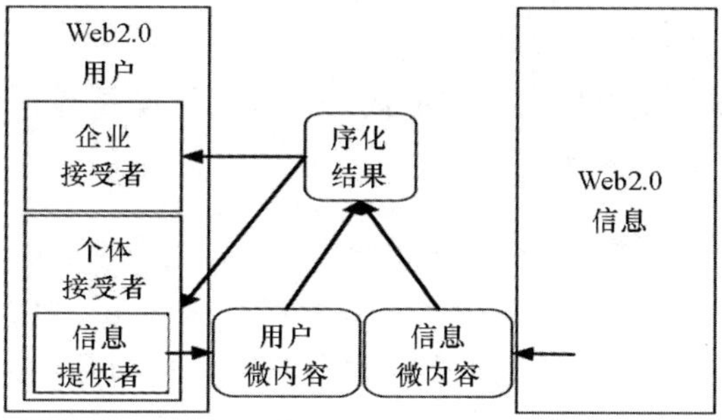

图 1　Web2.0 用户分类和微内容分类

行整合，从一个或多个维度将信息组织在一起，使孤立的信息处于不同维度的信息序列之中。这些维度就是对信息序化加工的依据，即微内容的序化指标。经过对多个主流的 Web2.0 网站的微内容进行汇总和抽象，可以发现，虽然各个网站的序化指标的名称各有不同，但本质上主要包括以下方面：

2.1　用户微内容的序化指标

2.1.1　用户基本信息

用户基本信息是最基本的用户微内容序化指标，一般是在注册时就需要用户提供，如姓名、性别、单位等，方便网民在 Web2.0 网站建立自己的人际网络。

2.1.2　标签

标签的内容是任意的。通过标签，可以构建一个多维的超空间（一般标签可以最多设置 8 至 10 个），每个用户都是这个空间的一个多维交叉点，在用户基本信息之外设置了新的用户序化角度，使用户在杂乱的 Web2.0 用户群中快速发现感兴趣的结果。

除了用户基本信息，还有很多指标可以刻画用户的网络行为特点，比如用户可信度、活跃度等，相关指标如下：

2.1.3　认证情况

现在大部分微博都提供了认证的功能，主要是为了确保微博的信息真实、准确，鼓励用户对自己言论的真实性负责。

2.1.4　微内容数量

用户创造的数量越多，表示用户在 Web2.0 网站中越活跃。

2.1.5 被关注数

一个用户的被关注数越大，就能代表他在人际圈中越活跃。

2.2 信息微内容的序化指标

2.2.1 微内容的质量

“微内容的质量”用来度量微内容自身的优劣程度。不同的用户由于能力或者态度的差异，会创造出不同质量的微内容。通过设置这一指标，可以将质量高的和质量低的微内容区分开，从而使质量高的微内容被保留，质量差的微内容被淘汰。

2.2.2 微内容的受关注程度

一个质量很高的微内容也许并不是很受关注的，受关注程度高的微内容更容易引起用户的重视，对用户的价值更高。

2.2.3 时间价值

一般来说，距当前时间越短的信息越有价值。使用时间价值可以方便用户追踪最新的最有价值的新闻，避免用户接收时间久远的大量无效信息。

2.2.4 标签

类似于用户微内容的标签指标，信息微内容的标签也可以从多个角度，尤其是传统分类方法不能涵盖的角度对微内容进行刻画，以便对微内容进行序化。

2.2.5 用户微内容的综合结果

不同类型的用户发布的微内容的质量有很大差别，一般活跃用户发布的微内容质量较高。另外，通过这个指标也可以将一些恶意的 Web2.0 用户发布的微内容过滤掉。

3 微内容序化层次

在获得了微内容的序化指标之后，就可以从不同维度对微内容进行序化加工。熊志云认为，信息整序过程，是根据人类已有的关于序化的知识体系，根据不同的序化目的，采用合适的方法，加工无序的对象并使之有序的过程[7]。目前，主流的 Web2.0 网站中将微内容的序化加工分为三层。

3.1 单一指标的加工

第一层是对单一指标进行加工，得到序化结果。比如将“微内容的质量”指标由高到低进行排列，就可以得到“口碑榜单”。这种形式的一种变体是将微内容的静态的指标变为动态指标。比如，以“被关注数”在一天内的增加值为指标进行排列，得到的就是“每日名人榜”。通过设置不同的排列方式，可以从各个方面刻画微内容的静态和动态的特征，满足用户不同的需求。

3.2 多个指标的加工

第二层是将两个以上的指标进行汇总，采用综合指标作为序化依据进行序化加工。由于微内容含有很多度量的维度，对单一的指标进行序化，虽然简单高效，但有时序化包含的信息过杂，比如得到的“最新话题”榜单，如果没有区分地域，就会将国内外的话题都包含进来，而很多用户可能并不关心国外的新闻；或不能兼顾多个维度的序化需求，如微博中的热度榜，如果仅按粉丝数量排序会有所偏颇，应该再加入生产微博的数量和近期生产微博的频率等指标，综合评价。因此，在依据单一指标进行序化的基础上，有必要再引入其他的指标，构成序化指标体系，更有针对性地对微内容进行序化。比如，将“时间价值”和“微内容受欢迎程度”结合在一起，就可以得到在某个时间段内“最热”的微内容。

3.3 对维度全部信息的加工

第三层是将某一维度的全部信息进行汇总整理，并将整理的结果展示出来。如新浪微博的“经典语录”功能可以通过某种内部算法，从全天的微博中选出经典的部分汇总起来，用户浏览这个应用中的少数微博，就能够把握一天中最重要的信息，增加了用户在“信息过载”情况下抓取重要信息的便捷性。或者，将大量微内容的标签抽出，分类汇总并进行统计分析。在大量样本的情况下，尽量减少单一信息对结果的影响，获得比较均匀、可信的统计结果，从中可以分析出现时流行的标签，代表了主流用户的兴趣，可以在此基础上进行更深入的研究。

4 微内容序化应用实例

随着 Web2.0 网站的快速发展，很多研究关注于某个 Web2.0 网站的体系结构或运营模式，或是从 Web2.0 网站中选取样本数据进行实证分析，如王玉珏、郭玉锦比较了土豆网和抓虾网的运作模式[8]，张英杰、冷伏海通过抽取国内“类 Twitter”网站中的微信息，进行用户关系网络研究[9]。

本文通过一个实例，从前文提出的微内容序化指标中选择合适的指标，对电影评价信息微内容进行第二层序化加工，获得综合排名榜，以提升用户寻找高品质电影的效率，并将结果和主流的电影排序结果相比较，在一定程度上验证了本文中序化方法的合理性；进一步，将这个结果中的优秀电影的特点抽取出来，即对电影微内容的“标签”指标进行第三层加工，近似获得大众的兴趣点，用以辅助相关网站进行商业决策，比如视频网站如何选择购买正版电影和如何给电影播放前后插播的广告定价的问题。

4.1 面向个体接受者的序化加工实例

4.1.1 构建指标体系

本案例设计的排行榜旨在帮助用户发现综合水平最高、获得广泛好评的电影。“微内容质量”和“微内容受关注程度”两个指标与本文排行榜的目标有直接联系。因为，一部电影的优劣，最直接的评价标准就是网民对电影的评分；另外，一些电影质量很高，但由于某些原因，不被大众接受，在考虑外部性的情况下，引入“微内容受关注程度”指标，作为“微内容质量”的补充。本文的样本数据为豆瓣网中的100部电影，其中，“微内容质量”是电影的评分，“微内容受关注程度”可以近似看成是参与评分的人数。

4.1.2 指标抽取和归一化

即将所选的用户对电影的评分和评价人数两项指标抽取出来。在抽取时注意对用户进行初步的筛选，把用户信息极不完整、在豆瓣网发布信息数量极少、对电影评价次数极少的用户界定为不可信用户，将不可信用户的评分记录去除，以提高电影评分的可信度。之后进一步对数字进行归一化。因为，评分与评价人数之间的数字绝对值之间差距很大，如果直接按原始数据进行加工，则会导致结果中评价人数指标的影响过大。

4.1.3 电影排序

将指标归一化之，按照赋权求和的方法计算出每部电影的结果值，将结果值从大到小排列，即可得到电影的综合排名。本文中选取评分的权重为0.8，观看人数的权重为0.2，原因有两点：①电影评分是本序化加工框架的主要因素，而评价人数是作为辅助的指标；②评价人数会受一些其他因素的影响，如国内是否引进、是否有翻译版本等，而这样的影响与电影本身的优劣是无关的，所以，评价人数的权重过高会导致不客观的结果。

将本文的排名与豆瓣250和时光150的排名进行对比，结果如表1所示：

表 1　排序结果对比（前 15 位）

本文排序	豆瓣 250 排序	时光 150 排序
肖申克的救赎	肖申克的救赎	肖申克的救赎
这个杀手不太冷	美丽人生	海豚湾
阿甘正传	海豚湾	盗梦空间
海豚湾	这个杀手不太冷	阿甘正传
美丽人生	阿甘正传	辛德勒的名单
盗梦空间	霸王别姬	教父
霸王别姬	盗梦空间	天堂电影院
辛德勒的名单	辛德勒的名单	乱世佳人
机器人总动员	机器人总动员	机器人总动员
三个傻瓜	三个傻瓜	这个杀手不太冷
海上钢琴师	海上钢琴师	霸王别姬
教父	教父	博击俱乐部
天堂电影院	乱世佳人	三个傻瓜
乱世佳人	天堂电影院	教父 2
放牛班的春天	博击俱乐部	美国往事

通过比较可以发现，3 个排行榜的前 15 位电影中，共有 11 部电影相同，从前 15 位的排名顺序来看，也有一定的相似度。但是，网络中的各种电影排行榜五花八门，每个人心中对电影的优劣评价又各有不同，很难有统一的判定标准，本实例只是将构想的序化模型予以实现，目的在于提出一个微内容序化的原始框架，是否有更合理的序化指标和序化方法，还有待进一步的研究。

将上文的权重值从（0.8，0.2）调整到（0.9，0.1）、（0.7，0.3）。从结果中可以发现，除了个别电影的排名有变化之外，总体的前 15 部电影排序结果是完全一样的，说明即使放松对权重值的限制，排序结果仍固定不变。表明通过选取两个指标对电影信息进行第二层序化的结果是稳定的。

4.1.4　局限性分析

网络中难免有不负责任的评价信息，如用户随意对电影进行评分，或是网络营销人员刻意抬高某个电影的评分等。针对此问题，用户微内容可以为过滤这些用户提供参考，如收集用户以往的评分与大众综合评分的差异或曾经在网站上发布过不良信息的记录等。通过对用户信息的审核，减少此类用户的评价信息对研究的影响。但鉴于用户的详细信息网站并不公开，所以本研究具有一定的局限性。

4.2 面向企业接受者的序化加工实例

4.2.1 标签的抽取和过滤

从豆瓣网中将上文获得的前15名最佳电影的标签抽出，每个标签都代表了电影的某个特点。将其中无意义的标签去除，如“经典”、“电影”和与电影名重合的标签名。另外，上文中的电影排行榜是将各个年代的优秀电影一起排序，电影的出版年代没有意义，所以，将年份的标签也去除。

4.2.2 标签的聚类结果

将排行榜中的前30部电影的标签作为样本，按上文的过滤规则筛选，将其中属于近义词的标签转变为同一形式，统计所有标签数量，将标签按数量由大到小排序，给出前15位使用最多的标签。结果的含义是：当电影中具有以标签为特点的内容时，比较能吸引观众，观众反响较好。

4.2.3 评估最新电影并辅助决策

本文从2011年5月上映的电影中选取5部，从豆瓣网中抽取网民给予该电影的标签，并与上文得出的结果相比较，按标签匹配的数目从大到小将电影排序得到的结果为：

功夫熊猫2（4个） = 加勒比海盗4（4个） > 最爱（3个） > 速度与激情5（2个） > 不再让你孤单（1个）

根据本文的分析，可以从一定程度上推断，按上面的顺序由前至后采购这5部新片，可以使网站获得较高的收视率。

参考文献：

[1] 熊回香. Web2.0环境下的网络信息组织［J］. 情报资料工作，2007（5）：29－32，50.

[2] 张如法. 编辑学研究的误扩与回归［J］. 编辑学刊，1996（2）：11－16.

[3] 吴华欣，于雄杰. 文献信息开发的四个层次［J］. 图书馆建设，1993（3）：23－24.

[4] 王松林. 信息组织论［J］. 图书馆学刊，2005（6）：1－4.

[5] Chen Yubo，Xie Jinhong. Online consumer review：Word-of-mouth as a new element of marketing communication mix［J］. Management Science，2008，54（3）：477－491.

[6] Kar Y T，Shuk Y H. Understanding the impact of web personalization on user information processing and decision outcomes［J］. MIS Quarterly，2006，30（4）：865－890.

［7］ 熊志云．信息整序漫谈［J］．湖北大学学报（哲学社会科学版），2003，30（5）：117－120.

［8］ 王玉珏，郭玉锦．两个 Web2.0 网站运作模式的比较分析［J］．北京邮电大学学报（社会科学版），2009，11（3）：26－31.

［9］ 张英杰，冷伏海．Twitter 类网站微信息组织及用户关系网络研究［J］．图书情报工作，2010，54（16）：116－119.

作者简介

张　乾，男，1988 年生，本科生。

蔡淑琴，女，1955 年生，教授，发表论文 70 篇。

石双元，男，1962 年生，副教授，发表论文 40 篇。

基于微博挖掘技术的企业产品信息监测研究*

汤丽娟　章成志

（南京理工大学信息管理系　南京 210094）

摘　要　依据微博信息资源对企业产品信息进行监测，可以使企业更好地了解用户的相关信息。监测的基本步骤为：采集相关用户的描述标签与相关博文，对标签和博文分别进行聚类，从而发现兴趣社区与相关热门话题。其后以某一知名微博系统为平台，以某一品牌为例，进行相应的实证研究，结果表明所提方法具有一定的实践价值。

关键词　产品信息监测　微博挖掘　标签聚类　微博聚类　社会网络

分类号　G353

1　引　言

互联网技术的蓬勃发展推动了电子商务的发展，越来越多的网民开始选择网购。这就使得人们在购物之前往往会浏览网络上关于某一商品的评论。Godes 和 Mayzli 通过对美国服装业、计算机硬件设备业、运动健身产品行业及旅游业网络客户的研究[1]，发现这些行业中近一半以上的互联网用户做出购买决定前，会在互联网上搜索有关产品介绍及商品评论等信息[2]。另外，Deloitte 公司在 2007 年的一项调查表明，在受访者之中，82% 的人表明在购买产品或服务时会参考网上评论[3]。互联网上的用户评论不仅可以作为用户购买的参考，亦可以为生产厂商提供决策依据。生产厂商可以根据用户的评论反馈进一步改善产品，以满足用户的需求。

* 本文系 2011 年《图书情报工作》杂志社出版基金项目“文本挖掘在情报分析中的应用、创新及最佳实践研究”（项目编号：2011CB005）和江苏省研究生创新工程项目“基于多语言标签聚类的社会关系网络发现及其应用研究”（项目编号：CXLX11_ 0281）研究成果之一。

然而，随着互联网信息的飞速增长，用户要从大量的评论中找到对自己有用的信息变得日益困难。由此产生的用户评论挖掘研究，主要目的是利用自然语言处理、社会网络分析等技术，对非结构化的用户产品评论进行分析和挖掘，找到有用的信息[4]。

目前对产品评论挖掘和分析的数据大部分是来自某一网站（如卓越）或是多个网站，而网页上的数据更新速度慢，缺乏实时性、新颖性，并且只有用户单方面的评价，与商家缺乏互动。微博数据则不同，它是一种允许用户即时更新简短文本（通常少于140字）并可以公开发布的博客形式[5]，具有原创性、便捷性等特点，其更新速度快、互动性强，能即时反映用户的客观感受。因此，本文的研究以目前流行的微博信息为数据源。2011年上半年，中国微博用户从6 331万增至1.95亿，半年增幅高达208.9%，微博在网民中的普及率从13.8%增至40.2%[6]，微博的发文量也以每天千万条的速度增长，其中包含大量的产品评论信息，其内容可以及时反映关于该产品的各方面的信息。因此，可以借助微博系统，对产品信息进行跟踪和监测。

本文主要是对微博用户标签和微博博文进行挖掘分析，通过对标签及博文的聚类发现具有相同兴趣爱好的用户组成的社区以及关于某产品的热点话题。

2 相关工作

与本文相关的工作包括企业产品信息监测与微博挖掘，这两方面的相关工作分别说明如下：

2.1 企业产品信息监测

目前，研究界对产品信息挖掘进行了大量研究，研究主要集中在评论语料库的产品特征提取、主观句定位、用户态度提取、态度极性判断和挖掘结果显示[4]。如余传明从产品评论中进行观点挖掘[3]、从用户评论中挖掘产品属性[7]；李实等采用基于Apriori算法的非监督型产品特征挖掘算法，实现对评论中产品特征及情感倾向的综合信息挖掘[8]。此类研究通常在专门的评论网站，如英文的www.amazon.com、中文的pinglun.IT168.com[4]等网站上采集研究数据。

2.2 微博挖掘

利用微博推广品牌的一个典型案例是凯迪拉克，其通过拍摄微电影将品牌信息及品牌文化传递给用户；另外，凯迪拉克官方微博还积极参与用户的讨论话题，通过对微博信息的分析即时反馈，使得官方微博成为与用户沟通的一个新平台[9]。另外，有研究称通过追踪 Twitter 用户情绪可预测股市涨跌，例如研究人员通过分析 2008 年 3 – 12 月的 970 万条 Twitter 信息预测道琼斯指数每日收盘涨跌，其准确率高达87.6%[10]。微博挖掘的对象包括微博博文、微博用户标签、用户关系等。目前已经有研究者开始对微博博文进行挖掘分析，但还很少有人利用微博用户标签进行挖掘。

3　基于微博挖掘技术的企业产品信息监测

3.1　产品信息监测的总体框架

利用微博资源对产品信息进行挖掘分析的总体框架如图 1 所示，通过对微博资源进行一定的技术处理，（如特征提取、聚类等）从而发现用户态度倾向性、用户社区以及热点话题。

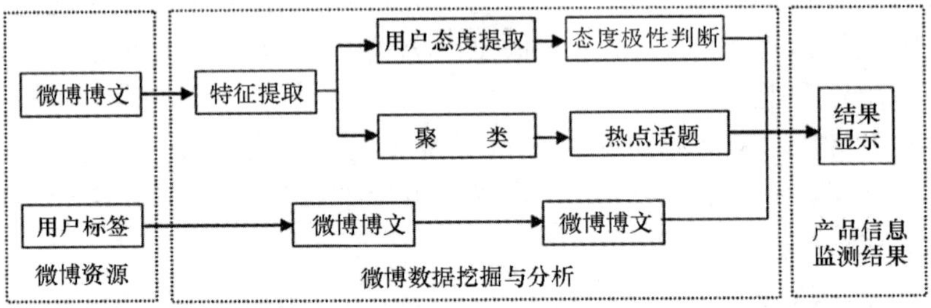

图 1　总体框架

3.2　微博挖掘的基本方法

根据图 1，微博挖掘的对象有微博博文、用户标签以及其他资源。我们主要是针对微博标签和微博内容进行资源挖掘。微博中的标签是自定义描述自己职业、兴趣爱好的关键词，让更多人找到你，让你找到更多同类[11]，而微博内容则可以反映用户关于产品的具体态度。因此，我们选择对微博标签和微博内容做资源挖掘分析。

3.2.1　用户标签聚类

标签的聚类我们采用向量空间模型（VSM 模型），用户标签之间的相似度采用向量之间的夹角余弦值计算[12]。之后采用 AP 聚类算法[13]将相似度高的用户聚集，并对聚类结果进行分析，从而发现具有相同兴趣爱好的用户社区。

3.2.2 微博聚类

首先对博文进行分词处理，然后抽取博文关键词。关键词的抽取参照文献[14]所采用方法，通过计算词项的 TF * IDF 值、关键词词频、词语直径、词语长度、词语首出现位置等，对不同词项赋予不同的权值，提取出关键词。将抽取出的关键词聚类并对聚类结果进行分析，从而可以发现关于具体产品的热点话题。

3.3 微博挖掘的关键技术

微博挖掘技术主要包括：特征提取或关键词提取技术、标签提取技术、微博分类与聚类技术、微博倾向性计算等。本文主要对微博的用户标签与微博博文进行聚类，发现兴趣社区和热点话题，主要涉及如下两项关键技术：

3.3.1 关键词抽取与标签抽取技术

目前对关键词抽取方法的研究很多，大致可以分为 4 类：①统计方法，不需要复杂的训练过程，简单易行，主要途径有 N - Gram、词频、TF * IDF、PAT - tre 等；②语言学方法，从词法分析、句法分析、语义分析及篇章分析等角度进行关键词提取；③机器学习方法，通过对训练数据进行训练获得统计参数，进行样本的关键词提取，如 NB、最大熵模型、SVM、CRF 等；④其他方法，即上述方法的综合运用或集成一些启发式知识，如词位置、词长、词排版规则、Html 标记等[15]。随着微博等短文本的流行，已有学者开始把关键词抽取方法用于短文本的研究中，例如 Wayne Xin Zhao 等人尝试抽取局部关键词短语来概括 Twitter 内容[16]。

对标签抽取的研究则相对较少。Shilad 等探索了如何通过标签的文本特征发现高质量的标签[17]；Xian Chen 使用标签的文本特征、社会特征及贝叶斯分类法来发现有意义的标签[18]。

3.3.2 微博聚类技术

对聚类技术的研究，已经有越来越多的研究者开始关注。最典型的聚类技术为 K - means 聚类，另外对标签的聚类还有凝聚式层次聚类算法[19]、基于 Porter 算法的聚类算法[20]等。本文采用的是 AP 聚类算法，主要针对用户标签和微博博文进行聚类。

AP 聚类算法是根据 N 个数据点之间的相似度进行聚类，这些相似度可以是对称的也可以是不对称的，组成 N * N 的相似度矩阵 S[13]。AP 算法不需要事先指定聚类数目，相反它将每个数据点都作为潜在的聚类中心[13]。

4 实证研究

4.1 数据采集

4.1.1 数据源确定

我们的实验数据主要是以目前流行的微博信息为数据源。国内比较流行的几大微博网站的描述如表 1 所示（由于微博用户更新速度快，以下数据不代表最新数据），我们选择国内最大的微博系统——新浪微博为数据源。

表 1 微博网站比较

微博名称	新浪微博	腾讯微博	网易微博	搜狐微博
网址	http：//weibo. com	http：//t. qq. com	http：//t. 163. com/session	http：//t. sohu. com/
用户数	超过 1.4 亿（2011 年 4 月）	超过 1 亿（2011 年 2 月）	5 250 万（2011 年 6 月）	1 000 万（2011 年 3 月）
微博日增长速度	2 500 万条	无	无	无

注：新浪微博、腾讯微博、网易微博、搜狐微博的相关数据来源分别如下：http：//zh. wikipedia. org/wiki/% E6% 96% B0% E6% B5% AA% E5% BE% AE% E5% 8D，http：//baike. baidu. com/view/3264698. htm，http：//tech. sina. com. cn/i/2011 - 08 - 25/09155978329. shtml，http：//news. youboy. com/2011/03/18/newsc361030. html.

4.1.2 采集结果

我们以 "iPhone4" 为搜索词，并且采取了不同的搜索方案——按标签搜索、按微博搜索。

由于新浪微博对所检索出来的信息只提供前1 000条，因此我们每种搜索策略下只采集前 1 000 条数据。其中，2011 年 8 月 19 号用标签搜索（即用户标签中含有 iPhone4）并采集了 1 000 条用户信息；另外，我们重点采集了微博内容含有关键词的数据，内容含有关键词的微博信息的排序可分为 "最新的"、"评论最多的" 以及 "转发最多的"。其中 "评论最多的" 和 "转发最多的" 信息并不会有太大的变化，我们于 8 月 20 号分别采集了 "评论最多的" 和 "转发最多的" 各1 000条数据。

4.2 实验结果分析与评估

4.2.1 标签挖掘结果

对用户所有标签进行统计，其频次分布（由于标签数太多，选取前 100

个）如图 2 所示：

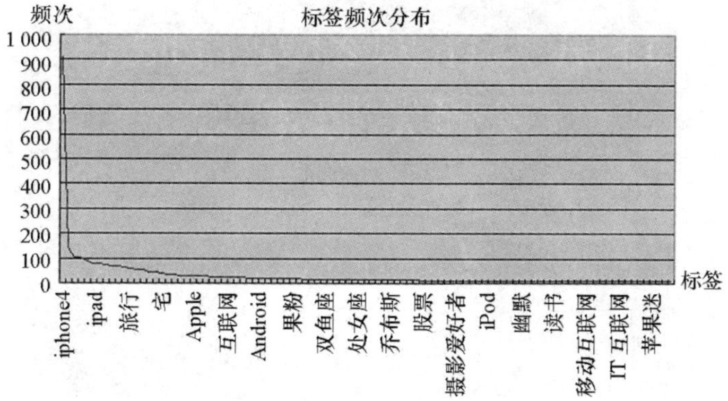

图 2　标签频次分布

可以发现，频次最高的标签为 iPhone4（包含其他大小写形式），高达 913 次，其次是 80 后 143 次、电影 102 次、音乐 102 次、美食 82 次（标签数太多图中没有全显示）等，而绝大多数标签出现频率仅有几次而已，统计出来有大部分标签其出现频次仅为 1 次（图 2 中未显示）。

另外，我们把用户数据按其粉丝数大小从高到低排列，发现粉丝数较大的几个用户的标签更集中偏向一个主题，即粉丝数高于 30 万的用户的标签集中在与 iPhone 相关的标签上，而粉丝数少的用户其标签就显得混乱些。

利用 AP 聚类算法对标签进行聚类，聚类的净相似度（net similarity[14]）为 375.318 602，类簇数为 57，即：对用户标签进行聚类，共得到 57 个社区，可视化效果见图 3。

对得到的所有社区进行简要分析并合并相类似的社区，发现主要社区可以概括为：①iPhone4 + iPad；②iPhone4 + Apple + iPhone；③iPhone4 + 旅游 + 音乐 + 美食 + 电影；④iPhone4 + 80 后，即对 iPhone4 感兴趣的用户同时也对 iPad 或 Apple，iPhone 或旅游、音乐、美食、电影感兴趣。由此我们认为商家生产 iPhone4 时可以多注重其播放音乐、电影等功能。另外，我们还发现关注 iPhone4 的用户有一部分都是 80 后，这样商家在做广告宣传、营销策划时可更多关注 80 后群体。

另外，对聚类得到的每一个社区，我们可以对社区内的用户进行好友推荐。以社区 29 为例，其聚类结果为：

Group29：yuyuan0128 [iPhone4，偶喜欢玩，水瓶座，电影，美食]

minniesay [自拍自恋，美食，iPhone4，金牛座 B 型，自由，音乐，电

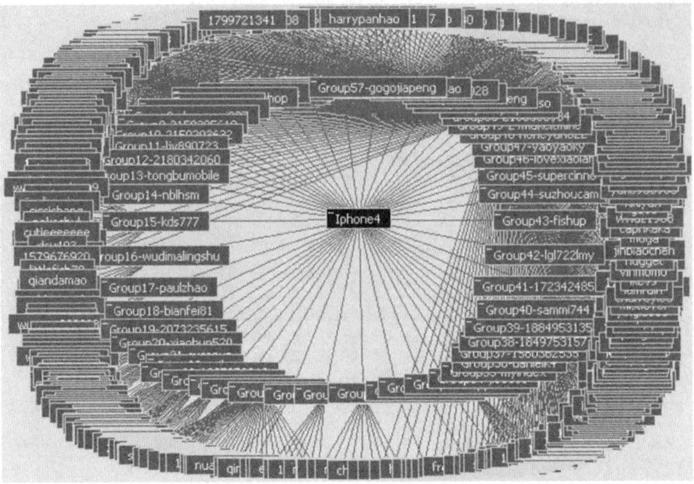

图 3　用户标签聚类结果

影，语录，宅，摄影爱好者]

hellomimi [阅读，iPhone4，Android，艺术，上海，摩羯座，电影，猫猫，旅游，美食]

1570350395 [德州扑克，金融，财务报表，电影，宅，iPad，iPhone4，阅读，美食，旅行]

yuyuan0128 [iPhone4，偶喜欢玩，水瓶座，电影，美食]

nengnengmm [旅游，宅女，iPad2，美食，水瓶座，IT 互联网，电子商务，iPhone4，网络营销]

skiz [南宁，美食，旅行，holdem，poker，iPhone4，电影，澳门，牌手，德州扑克]

hudear [孩子他妈，iPhone4，创意，挣钱，探险，美食，设计，电影，旅游，摄影]

mrfour [Elite，Toastmaster，iPhone4，钢炼，健身，水瓶座，Anything 有啲嘢]

dw1978 [音乐，童装控，iPhone4，70 后，TVB 迷，双鱼座，自由，美食，电影，包包控]

其中第一行为范例用户，即聚类中心。每个链接为一个用户的微博网址，中括号内为每个用户的标签。可以看出这些用户标签中几乎都含有电影或美食，也就是说是通过这两个标签用户才聚集起来。在同一社区中的微博用户可能并没有相互关注，我们可以通过这一聚类结果把社区内的用户推荐给同一社区内的其他用户，从而实现好友推荐。

4.2.2　热点话题发现结果

微博内容资源主要分三个部分——评论最多的、转发最多的以及最新的。使用 AP 聚类算法对三种微博内容进行聚类，结果指标如表 2 所示：

表 2　微博聚类结果指标

聚类对象 \ 结果指标	净相似度	类簇数目（个）
评论最多	543.944 638	99
转发最多	600.969 446	101
最新	778.965 587	77

- 评论最多的微博聚类结果分析：评论最多的微博聚类结果中包含 99 个类簇，分别涉及 99 个话题。

我们对聚类结果进行简要分析，发现其聚类社区主要分为：①粉丝 + 评论 + 名单；②地铁。对照原本采集的微博数据资源：①社区主要是某个商家做的广告宣传，其微博原文大意是为庆祝粉丝达到多少人数，只要转发并评论此条微博就有机会获得 iPhone4，中奖名单将在某日公开；②社区原本是一搞笑语录而得到众多用户的评论和转发，其微博原文是“请对拿着 LV 或者爱马仕、cucci，再佩带一个 iPhone4，挤地铁和公交的人说点什么吧”。从这两个社区可以看出，iPhone4 在大众心中有着举足轻重的地位。

- 转发最多的微博聚类结果分析：转发最多聚类结果大致可分为以下几个方面：①粉丝 + 评论 + 名单；②地铁；③吸引用户的新闻或搞笑微博。其中，①、②与“评论最多”聚类结果类似，就不做过多描述；③相对而言是具有实质性内容的博文，例如社区 5，其微博原文为知名打假人王海在自己的微博“王海热线”上质疑苹果零售店将 iPhone4 翻新机作为全新产品出售，此条微博内容涉及到 iPhone4 的质量问题，因而转发人数较多；另外，转发较多的还有些是搞笑语录，如社区 50，其微博原文大致是说将 iPhone4 捆绑到猫身上记录猫的生活，结果手机丢了。

- 最新的微博聚类结果分析：由于我们采集的最新微博数据都集中在一小段时区内，因此被大量转发的微博就占绝大部分，聚类结果自然受到影响。聚类出来的社区主要是广告商为吸引粉丝而做的广告活动，如社区 15，其微博原文为“@ 逸游旅行网：逸游送 iPhone 新的学期就要开始了，一部新

iPhone4，也许就是一部个人精彩表演的序曲。即日起到 8.25 日 关注@逸游旅行网 成为粉丝，转发并且@ 3 位真实好友，转发中回复“告诉逸游网想要 iPhone4 的理由’，送出 5 部 iPhone4，还有 100 元话费可能就是你的了！”，因为转发人数众多而被聚集成一个社区。

从我们的聚类结果可以看出，对于用户标签的聚类，我们可以对具有共同兴趣爱好的用户实现好友推荐，还可以挖掘出对 iPhone4 感兴趣的用户群体还对哪些方面感兴趣，从而可以辅助商家做出决策；另外，从微博内容的聚类结果来看，有不少商家都利用 iPhone4 做广告宣传，可见 iPhone4 在大众心中有着重要的地位。但是由于我们采集的微博数据集中在短时间内并且数据量也不是很大，聚类社区大部分是广告类，聚类结果难免不尽人意。

5 结 论

尽管我们的实验数据有限，但聚类结果还是有一定收获的，我们采用关键词提取技术、聚类技术等对微博博文以及用户标签进行挖掘分析，通过对结果的分析可以发现具有相同兴趣的用户社区，在同一社区内可以实现好友推荐；另外还可以发现有关产品的热点话题。当然利用微博挖掘也存在一定的局限性，例如由于转发的人数多，因此重复数据较多，这势必会影响结果；另外，有些微博很简短，有的只是一幅图片，不能根据文字内容进行有效的信息提取。

在今后的工作中，我们会尝试多语言资源的挖掘分析，尤其是英文资源与中文资源，并且尝试对多语言聚类结果进行映射，得到的多语言聚类结果可以更加方便国内外的用户交流，也可以为企业提供更多的产品信息。

参考文献：

[1] Godes D, Mayzlin D. Using online conversations to study word - of - mouth communication [J]. Marketing Science 2004, 23 (4): 545 - 560.

[2] 李实，叶强，李一军，等. 中文网络客户评论的产品特征挖掘方法研究 [J]. 管理科学学报，2009，12 (2): 142 - 152.

[3] 余传明. 从产品评论中挖掘观点：原理与算法分析 [J]. 情报理论与实践，2009，32 (7): 124 - 128.

[4] 伍星，何中市，黄永文. 产品评论挖掘研究综述 [J]. 计算机工程与应用，2008，44 (36): 37 - 41.

[5] 微博客 [OL]. [2011 - 09 - 16]. http://zh.wikipedia.org/wiki/%E5%BE%AE%E5%8D%9A%E5%AE%A2..

[6] 微博 [OL]. [2011－09－16]. http://baike.baidu.com/view/1567099.html? wtp=tt 2..
[7] 余传明. 从用户评论中挖掘产品属性——基于SOM的实现 [J]. 现代图书情报技术, 2009 (5): 61－66.
[8] 李实, 叶强, 李一军, 等. 挖掘中文网络客户评论的产品特征及情感分析 [J]. 计算机应用研究, 2010, 27 (8): 3016－3019.
[9] 企业微博大家谈 [OL]. [2011－09－17]. http://weibo.com/z/ctalk/more.html.
[10] 中国新闻网 [OL]. [2011－09－17]. http://www.chinanews.com/cj/2010/10－22/2605178.shtml.
[11] 新浪微博 [OL]. [2011－09－18]. http://account.weibo.com/person/tag.php.
[12] Salon G, Mcgill M J. Introduction to modern information retrieval [M]. New York: McGraw- Hill Book Co, 1983.
[13] Brendan J Frey, Dellbert Dueck. Clustering by passing messages between data points [J]. Science, 2007, 315 (16): 972－976.
[14] 章成志, 张庆国, 师庆辉. 基于主题聚类的主题数字图书馆构建 [J]. 中国图书馆学报, 2008 (6): 64－69.
[15] 章成志. 基于集成学习的自动标引方法研究 [J]. 情报学报, 2010, 29 (1): 3－8.
[16] Zhao X, Jiang J, Song Y, et al. Topical keyphrase extraction from twitter [C] //Proceedings of the 49th Annual Meeting of Association for Computational Linguistics. New York: ACM, 2011: 379－388.
[17] Shilad S, Vig J, Riedl J. Learning to recognize valuable tags [C] //Proceedings of 2009 International Conference on Intelligent to User Interfaces. New York: ACM, 2009: 87－96.
[18] Xian Chen, Shin H. Extracting representative tags for flickr users [C] //Proceedings of IEEE International Conference on Data Mining Workshop. Washington, DC: IEEE Computer Societs, 2010: 312－317.
[19] 曹高辉, 焦玉英, 成全. 基于凝聚式层次聚类算法的标签聚类研究 [J]. 现代图书情报技术, 2008 (4): 23－27.
[20] 窦永香, 苏山佳, 赵捧未. 基于Porter算法的英文标签聚类方法研究 [J]. 现代图书情报技术, 2009 (4): 40－44.

作者简介

汤丽娟, 女, 1987年生, 硕士研究生。章成志, 男, 1977年生, 副研究员, 发表论文40余篇, 出版专著1部。

并购事件中的网络口碑研究

——基于吉利收购沃尔沃的新浪微博实证

许 鑫 蔚海燕 姚占雷

（华东师范大学商学院 上海 200241）

摘 要 在对网络口碑进行分析的基础上，以吉利收购沃尔沃为例，对并购事件中的网络口碑进行研究。通过对新浪微博的数据分析，发现品牌是并购中用户关注的焦点，一方面用户对并购事件的关注随着并购的临近或公布呈现出上升趋势；另一方面用户对并购所涉及品牌的情感倾向也有相应变化，从而建议企业在并购过程中应注重对网络口碑的引导。

关键词 并购 网络口碑 品牌 微博

分类号 G206

截至2010年12月底，中国网民总体规模达到4.57亿，较2009年底增长了7 330万，中国的互联网普及率达到34.39%[1]，网民规模的扩张推动网络价值的提升，而网络价值的提升又进一步增强其扩张力。根据梅特卡夫定律（Metcalfe's Law），网络的价值与网络规模的平方成正比。网络口碑简单而言是网络用户通过论坛、博客、微博客、视频网站等网络社区和其他网民共同分享并讨论的关于公司、产品或服务的信息，是将传统口碑概念移入到了网络环境下。因为网络环境与线下环境的差异，网络口碑更表现出信息传播的显著优势，影响到商业领域的品牌、产品及服务的信誉度。

企业并购是企业扩张的方式，同时大的并购也引起了利益相关群体的关注。本文希望从用户的视角了解他们对并购的态度以及关注的焦点和倾向。在此背景下，通过对具有代表性的网络用户群体的新浪微博进行并购事件相关信息采集分析，以了解并购中网络口碑的特点及变化，并进一步研究并购中的品牌策略。

1 网络口碑的国内外研究现状

口碑（word of mouth）研究的发展已逾40年，许多学者在此领域进行了相关研究，近10年来更是大幅增长，研究选题也日益广泛。口碑研究的意义可以通过Nielsen对全球47个国家的一项调查显示：尽管广告平台和资源越来越多，全世界消费者仍然对来自消费者的评价最为信任，在26 486个受调者中，有超过2/3的人说“来自其他消费者的推荐”是他们最信任的一种广告方式，口碑才是最有力的营销工具[2]。

近10年有关口碑的文献集中在营销、网络、传播等领域，尤其是在网络口碑方面。Duan[3]将网络口碑信息分别作为零售销量的前提及结果进行影响力研究，解释了电影票房收益和网上口碑中的正负口碑总量相关，而口碑总量反过来又影响电影的票房表现。另外，Awad[4]的文章研究了电子商务信度同网上口碑信息关系的性别文化影响。

国内对于网络口碑的研究起步比较晚，相对比较薄弱，网络环境下口碑信息的特征把握也还不够，不过这些并不影响消费者通过网络口碑得到购买商品前决策的指导信息，即品牌、产品及服务的评价和意见。另外，从企业角度看，通过网络口碑能及时获知消费者需求及市场趋势，了解自己产品或服务的反馈信息，并利用口碑进行营销。相对来说，国内学者的研究比较零散，并没有完整的研究体系，多数为描述性、总结性、理论论述性的文章。现有的口碑研究充分肯定了网络口碑的重要性，但大多是推理性描述，利用实证方法得出的成果非常少，甚至在某些方面处于空白。

2 并购案例选择及数据准备

随着中国经济的蓬勃发展，很多中国企业走出国门，积极展开了一系列并购。中国企业的海外并购行为不仅引起了专家学者的讨论，也在互联网上引发了网民的热议，特别是博客和微博。作为社会化新媒体，其为跟踪和监测并购事件网络口碑提供了很好的信息来源，通过对并购事件进行网络口碑分析，了解用户对并购关注的变化规律，了解他们的关注焦点，能为企业的舆论引导和公共关系建设提出针对性建议。

2.1 吉利收购沃尔沃事件

2010年3月28日，在瑞典哥德堡，中国浙江吉利控股集团有限公司与美国福特汽车公司正式签署收购沃尔沃汽车公司的协议，获得沃尔沃轿车公司100%的股权及相关资产。在整个沃尔沃出售事件中，有以下一些关键时间节点：

- 2008年12月4日，美国福特汽车在美国宣布出售旗下沃尔沃轿车公司。

- 2009 年 2 月 5 日，中国浙江吉利控股集团有限公司收购沃尔沃轿车公司事宜获国家发改委批准。
- 2009 年 3 月 10 日，吉利汽车聘请英国著名投资银行洛希尔公司担任顾问以竞购沃尔沃轿车公司。
- 2009 年 8 月 31 日，外媒称中国吉利汽车已经正式提交竞购福特旗下沃尔沃品牌的竞购书。
- 2009 年 10 月 28 日，美国福特汽车宣布吉利汽车成为沃尔沃轿车优先竞购方。
- 2009 年 11 月 27 日，美国福特汽车宣布就沃尔沃的知识产权条款与吉利集团达成一致。
- 2010 年 3 月 23 日，吉利汽车北京分公司注册资金由 2 000 万元人民币增资至 71 亿元人民币。
- 2010 年 3 月 28 日，吉利汽车以 18 亿美元正式收购沃尔沃轿车公司。
- 2010 年 3 月 30 日，吉利集团董事长李书福在北京召开并购沃尔沃轿车公司协议签署媒体见面会。

2.2 样本数据的选择和采集

笔者选取了新浪博客进行网络口碑的样本采集，首先微博作为流行的互联网社会化媒体，对于热点事件有着很高的关注度以及很强的即时性；另外新浪微博是目前中国用户数最大的微博产品，其新浪微博作为互联网社会化媒体的代表可以随时随地将看到的、听到的、想到的事情以及自己的思想和观点通过电脑或者手机与朋友分享、讨论和传播。2010 年 3 月，新浪微博用户已超过 500 万，成为具备典型意义的网络口碑信息源，这也是笔者所关注的吉利收购沃尔沃事件成功的关键节点月份。

数据采集时依次选取“吉利”、“沃尔沃”等词语或词语组合作为检索词，并将筛选条件限定为“原创”，逐月采集出现在新浪微博上的话题，时间跨度为 2009 年 9 月至 2010 年 4 月（数据采集时间为 2010 年 5 月 4 日）。在新浪微博中，一个页面包含不超过 50 条微博数据的 <li> 标签，其中既有研究所关注的微博属性信息，也有“伪信息”，笔者要做的是依次遍历 <li> 标签，去伪存真地提取研究中需要的作者、正文、发布时间、转发及评论数等信息。

3 并购事件中的网络口碑分析

3.1 话题数量时间演变分析

在 2009 年 8 月 31 日“中国吉利汽车已经正式提交竞购福特旗下沃尔沃

品牌的竞购书”信息发布以来，吉利并购沃尔沃事件受到网民的持续关注，并在成功并购的一段时间内达到了高潮，如表 1 所示：

表 1　吉利并购沃尔沃事件中话题数量逐月变化一览

话题 \ 月份	2009-09	2009-10	2009-11	2009-12	2010-01	2010-02	2010-03	2010-04	合计
吉利	62	130	127	637	370	312	2 557	1 947	6 142
沃尔沃	50	89	147	613	303	203	2 549	1 587	5 541
吉利 +沃尔沃	39	94	99	470	154	95	2 180	1 241	4 372

注：表中数据已经过规范化处理，剔除了噪音信息（如“吉利话”、“吉利事”等话题）。

回顾整个并购过程，吉利汽车作为中国汽车业的一个典型代表，在后经济危机时期表现出强劲的海外并购势头，并得到国内银行、地方政府乃至中央政府部门的大力支持，无疑成为国民关注的焦点话题，在整个事件中网民参与讨论与日俱增。

此外，鉴于“吉利”话题总数始终大于“沃尔沃”、“吉利 沃尔沃”话题总数，网民似乎更加关注“吉利”品牌本身，即这一并购事件的发起者。新浪微博聚集的多数网民，对吉利作为中国企业进军海外市场这一事件，有着强烈的民族认同感。为了更加深入地了解吉利成功并购的话题变化情况，笔者选取“2010 年 3 月 28 日吉利成功并购沃尔沃”这一重要时间节点为中心，依次统计了前后两天的微博数量，用以反映网民对这一事件的敏感程度，如表 2 所示：

表 2　吉利成功并购沃尔沃（前后两天）微博数量变化一览

话题 \ 日期	2010-03-26	2010-03-27	2010-03-28	2010-03-29	2010-03-30
吉利	57	65	1 525	3 228	735
沃尔沃	27	38	1 461	2 984	723
吉利+沃尔沃	21	27	1 315	2 546	561

可见，在品牌发生变化的重要时间节点上，微博对于品牌本身极其敏感，随着事件的消退，其敏感性逐渐下降。

3.2　网络口碑热点分析

在整个并购过程中，网民热情持续高涨，这也是微博所固有的敏感特性的突出体现，然而在这一波接一波的讨论热潮中，网民主要讨论了哪些内容？不同阶段网络口碑是否一致？这都需要进行深入研究。

目前流行的热点分析方法是对目标文本进行分词处理，保留特征词语，剔除干扰词语，借助一定的权重赋值算法，对特征词语计算权重，并根据权重的大小，选出目标文本中所包含的热点。其中 Ishizuka M 等学者[5]详细描述了 TF * PDF 算法的基本思想，同时指出该算法更关注从海量话题信息中找出某一时期被广为关注的部分，并验证了它在热点话题监测与跟踪中的可行性。笔者参考该算法，对“吉利 沃尔沃”话题下的所有微博正文（共 4 372 篇），以月为单位，进行分词、权重计算等处理，并以热点的方式找到了不同时期网民的关注点在哪里、关注点发生了何种变化，见表 3。

表 3　吉利并购沃尔沃新浪微博热点逐月变化一览

2009 – 09	2009 – 10	2009 – 11	2009 – 12	2010 – 01	2010 – 02	2010 – 03	2010 – 04
福特	品牌	并购	福特	品牌	品牌	品牌	品牌
天仙配	福特	品牌	品牌	福特	市场	福特	市场
联姻	全球	股权	达成	高层	北京	协议	瑞典
出售	癞蛤蟆	新闻	财团	到访	福特	资金	企业
瑞典	天鹅	价值	协议	并购	车型	技术	福特
品牌	产品	回应	技术	工会	生产	签署	产权
参与	并购	传闻	知识	财经	公司	交易	知识
高盛	瑞典	福特	产权	瑞典	并购	瑞典	研发
名单	知识	轿车	战略	市场	协议	签约	技术
公布	产权	公司	出售	协议	媒体	并购	签约

注：①每月对应的热点，均按照权重大小，从上到下依次排列；②笔者从权重较高的 20 个热点中，依次选取 10 个具有代表性的热点作为研究对象；③热点选取规则：排除共有高频词（如“吉利”、“沃尔沃”等）和无意义的动词（如“成为”、“期待”等）。

在整个并购过程中，热点演变按照事件的发展过程大致可分为三个阶段：猜疑期、酝酿期、转型期。猜疑期（2009 年 9 月至 2009 年 11 月），多是在“2009 年 8 月 31 日，外媒称中国吉利汽车已经正式提交竞购福特旗下沃尔沃品牌的竞购书”这一关键时间节点诱发下，展开有关吉利汽车是否有能力并购沃尔沃的讨论；其中既有“天仙配”的美誉赞赏，也有“癞蛤蟆”想吃“天鹅”肉的讥讽嘲笑，然而并购朝着有利的方向发展，即“新闻回应”等渠道开始对之前出现的猜疑加以澄清，使口碑重新回到“并购”上。酝酿期

（2009 年 12 月至 2010 年 1 月），多是围绕官方活动展开的，并形象地展现了双方的协商过程，即从“知识产权”等方面“达成出售协议”发展到双方“高层到访”，这为并购的成功做了很好的铺垫。转型期（2010 年 2 月至 2010 年 4 月），主要以吉利成功并购沃尔沃为中心，网络口碑经历了一次大跳跃，即并购前，“媒体”报道了“生产车型”，并对并购后的“市场”给予关注；并购过程中，在“瑞典签署协议”并进行了“资金技术交易”；并购后，如何消化吸收沃尔沃的“知识产权”，形成具有自主“研发”的“品牌”形象。品牌在并购前后都是用户讨论的中心。

总的来说，此次并购事件中，网络口碑始终围绕并购本身以及并购中可能出现的问题展开记录式讨论，为并购活动提供了网络舆论参考，也从侧面反映出吉利并购沃尔沃这一事件得到了社会的认可。

3.3 网络口碑情感分析

在整个并购过程中，网民所表现出来的态度取向，在热点分析中是体现不出来的，但网络口碑情绪的取向，对事件本身有着重要影响。借助情感分析工具[6]对“吉利 沃尔沃”话题下聚集的所有微博正文（共4 372篇），以月为单位，进行了情感分析，详见图 1。其中，在整个并购过程中，网民所表露出的积极情绪总数高达2 636篇，占 60.29%。这说明整个网络环境对该事件是认可的，并赢得了较好的网络口碑，这对并购后沃尔沃品牌再造，吉利汽车结构调整、战略部署及市场研发等都是非常有利的。

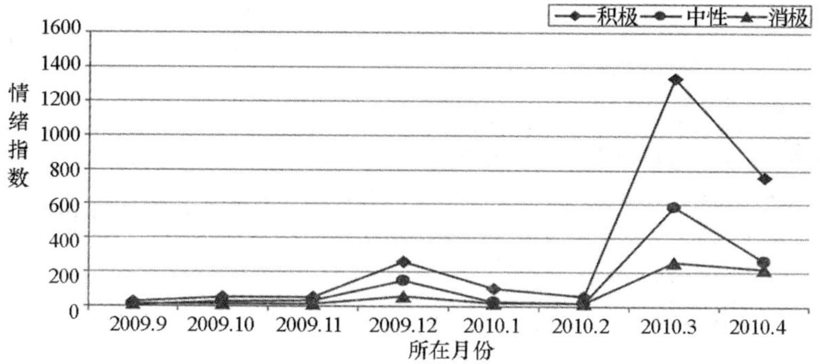

图 1 吉利并购沃尔沃新浪微博情绪逐月演变趋势

注：图中的情绪指数表示积极、中性、消极等情绪下所聚集的微博正文篇数。

由图 1 可知，积极情绪在整个并购过程中始终处于优势地位。伴随事件的发展逐步走向高潮，且在并购成功的 3 月，达到高潮（积极情绪数为 1 337 篇，占所有积极情绪数的 50.72%，并在该月情绪数中占据 61.33% 的比例）。

可见，多数网民倾向于认同这一并购，并引导了这一网络舆论走势。不可否认，吉利汽车作为中国汽车业的突出代表，选择在经济大环境相当不景气的情况下大手笔收购国外老牌知名汽车企业，极大地激发了国民/网民的民族意识和强烈自豪感。

3.4 典型观点内容分析

在话题数量－时间演变分析、网络口碑的热点与情感分析时，主要围绕新浪微博中的每条微博数据展开论述，并没有对微博数据所对应的评论、转发等特征加以分析。评论数、转发数等指标表征网民对某条信息产生了一定的认同或理解以及该信息对网民行为所造成的影响程度，此类指标与阅读次数或浏览量相比，更具有现实分析意义，反映了一定态度取向。

数据处理阶段发现网民似乎更加关注于分享他们所感兴趣的信息，但很少对其发表观点或看法，即一般而言，在微博数据中转发数大于评论数。在“吉利 沃尔沃”话题下聚集的 4 372 条微博数据中选取转发数较大的前 10 条作为典型观点，见表 4。

表 4　吉利并购沃尔沃微博观点网民互动 Top10

作者	微博正文	转发数	评论数	时间
赵广喜	签约现场图片来了，吉利正式与福特签署收购沃尔沃协议，用了 18 亿美元。	1 321	365	2010－03－28　21：15
头条新闻	【吉利汽车正式签约收购沃尔沃 100% 股权】吉利汽车刚刚正式签约收购沃尔沃 100% 股权，涉及金额约 20 亿美元，成最大中国海外汽车并购；工信部部长李毅中出席签约仪式。	235	123	2010－03－28　20：59
王石	吉利汽车成功筹得 21 亿美元，预计最迟 3 月 31 日签署正式协议收购沃尔沃，这将创下中国收购海外整车资产的最高金额纪录。据悉收购资金来自于金融机构及地方政府……	151	116	2010－03－11　17：17
传媒第三只眼	06 年的时候曾有个台州商人对我说李书福做吉利时，口袋里总共才 50 万，而那 50 万很多都还是来自银行，我那时就有 200 万纯现金了。今天李书福浙江吉利集团正式出资……	130	59	2010－03－28　22：39
苗炜	沃尔沃要真是被吉利买到了，大概就是世上公认最安全的车，被民间流传最不安全的车给买了。这滑稽。	97	50	2009－10－28　21：45

续表

作者	微博正文	转发数	评论数	时间
董路	【资本最大】吉利收购了沃尔沃，资本市场，英雄莫问出处。以前有说法“如果一辆车，前面看着像奔驰，后面看着像宝马，那一定是吉利”；从今往后，这个说法将改为……	92	44	2010－03－28　21：51
封新城	我只是瞎猜吉利和沃尔沃这场戏，李书福到底扮演什么角色呢？	81	50	2010－03－30　11：10
刘东华	吉利收购沃尔沃终成正果！李书福用18亿美元获得沃尔沃轿车100%的股权和包括知识产权在内的相关资产，是中国人这么多年来买到的最高端的世界品牌和最优良资产……	68	42	2010－03－28　22：17
王冉	北京时间今晚九点吉利将要签约收购沃尔沃，祝贺李总，不知他今晚会梦到谁。（据说两会上他说他以前常在梦里见到总书记）	61	77	2010－03－28　19：58
新浪财经	吉利的几个中国同行表达了些不同声音。奇瑞董事长尹同跃称“奇瑞要坚持走自己的路，不上海外的当。”长安汽车前总裁尹家绪则说“福特都没做好，中国车企又能强在哪呢？”	55	48	2010－04－01　22：35

由表4可以看出，10条代表典型观点的微博中，有8条发生在吉利成功并购沃尔沃以后，其中并购成功当天占了6条，网络口碑对品牌本身的变化是比较敏感的，网民更是倾向于对已发生或正在发生变化的品牌表达自己的观点或态度。分析表述的观点可以进一步看出，当天的6条微博以支持和祝贺为主，主要的质疑发生在寻求并购的过程中和并购后的几天内，如苗炜和封新诚的观点。

此外笔者还依次统计了上述10个观点所包含的评论信息，共有975条评论。值得注意的是，评论内容并没有预先设想的那么聚焦，且多数内容存在着“跑题”现象，缺乏网络意见领袖，网民的群聚效应或群体特征还不够明显。另外，也缺少官方消息，即使是“头条新闻”和“新浪财经”也仅仅是网络媒体的声音，未见并购方和被并购方的官方表述，更未见有关方与网民的互动交流，对网络社会化媒体还缺少必要的重视，对事件网络口碑的关注和网络上的品牌维护等方面，并购双方可能还未有精力涉及。

4 对并购企业的建议

• 并购事件会吸引公众注意力，企业并购前后有必要做好企业形象建设。在网络口碑的话题数量演变分析中可以发现，2009 年吉利参与沃尔沃竞购开始，微博上的用户讨论增多，在其后福特宣布与沃尔沃就知识产权条款与吉利达成一致时，用户在微博上的讨论数量激增，另一个高峰出现在宣布并购当月以及后一个月，这些时间节点都应该是企业关注其形象建设的关键点。

• 在并购过程中应全程关注企业品牌，监测网络口碑。在网络口碑热点分析中，可以看出“品牌”数月都居热点之首，是并购事件中网民热议的重点。品牌不仅包括企业品牌，也包括产品品牌、服务品牌，甚至包括企业领导人的品牌，品牌不仅是企业关注的中心，也是用户关注的中心。获取品牌作为中国企业海外并购的主要动因之一，并购企业应把握机会提升其品牌形象。同时，互联网的发展使得可以更好地把握普通民众眼中的品牌特点，网络口碑信息多方面的影响着企业品牌形象，企业应予以重视。

• 企业在并购过程中应准确、及时地披露并购进展。新浪微博中评论数、转发数较多的典型微博多是一些个人观点，还有少数的网络媒体观点，缺少了并购方和被并购方相关机构或人员的信息发布，这一点和 Twitter 等国外微博中有相当数量的企业微博（组织的官方微博）有所不同，并购企业可以考虑选择微博这一即时性比较强的网络社会化媒体作为其新消息披露渠道之一，发布积极、正面的资讯，对于并购中的网络负面信息也应做好解释，及早处理。

• 重视网络社区中意见领袖的观点，及时加以响应。意见领袖（opinion leader）是 Paul F. Lazarsfeld[7] 首先发现的，大众传播媒介主要通过首先影响意见领袖，然后意见领袖来影响大众的方式。网络口碑传播中的意见领袖对于信息的扩散及受众的态度影响意义重大，在并购前后有关吉利和沃尔沃的微博数量迅速增长过程中，对并购持有积极、中性（中立）、消极的用户数量都在增加，如果能在此过程中积极地发现意见领袖并对其作出回应，可以引导网络口碑朝着积极的方向发展。

5 结　语

网络口碑推动消费者考虑某一品牌或产品时所起的作用是一般的广告营销无法达到的，适当的信息会在感兴趣的网络社区内产生共鸣并扩大，从而影响品牌认知、购买率以及市场份额。本文利用微博数据对吉利并购沃尔沃案例中并购前后的网络口碑特征进行分析，并对并购企业在引导和利用网络口碑进行企业形象宣传和企业品牌建设等方面提出了建议。当然，网络口碑存在于各类网络社区中，新浪微博的样本数据虽然具有一定代表性，但在全面性上有所欠缺，笔者也希望在以后的研究中能更加深入全面地对网络口碑进行研究。

参考文献：

[1] 中国互联网络信息中心. CNNIC 发布《第 27 次中国互联网络发展状况统计报告》.［2011 – 03 – 27］. http://www.cnnic.net.cn/dtygg/dtgg/201101/t20110118_20250.htm/.

[2] Marketingcharts.［2009 – 06 – 02］. http://www.marketingcharts.com/television/global – survey – word – of – mouth – the – most – powerful – selling – tool – 1884/.

[3] Duan W J, Gub B, Whinston A B. The dynamics of online word- of- mouth and product sales——An empirical investigation of the movie industry. Journal of Retailing, 2008, 2 (84): 233 – 242.

[4] Awad N F, Ragowsky A. Establishing trust in electronic commerce through online word of mouth: An examination across genders. Journal of Management Information Systems, 2008, 24 (4): 101 – 121.

[5] Bun K K, Ishizuka M. Emerging topic tracking system in WWW. Knowledge – Based Systems, 2006, 19 (3): 164 – 171.

[6] ROST 情感倾向分析工具.［2010 – 05 – 10］. http://www.fanpq.com/html/asp_559_20.html.

[7] Paul F L. The election is over. The Public Opinion Quarterly, 1944, 8 (3): 317 – 330.

作者简介

许　鑫，男，1976 年生，副教授，博士，发表论文 50 余篇；蔚海燕，女，1980 年生，讲师，博士，发表论文 10 余篇；姚占雷，男，1987 年生，硕士研究生，发表论文 3 篇。

用 户 篇

微博客用户信息交流过程中形成的不同社会网络及其关系实证研究*

袁　毅　杨成明

（华东师范大学商学院　上海 200241）

摘　要　论述微博客已快速成为人们信息交流重要工具之一，跟踪微博客用户在时间周期内关于某一话题的交流数据，发现用户在信息交流过程中形成关注、评论、转发和引用四种社会关系网络，指出四种关系网络有其不同的结构形态，但同时又具有某些共性特征及联系。研究结论对于进一步研究网络社区用户信息交流理论、探索微博客的应用均具有意义。

关键词　微博客　信息交流　社会网络分析

分类号　G206　TP393

1　引　言

近几年，微博客网站及微博客用户人数都在迅速增长，除了这种在规模上表现出来的繁荣外，笔者还观察到其他一些变化：①从用户交流的内容上看，用户之间的信息交流已不再仅仅是微博客创始初期所具有的家常式唠叨的特征，交流的内容已涉及政治、经济及文化的各个层面；②从用户互动的情况看，微博客用户不再是简单地发布及告知信息，而是表现出很强的互动性，来自不同领域的、匿名及非匿名的用户之间的辩论比现实社会中辩论更为真实，自发地形成了思想争鸣的环境；③从用户的关系看，用户之间除通过关注或被关注关系而聚合外，还可能因为具有现实社会中的组织关系、具体的行动、共同的兴趣或共同的话题而聚合，从而形成了不同的社会关系网络。微博客悄然发生的变化，将可能导致微博客不仅仅是一个为大众提供闲谈的平台，也不仅仅是一个发布信息的场所，不断增加的交流功能将可能使

* 本文系2008年国家社会科学基金项目“网络社区信息运动模式研究”（项目编号：08BTQ029）研究成果之一。

它的应用领域进一步扩大到教育及学术交流领域，成为更为有效的信息发布、共享、交流、讨论和学习的平台。

目前，人们对于微博客用户信息交流模式、网络结构、相互关系、交流程度等问题尚不清楚，而这正是揭示微博客信息交流本质的关键，对于研究新媒体的信息交流理论、开拓新的应用领域或深化现有的应用也有着重要的意义。

为此，本文随机抽取了新浪微博客上的一篇博文，跟踪该博文引发用户交流而形成的各种关系网络，最后利用社会网络分析软件，测量、比较和分析四种网络不同的结构形态及其交流特征，并对其中的原因进行解释。

2 数据的采集与处理

在新浪微博客平台上，随机选择 ID 为 1554014995 的用户于 2010 年 3 月 8 日发表的一条关于农民工生存状态的博文，内容包括文字和图片（http：//t. sina. com. cn/1554014995/k4CeUoLKt），利用自编程序，采集了 3 月 8 日 23 点 55 分到 3 月 29 日 13 时时间周期内，转发或者评论该贴的用户，共采集到 2 466 个用户，记为集合 U，提取每个用户的 ID、关注的次数（指在集合 U 中某用户关注其他用户的人数）、被关注的次数（指集合 U 中某一用户共被 U 中多少用户关注）、发评论的次数、被评论的次数、转发的次数、被转发的次数、引用的次数、被引用的次数，并分别记录用户两两之间关注、评论、转发、引用的关系及次数，从而得到用户转发、评论、关注和引用的四个关系矩阵，其中除了关注矩阵为二值矩阵外，其他都是非二值矩阵，即不仅包括用户与用户之间的关系（评论、转发或引用），还包括用户与用户交流的强度（评论的次数、转发的次数或引用的次数）。

由于用户的 ID 号位数较多，为了便于叙述和观察，将用户 ID 重新从 1 开始编号，因此，下文中的用户 ID 均是用户对应的编号。

3 结果分析

3.1 不同交流网络的结构及形态

以上述建立的四个关系矩阵数据为基础，利用软件 Netdraw，分别绘出关注网络、评论网络、转发网络和引用网络。

3.1.1 关注网络

它是在时间周期内参与转发或评论并存在关注关系的用户之间形成的关系网络，箭头指向被关注用户，同时根据被关注的数量多寡显示节点的大小，从图 1 可见，该网络存在高被关注的节点，用户之间的关注关系通常存在于农民工原始贴传播过程之前，与传播活动没有直接关系，但是它对于观察用户交流的影响因素却很重要。

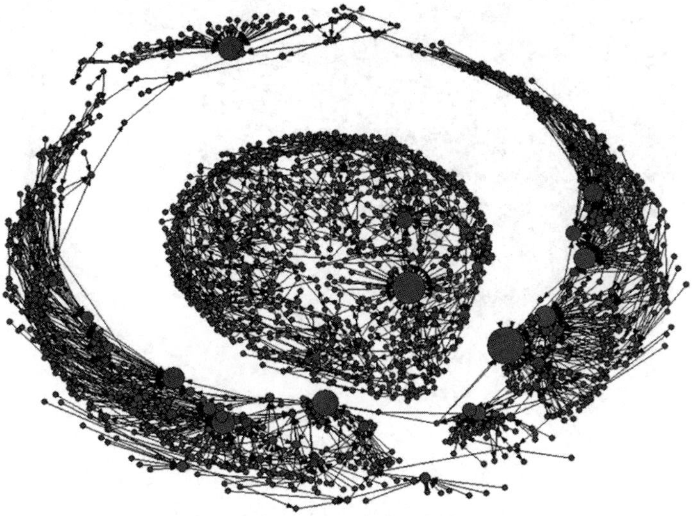

图 1　关注网络

图 1 的外环部分是一个包括有 1 064 个用户的最大的关注子网络（即组件），但内核部分却包含多个子网，甚至存在多个仅有 2 – 3 个用户组成的超小子网。外环部分之所以形成了巨大的子网，主要是因为其中包括了更多的高被关注用户，这些用户各自形成了较大的网络后，又通过其他用户将网络连通，形成更大的子网。而内核部分仅有序号为 300 和 94 两个高被关注的用户，因此除了用户 300 形成个 85 个用户子网外，其他用户形成的子网均较小。

3.1.2　评论网络

它是在时间周期内存在评论关系的用户之间形成的关系网络，箭头指向被评论用户，根据被评论的数量多寡显示节点的大小，如图 2 所示：

图 2 中显示存在一个最大的节点，它是原创用户节点，他共被评论了 1 011 次，远远多于其他任何用户被评论的次数，在话题的传播过程中，原始节点相比其他传播节点，会接收到更多的评论，由于原创节点数据与其他数据相差太大，使得图中无法清楚地显示其他重要的传播节点，此外，为了更清楚地观察到除了原始节点以外其他用户的交流情况，删除了原创节点（出于

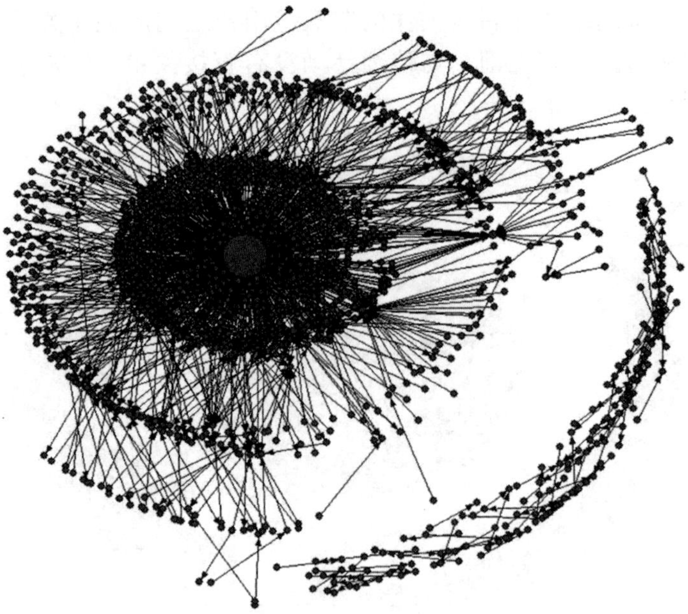

图2 评论网络（包含原始节点）

同样的原因，以下在转发网络及引用网络中，也作同样处理），得到图3所示的评论网络：

该网络节点的大小仍根据被评论次数的多寡显示。图3较图2更好地反映了原创贴发布后，用户之间相互交流的情况，它清楚地显示了网络中存在一些具有一定规模的小团体（或称为讨论组），每个小团体都有自己的核心节点，但是交流的互动性和连通性并不好，小团体多显示为简单的星型结构，并且多数普通用户与核心用户的交流是单向交流。

3.1.3 转发网络

它是在时间周期内存在转发关系的用户之间形成的关系网络，箭头指向被转发用户，根据被转发数量的多寡显示节点的大小，如图4所示：

图4与图3相比，有两点差别：①图4较图3有更多的节点，这说明，相比较评论行为，用户更愿意做较为省力的转发行为，当用户对话题具有更大兴趣时，才会发生评论行为；②转发网络中所存在的小团体的规模较评论网络的规模大得多，并且用户之间有更好的连通与交互。

3.1.4 引用网络

它是在时间周期内参与转发或评论所有交流行为的用户之间形成的引用

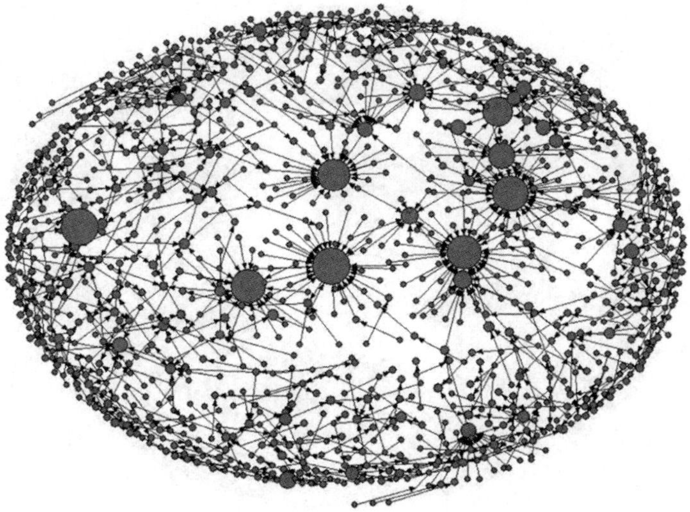

图 3　评论网络（不包含原始节点）

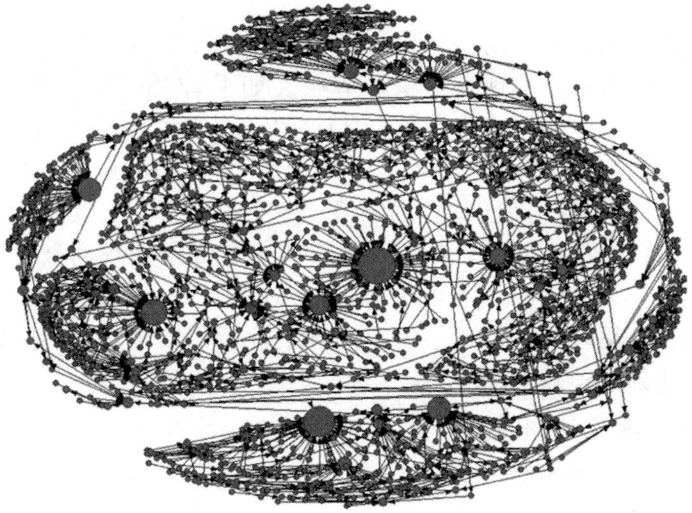

图 4　转发网络

关系网络，箭头指向被引用用户，根据被引用数量的多寡显示节点的大小，如图 5 所示：

引用数据是根据用户在微博客主页上显示的引用信息："＊＊＊@ A@ B @ C＊＊＊"，提取每个@ 后的用户名（如 A）而得到的，因此得到所有参与交流活动的用户引用关系及引用的先后路径。图 5 显示了引用关系网络中存

图 5　引用网络

在比评价和转发网络更大的小团体，每个小团体都有自己的核心节点，不同的是，在引用网络中，发现有些核心节点（如 1723 和 300）也是关注网络、评论网络或转发网络中的核心节点，但有些核心节点（如 704 和 621）却不是评论网络或转发网络中的核心节点，查看其引用的路径，发现后一类节点（即不是高被关注者）之所以成为引用网络中的核心节点，是因为他们的传播行为发生在信息传播周期的早期，并且在传播过程中遇到高被关注的节点后被迅速扩散到更多的用户，从而吸引了更多的引用。显然，如果高被关注者的传播行为发生得较早，并遇上多个高被关注者相互承接，则会使传播在范围和速度上达到最佳效果。

3.2　网络特征及其关系

四种社会网络表现出了不同的网络结构形态，其中的原因还需要利用社会网络分析相关指针进一步分析和比较。

3.2.1　网络中心性分析和比较

中心性是社会网络结构研究的重要工具[2]，它包括三种测度方法：点度中心度、中间中心度和接近中心度。其中，点度中心性是测度用户在网络中所处位置的重要指针。一个点的点度中心度等于网络中与该点有直接联系的点的数量来计算，当网络是有向网络时，每个点将有两种点度中心度测量，一种对应的是点入度，另一种对应的是点出度，点入度是网络中指向该节点的节点的数量，点出度是网络中某点指向其他节点的数量。在本研究中的四种网络均是有向网络，并且除了关注网络矩阵是二值矩阵以外，其他的三种网络矩阵都是多值矩阵，即点与点之间不仅有关系，同时还记录了所发生关系的次数。这样在计算评论、转发和引用网络的点度中心度的时候，可以将“与该点有直接联系的点的数量”改进为“该点与所发生联系的点一共联系的次数”。改进后的算法，不仅能体现用户之间是否存在交流，还能反映用户相互交流的频度。

在 UCNET 中调入四种矩阵数据，按照以下路径：Network > Certrality > Degree，在“Treat data as symmetric”提出框中选择“Yes”，则按入度和出度分别显示四种网络的点度中心度，按入度排序，将每种网络的前 20 名用户的用户序号、出度及入度列表比较（见表 1）。从中发现以下现象：

• 四种网络中，用户的入度均体现出明显的集中与分散现象，即少数用户拥有大量的入度，大量的用户拥有少量的入度。从入度比例看，入度衰减非常快，在2 466个用户集中，742 个用户仅获到不超过两次的关注，459 个用户仅得到不超过两次的评论，701 个用户仅得到不超过两次的转发，462 个用户仅得到不超过两次的引用，也就是说，在网络中处于中心地位的是极少数人。

• 四个网络的核心节点具有高度的重复性，即出现在其中一个网络中的核心节点，也往往是其他三种网络的核心节点。

• 高被关注是用户进入信息传播与交流系统，受到更多的评论、转发和引用的主要因素，而用户的交流行为（评论、转发与引用）并不是吸引更多交流行为的动因，以下三组数据说明了这一点：①用户被关注数与被评论数、被转发数、被引用数的相关系数分别是0. 760 956、0. 906 135 和 0. 732 887 5；②用户转发数与被转发数、被评论数、被引用数的相关系数为：0. 206 729、0. 092 65 和 0. 066 263；③用户评论数与被评论数、被转发数、被引用数的相关系数为：0. 027 332、0. 136 103和 0. 146 165。

以上第一组数据说明，用户的关注数与被评论、被转发、被引用均存在高度相关性。特别是与转发数的相关系数高达 0. 906 135，说明在交流网络中，用户的信息是否被广泛地传播和交流，与该用户是否是网络中被关注的核心节点有很大关系，核心用户在信息传播（即转发）中所起的作用比在信息交流中（即评论）所起的作用更大。第二组和第三组数据说明，用户的转发和评论行为与他被评论、被转发和被引用不存在相关性。也就是说，在关注网络中，处于边缘的用户的转发和评论行为，并不一定会引起更多的转发和评论行为。但是边缘用户的交流一旦与核心用户形成了强交流关系时（这里认为强交流是多次相互交流），情况则可能发生变化，这时边缘用户可能会引起更多的交流行为，如序号为48的用户，其入度仅为3，不在关注网络的前20名内，但是却在转发和评论网络中被列在入度前20名内，原因就是该用户与关注网络的核心用户206具有多次反复的交流，从而进入以206为核心的小团体中，受到小团体中其他人的关注。这一结论对于企业营销具有现实意义，微博客中存在大量处于关注网络边缘地位的中小企业用户，他们由于现实中的地位，很难成为高被关注者，但可以通过与核心用户建立交流关系而成为信息交流网络中的核心用户，达到信息传播的目的。

表1　关注、评论、转发和引用网络点度中心度前20位（以入度排序）

序号	关注网络			序号	评论网络			序号	转发网络			序号	引用网络		
	出度	入度	入度比%		出度	入度	入度比%		出度	入度	入度比%		出度	入度	入度比%
987	1	61	3.19	300	2	35	2.89	300	1	78	4.51	987	0	350	5.85
300	1	51	2.67	766	17	35	2.89	987	0	62	3.59	1 147	5	159	2.66
754	0	39	2.04	406	2	33	2.73	1 723	1	50	2.89	710	2	148	2.47
406	1	38	1.99	1 723	0	32	2.64	406	1	42	2.43	44	1	116	1.94
1 723	1	34	1.78	1 015	5	31	2.56	710	1	42	2.43	704	0	115	1.92
710	2	32	1.67	987	2	30	2.48	1 015	1	34	1.97	1 432	1	112	1.87
1 015	1	31	1.62	206	17	27	2.23	94	1	27	1.56	563	0	110	1.84
561	1	30	1.57	48	28	23	1.9	561	0	23	1.33	683	4	109	1.82
296	1	27	1.41	710	1	14	1.16	107	1	20	1.16	188	2	109	1.82
94	1	20	1.05	1 147	5	13	1.07	8	1	17	0.98	300	3	104	1.74
8	1	19	0.99	94	1	12	0.99	1 242	1	14	0.81	621	0	98	1.64
107	1	18	0.94	1 100	5	12	0.99	48	4	13	0.75	10	0	94	1.57
1 339	2	14	0.73	107	2	11	0.91	1 339	2	13	0.75	1 015	6	93	1.55
1 938	4	14	0.73	881	2	11	0.91	989	2	13	0.75	561	0	92	1.54
989	2	13	0.68	2 160	1	11	0.91	2 160	0	12	0.69	1 723	3	90	1.50
44	0	12	0.63	4	8	11	0.91	206	8	11	0.64	678	1	75	1.25
206	1	12	0.63	1 734	3	11	0.91	881	2	11	0.64	8	1	62	1.04
881	1	12	0.63	1 921	6	11	0.91	207	1	11	0.64	406	2	60	1.00
1 147	3	12	0.63	1 370	2	11	0.91	1 147	1	10	0.58	71	2	58	0.97
1 546	1	12	0.63	414	0	10	0.83	2 080	1	10	0.58	1 339	7	55	0.92

①入度比为入度数与所有用户入度总数之比；②表中同时出现在三个以上网络的用户编号及其在新浪微博中的用户名对照：1723－左小祖咒，987－连鹏，300－唐师曾，406－水煮鱼皇后，710－老榕，1015－胡同台妹，561－马英十，206－易天，1147－王蕃，94－吴祚来，8－江郎才溢三世，107－大蚂蚁诗平

3.2.2 网络组件分析和比较

网络组件（component）是指在网络中存在的最大的相连的子网络，组件分析可以观察构成网络各子网络的规模和结构，在 UCNET 中调入四种矩阵数据，按照以下路径：Network > Regions > Component，分别得到关注网络、评论网络、转发网络及引用网络的组件数分别是 736、1 559 、805 和 684，对于每类网络，根据节点数的大小，将节点数大于或等于三的组件排序，并计算组件所包括的节点数占总节点数的比例，得到表 2：

表 2　关注、评论、转发和引用网络组件特征比较（部分）

关注网络		评论网络		转发网络		引用网络	
节点数	比例%	节点数	比例%	节点数	比例%	节点数	比例%
1 064	43.1	135	5.5	494	20	527	21.4
85	3.4	47	1.9	208	8.4	276	11.2
35	1.4	39	1.6	201	8.2	209	8.5
31	1.3	40	1.6	112	4.5	114	4.6
30	1.2	30	1.2	95	3.9	107	4.3
27	1.1	21	0.9	38	1.5	41	1.7
25	1.0	17	0.7	38	1.5	40	1.6
16	0.6	17	0.7	27	1.1	30	1.2
15	0.6	16	0.6	25	1	28	1.1
14	0.6	14	0.6	24	1	24	1
14	0.6	14	0.6	21	0.9	17	0.7
12	0.5	12	0.5	14	0.6	16	0.6
12	0.5	12	0.5	14	0.6	16	0.6
11	0.4	12	0.5	16	0.6	15	0.6
9	0.4	13	0.5	14	0.6	14	0.6
9	0.4	11	0.4	13	0.5	13	0.5
8	0.3	10	0.4	11	0.4	11	0.4
8	0.3	10	0.4	10	0.4	10	0.4
7	0.3	11	0.4	11	0.4	9	0.4
7	0.3	10	0.4	7	0.3	9	0.4

从表 2 中可发现以下现象：

• 关注网络中存在一个巨大的组件，远远大于其他三种网络中最大的组件，该组件含有 1 064 个节点，即在用户集 U 中，43.1% 的用户通过关注关系形成了相连的子网。在关注某一话题的用户集中，如果其关注网络存在的组件越大，越利于信息的传播。

• 评论网络较其他网络，所包含的组件规模最小，最大的组件只有 135 个节点，即在评论网络中形成了一个个小规模的交流团体。

• 转发网络组件存在几个较大规模的组件，大于评论网络，可以解释为在信息传播及交流过程中，转发是比评论更易完成的交流行为，因此也更易形成更大的传播网络。引用网络也存在几个较大规模的组件，规模大于转发网络和评论网络。

• 四种网络有一个共同的特点是，最大的组件与第二大的组件之间的节点数有很大的差别，特别是关注网络，第二大的组件仅有 83 个节点。此外，每个组件包括的节点数、点总节点数的比例衰减非常快，即大的组件都很少，每种网络中存在大量节点数较少的组件，关注、评论、转发和引用网络节点数分别为 736、1 559、805 和 684，但节点数不超过三的组件分别高达 675、1 493、751 和 629。

4 结 语

网络环境下的用户信息交流不同于前互联网时代的大众传播、组织传播与人际交流，多篇文献[3]用 5W 理论解读网络社区的信息交流，认为网络社区中的信息交流是任何人可以在任何时候、任何地点、采用任何方式、对任何人去发表意见，但本研究中发现，社区信息传播中的 who 与 whom 是有区别的，处于现实社会中的名人及名机构的影响力已转移到网络社区，在信息传播的过程中往往起着 who 的作用，而普通用户虽然仍有话语权，但往往被信息海洋所淹没，成为交流中的 whom，这点可以解释很多中小企业在微博客、BBS 等社区开展营销时而未见效果的原因；在传播渠道上，也并非畅通无阻，往往会因为节点未处于信息中枢或因为用户不作为（转发或评论）而使信息中断；在传播时间上，处于不同传播时间点上的用户的传播能力也是不同的，信息发布早期有核心用户传播并在传播过程中不断有核心用户承接，才会得到较快而持久的传播。用户信息交流是一个复杂的行为和过程，本文主要是从信息交流的关系层面剖析传播的现象和规律，研究结论对于进一步探索新媒体信息交流理论，探索微博客在教育、学术交流、网络营销及网络社区监测管理方面的应用实践具有一定的作用。

参考文献：

［1］ ［2010－03－08］．http：//t. sina. com. cn.

［2］ 罗家德．社会网分析讲义．北京：社会科学文献出版社，2005.

［3］ 彭兰．传播者、受众、渠道：博客传播的深层机制．上海师范大学学报，2007，36（6）：83－90.

作者简介

袁　毅，女，1963 年生，教授，博士，博士生导师，发表论文 50 余篇，出版著作 2 部。

杨成明，男，1972 年生，讲师，博士，发表论文 10 余篇。

微博客用户行为特征实证分析*

杨成明

（华东师范大学商学院　上海 200241）

摘　要　微博客已发展成为一种重要的信息传播和交流工具，理解微博客用户行为特征，对于优化微博客平台、探索微博客在网络营销、教育及危机公共事件通报等方面的应用具有重要意义，也为研究新媒体传播理论提供数据基础。以新浪微博客为研究对象，抽取微博客平台提供的各项字段，从用户性别、地域、影响力等多个角度揭示当前微博客用户的行为特征及存在的问题。

关键词　微博客　用户行为　互联网利用

分类号　G206　TP393

1　引　言

近年来国内微博客发展迅速，除新浪、搜狐和网易三大门户网站先后创建各自的微博客平台外，多家互联网公司、电子商务网站甚至传媒网站也纷纷在各自的网站上开办了微博客。与其他互联网交流工具不同的是，微博客的意义并不仅仅是一个单纯的信息传播和交流的工具，它惊人的信息扩散能力在许多领域都蕴含着潜在的应用前景。在美国，政府已将 Twitter 作为国家重大事件紧急通报系统，多家企业成立了专门的 Twitter 营销部门，一些教育机构已开始将微博客作为教育的辅助平台；在我国，企业正积极开始尝试利用微博客营销。尽管人们已经意识到微博客可能存在着巨大的应用潜力，但对于如何有效地利用它达到预期目标仍感到很迷茫，在 Emarketer[1] 的一项调查中，多家企业表示不知道如何利用这一工具进行网络营销。微博客的应用前景涉及多个领域，无论是政府、媒体、教育机构还是企业，他们都需要从自身需求去考量微博客的不同价值及利用方法，而对微博客在各自领域应用

* 本文系国家社会科学基金项目“网络社区信息运动模式研究”（项目编号：08BTQ029）研究成果之一。

潜力的挖掘以及具体实现途径，则取决于对微博客用户的理解和把握。因此，选择主流的微博客平台，基于大样本数据，多角度分析当前微博客用户在利用微博客过程中反映的各种行为特征具有较为重要的现实意义。

2 数据采集

用户行为特征研究通常是抽取一定样本量的用户属性数据和行为数据，利用数理统计等方法对数据进行归纳、统计和分析。本文选取国内影响最大、用户人数最多的新浪微博客作为研究平台，设计程序采集相关数据从多个角度考察用户特征。采集时间从 2010 年 3 月 1 日 0 时 0 分到 3 月 8 日 9 时 40 分。理论上认为样本量越大越好，但实践中发现，样本量过大不仅造成数据采集和存贮困难，而且在分析时运算速度也变得很慢。在权衡样本数量及操作可行性后，本研究采用了取两个样本的方法，一个样本量较大（以下统称该样本为大样本），但采集的字段相对少一些；另一个样本量较小（以下统称该样本为小样本），采集的字段更为丰富，几乎包括了新浪微博客平台提供的各项字段。这样做的优势在于，大样本由于字段较少，可以在有限的存贮空间，尽可能获得较多的用户数据，使某些研究基于较大的数据集基础；小样本用户量较小，可以取更多的字段，如可以抽取每个用户的博客内容，这样有利于对用户做更为深入、全面的研究。具体采集的方法是：随机选取一微博客用户“生活月刊”作为用户数据采集的起点，分别采集其“粉丝”和“关注”，再采集“粉丝”的“粉丝”及“关注”的“关注”，层层递进，到 3 月 8 日 9 点 40 分时采集到 649 006 个用户后，人工中止采集程序，将其作为本研究的大样本集，大样本集中每个用户共有以下信息：用户名 ID，个性域名，昵称，是否认证，性别，地域，粉丝数，粉丝 ID。在前面的采集过程中，通过程序截取前 12 003 名用户作为小样本集，对小样本集进一步采集更多的字段：自我简介、关注数、新浪用户 ID、微博数，微博内容、发博方式或来源、转发数、评论数、每篇微博客发表时间、原创还是转发、原创人的 ID、转发数、评论数。显然大样本拥有更多的用户数量，而小样本集拥有用户更多的信息。

3 微博客用户行为特征

3.1 认证用户

新浪微博客用户分为认证用户和非认证用户，新浪邀请明星、名人、重要新闻当事人、知名企业、知名机构、知名媒体及其知名高管进行实名认证，认证后的用户的用户名后会显示字母“V”，以示与普通用户的区别。在本实验的大样本集中，认证用户共有7 919，未认证的有641 087，即认证用户占全部样本用户的比例仅为0.12%。从这个数据上看，认证用户所占的比例极小。据测试，普通人（非名人）提供有效证件并满足新浪的基本条件后，即可以成为被认证用户，也就是说，新浪微博客名人认证的门槛并不高。为了考察机构认证的情况，在大样本中，检索以“医院、频道、网、杂志、学院、网站、政府、新闻、中国、周末、论坛、公司、图书馆、书会、导报、基金、画报、媒体、广播、文体台、中心、大会、事务所、俱乐部、协会、代表团、艺术团、出版社、宣传部、研究院、刊”为结尾的机构，共有2 184个，其中认证的只有350个，即高达84%的机构没有认证。为了进一步考察公司认证的情况，在大样本集中检索以“公司”为结尾的机构，共有197家，其中只有10家是认证的，即认证的公司仅占5%。机构（包括公司）注册微博客，对于展示机构形象、客户关系管理等有重要的意义，机构进行认证后，在不需要任何成本的情况下提升了机构的信度，但如此众多的机构竟然没有认证，说明很多机构（特别是企业）没有认识到认证的重要性或对这一功能不太了解，这一现象也间接地说明我国绝大多数注册微博客的机构与一般个人用户一样，仅仅是使用微博客的基本功能，还没有开始将微博客用于本机构的业务活动中。

3.2 用户性别

新浪微博客的性别是用户在注册时自己选择添加的，因此在普通用户中，存在少量有意反填性别的情况，但由于男女都有类似的行为，统计男性用户总量和女性用户总量时，数据误差不大，这与一般的网站用户注册情况类似。但是，新浪微博客的认证用户在填写性别时，如果认证用户是个人用户，由于认证用户要上传身份证，因此微博的性别与真实性别将一致；但是对于机构用户来说，由于新浪微博客的性别是必填项目，机构在注册时不得不选择一个性别，这些机构用户在性别上是选择男性还是女性呢？调查大样本数据，发现存在以下现象：认证用户中男女用户数分别是5 130（占总用户数的64.7%）和2 789（占总用户数的35.2%），非认证用户中男女用户数分别是371 776（占总用户数的57.9%）和269 311（占总用户数的42.0%）。也就是说，非认证用户中，男性数量多于女性数量，认证用户中，男性数量远远多于女性数量，这主要是大多数机构用户还是选择了男性作为机构的性别，选择女性性别的机构多是与女性有某种特殊关联或出于某种特殊考虑，如华东师范大学的微博客性别是“女”，可能与该校女生较多的缘故有关，服务于女性的机构（如生产化妆品的企业）多选择女性性别。

3.3　用户 ID、个性域名及昵称

新浪微博客提供了三种用户标识：用户 ID、个性域名和昵称。昵称是用户注册时自己起的名称。注册后，新浪为注册用户生成了唯一的用数字表示的 ID 号，用户的微博地址就是：t. *sina*. com. cn/ID，由于 ID 号难以记忆，为了让其他访问者记住注册用户的名字，新浪给用户提供了生成个性域名的功能，用户注册后，可以输入 4 到 20 位的英文或数字（必须包含英文字符），生成个性化域名，如上海形象大使“火炬手金晶”的个性化域名是 huojushou-jinjing，访问者可以通过访问 t. sina. com. cn/huojushoujinjing 访问金晶的微博客主页。用户 ID 及昵称是每个用户必填的，但个性化域名是任选项。在大样本集中，设置个性域名的用户数为 159 855，占总用户比例的 24. 63%，其中认证用户设置个性域名的为 6 344 人，占认证用户的80. 11%，个性域名对于扩大用户知名度、提高用户访问量等方面具有重要的作用，从数据可以看出，认证用户对个性化域名的认知程度要远远高于普通用户。

3.4　用户地理分布与交互

微博客的用户数存在地域上的差异性，排除 3 870 个用户未设置所在地区外，北京、广东和上海等发达城市的用户数量远远高于边远地区，北京、广东、上海、江苏、浙江五个地区的累积用户高达332 001，超过总用户数的一半，其中位居第一的北京用户数几乎是第三名上海用户数的 2 倍。北京是全国的政治文化中心，上海是全国的经济中心，这从一个侧面说明我国微博客用户更多地是利用微博客进行思想和文化交流。此外，各省市微博客的用户数与当地的 GDP[2] 呈正相关，相关系数为 0. 626 5。从总体上看，经济发达地区使用微博客人数远远多于经济欠发达地区，政治文化中心使用微博客的人数要多于经济中心。如表 1 所示：

表 1　微博客用户地理分布情况（部分）

省市	用户数	累积数	认证用户数	认证用户所占比（%）	占总用户比例（%）	2009 年 GDP（亿）
北京	110 593	110 593	4 535	4. 10	17. 04	11 865
广东	88 223	198 816	514	0. 58	13. 59	39 081
上海	58 404	257 220	628	1. 08	9. 00	14 900
江苏	40 170	297 390	183	0. 46	6. 19	34 061
浙江	34 611	332 001	202	0. 58	5. 33	22 832

续表

省市	用户数	累积数	认证用户数	认证用户所占比（%）	占总用户比例（%）	2009 年 GDP（亿）
山东	34 325	366 326	128	0. 37	5. 29	33 805
四川	27 006	393 332	124	0. 46	4. 16	14 151
湖北	19 496	412 828	146	0. 75	3. 00	12 831
河南	19 233	432 061	104	0. 54	2. 96	19 367

3.5 用户关注数与粉丝数

微博客是通过用户添加“关注”，获得被关注人的微博信息，当 A“关注”B，B 就被加入 A 的微博客页面，当 B 的微博内容更新时，最新内容显示在 A 的微博页面。对于 B 来说，A 就是他的粉丝。一个人的粉丝数量大，从一个侧面说明他受关注程度高或影响力较大，一个人关注的人多，说明他具有更高的开放性。为了考察线下影响力是否影响线上影响力，同时考察受关注程度是否与性别有关，本文对大样本数据进行了分析（见表 2），发现认证用户的粉丝均值远远高于普通用户，人均认证用户的粉丝数高达 6 500. 95 个，1. 22% 的认证用户吸引了 73. 82% 的粉丝，其中，女性认证用户的粉丝均值又明显高于男性认证用户的粉丝均值。

表 2　不同微博客用户群体拥有的粉丝情况

性别数	用户数	总粉丝数	均值	认证用户数	认证用户粉丝数	均值	非认证用户数	非认证用户粉丝数	均值
男	376 906	40 668 360	107. 90	5 130	31 248 346	6 091. 30	371 776	9 420 014	25. 34
女	272 100	29 072 169	106. 84	2 789	20 232 640	7 254. 44	269 311	8 839 529	32. 82
总	649 006	69 740 529	107. 46	7 919	51 480 986	6 500. 95	641 087	1 825 9543	28. 48

文献［3］认为 twitter 的用户粉丝数与关注数有正向相关性，但是本实验中，使用大样本数据观察，无论是样本总体用户、认证用户还是非认证用户，其粉丝数与关注数均没有相关性，我们认为，粉丝数量的多寡与用户本身的影响力及所贡献的信息内容有关，但其关注数量的多寡则取决于该用户的行为，有很大的主观性，肯德基与麦当劳两家公司在新浪微博客的两项指标也显示两者无任何关联，前者有大量的粉丝却很少关注他人，而后者粉丝数远低于前者，但关注数却高于前者，如表 3 所示：

表 3 小样本集微博客用户拥有的粉丝数、关注数以及两者相关性

总粉丝数	关注数	认证总粉丝数	认证关注数	非认证总粉丝数	非认证关注数
1 666 622	2 000	1 666 622	2 000	104 516	1 680
1 506 251	698	1 506 251	698	68 219	3
1 504 754	874	1 504 754	874	66 113	1
1 165 674	351	1 165 674	351	55 578	261
974 488	24	974 488	24	32 194	107
920 083	489	920 083	489	29 200	1 999
769 242	78	769 242	78	25 516	436
相关系数：-0.001 3		相关系数：-0.002 9		相关系数：0.253 6	

3.6 微博客发送方式

微博客实现信息快速传播的一个重要原因就是在于其灵活多样的发送微博内容的方式，以大样本数据统计了新浪微博的各种发博方式并记录每种方式所发的微博客条数（见表4）。虽然微博客提供了多种发博的途径，但是从统计数据看，我国的微博客用户使用的方式并不多，直接在新浪微博上发微博占72.93%，使用手机和短信共占到12.52%，使用关联博客的为7.07%，这三种方式占到发博方式总量的92.52%。当微博客大规模地应用于企业营销时，使用手机和短信发送微博的比例一般会增加（特别是需要发送即时信息的企业），目前手机和短信所占的比例并不高，这也间接地说明我国的企业用户利用微博客进行网络营销的程度还不够，多数企业仅将微博作为一个展示企业领导人、企业、产品信息的窗口，并没有将它当作为其业务服务的工具。此外，我国用户数量最多的即时通讯QQ还没有与新浪微博客绑定，使新浪微博客少了一个重要的发微博的途径。

表 4 微博客发送方式及其所占的比例

发博方式	发博数	比例%	发博方式	发博数	比例%	发博方式	发博数	比例%
新浪微博	1 831 577	72.93	彩信	37 199	1.48	微博浏览器插件	6 001	0.24
新浪微博手机版	248 534	9.90	MSN 机器人	25 212	1.00	分享书签	4 480	0.18
关联博客	177 454	7.07	iPhone 客户端	11 258	0.45	土豆网	2 671	0.11
短信	91 008	3.62	S60 客户端	11 239	0.45	Android 客户端	2 101	0.08
新浪网内容分享	50 882	2.03	优酷网	6 106	0.24	Kjava 客户端	2 059	0.08

3.7　微博发布的时间

统计显示，一天中的上午11点和晚上23点是发微博的高峰期，午夜0点到上午8点这个时间段是一天中发布微博数量最少的时间段；19点前，普通男用户发文数略高于普通女用户数，19点后，普通女用户发文量高于普通男用户，但在0点时非认证男用户又多于非认证女用户。也就是说，女性更倾向于晚上发表微博；认证男用户发文量始终高于认证女用户，并且，发文量明显高于认证女用户，这与认证用户中男用户总数远远多于女用户总数有关系。认证用户在晚上发微博的数量并没有明显低于白天发微博的数量，如果企业使用微博用于营销等业务，通常会表现为白天发送微博的数量远高于晚上发送微博的数量，这可能意味着在整个新浪微博客中企业利用微博客的份额并不大，这与从微博客发送方式数据中得到结论是一致的。如图1所示：

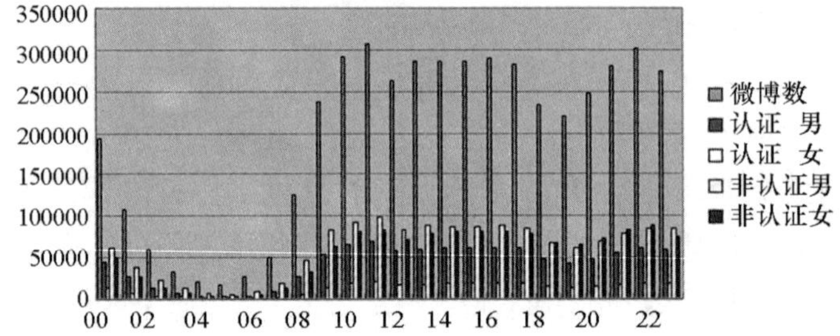

图1　新浪微博客各类用户在24小时不同时间段发表微博数量

3.8　原创、转发、回复与评论

微博客用户交流方式主要有发布原创内容、转发其他贴子、对转发内容回复以及对原创内容进行评论四种形式。本文中的原创内容是相对转发、回复与评论而言的，是指微博客平台上某转发链（或回复、评论）发起者的微博，如一个微博用户写了自己的旅行感受，是原创，一个微博用户将酷六上的一段视频发到自己的微博中，被他人转发、评论或回复，在这个过程中，对于该微博内容（视频），本文也称为原创，这样界定的目的是为了强调它是微博客平台上信息传播的起始点。原创内容是信息交流的基础，只有具有一定数量的原创内容，才能给用户带来吸引力，才能引发评论等交流活动，并由此产生新的信息内容。一般来说，原创信息的多寡反映平台信息内容的丰富程度，而转发、回复及评论量的多寡反映用户信息交流的活跃程度。为了考察新浪微博用户原创、转发、回复和评论的情况，对小样本数据进行了统计分析（见表5），从总体情况看，新浪微博中，非原创内容是原创内容的

8.5 倍，转发数与评论数基本相差不大，用户通常在转发的同时也给予评论。比较认证用户和非认证用户，认证用户所写微博的数量仅略高于非认证用户，但是认证用户人均发表的原创微博却是非认证用户的 2.7 倍，而认证用户人均转发数和人均评论数更是非认证用户的 7.2 倍和 7.6 倍。认证用户的单位原创贴被转发次数和单位原创贴被评论次数反映了认证用户发表的每条原创微博平均被引用的程度，也是非认证用户的近 3 倍。即认证用户的原创能力特别是所产生的影响力远远高于一般的非认证用户。

表 5　用户发表原创微博、进行转发、回复与评论的情况

评价指标	全部用户	认证用户	非认证用户
用户数	11 407	2 787	8 620
微博数	4 831 546	1 377 871	3 453 675
原创数	15 77 558	735 660	841 898
转发数	13 424 096	9 408 108	4 015 988
评论数	15 686 635	11 127 466	4 559 169
平均微博数	423.6	494.4	400.7
平均原创数	138.3	264.0	97.7
平均转发数	1 176.8	3 375.7	465.9
平均评论数	1 375.2	3 992.6	528.9
单位原创微博被转发次数	8.5	12.8	4.8
单位原创贴被评论次数	9.9	15.1	5.4

3.9　微博内容

由于受限于 140 个字，微博客用户表达的往往不是某一具体事件的完整叙述，而是对事件、生活状态、意见的简短概括。但微博客用户所关注的话题及表达的主题，尚无进一步的统计或调查，而这对于了解用户使用微博客的动机是有意义的。本文采用改进的分词词频统计方法对微博客进行内容分析，考察微博客用户的兴趣所在。

首先对小样本用户的微博客内容进行分词，获取198 760个关键词，共出现 33 231 856 次。按词频排序，取前 1 000 个高频词；再分析这些高频词左侧或右侧的关键词进行统计，获得高频词对表（见表 6），这个表中每对词在语义上比前面的单纯的高频词更丰富。从表 6 中可以看到，新浪微博客用户关心的主要是政治、经济、娱乐和日常生活等话题。

表 6　高频词对排序（部分）

排序	高频词对		频次	排序	高频词对		频次	排序	高频词对		频次
1	分享	图片	55 858	11	新年	愿望	4 366	21	新浪	博客	3 285
2	逆风	蝴蝶	10 777	12	中国	经济	4 149	22	今天	下午	3 134
3	建筑	设计	7 813	13	工作	人员	4 071	23	中国	特色	3 047
4	意见	反馈	7 561	14	歌手	纪念	4 014	24	湖南	卫视	3 007
5	新浪	围脖	7 337	15	芙蓉	姐姐	3 890	25	今天	晚上	2 994
6	十月	围城	5 967	16	电子	商务	3 846	26	中国	人民	2 921
7	圣琴	兰心悦	4 864	17	有关	部门	3 610	27	北京	时间	2 916
8	中国	足球	4 776	18	光头	王凯	3 587	28	金融	危机	2 875
9	编剧	导演	4 766	19	南方	周末	3 433	29	新闻	发言人	2 806
10	导演	于峰	4 697	20	天佑	中华	3 386	30	2010 年	1 月	2 794

3.10　引用

虽然微博客有严格的字数限制，但是由于可以设置超文本链接，引用文本、图片、视频等多种资源，这使得每条微博类似目录，通过链接，展开目录后，可扩展到无限的内容。为了观察微博客用户引用其他网站的情况，下载了小样本中所有用户的微博，从中提取所有引用的网址，8 828个用户共引用了633 360 个网络资源（见表 7），引用以 URL 的方式为主，1 547 个引用的 URL 显示失效或无法打开，以 IP 地址方式显示的仅有 696 个，认证用户的平均引用数明显高于非认证用户，说明认证用户较非认证用户更习惯于引用其他网站或自己博客的资源。进一步对引用的 URL 数据按顶级域名、二级域名以及以 CN 为顶级域名的各级域名分别统计，引用的顶级域中，以国家命名的国外顶级域名被引用次数很少，顶级域名为 CN 的网络资源被引用量为第一，其中又以 sina. com. cn 被引次数最高，占 CN 被引量的 77. 4%，这主要是因为新浪将新浪微博客与新浪博客关联，大量的微博引用了自己在新浪的博客。在引用的二级城市中，顶级域名 COM 排名第二，被引用的 COM 主要是国内的大网站，如百度，谷歌，搜狐，网易，腾讯，豆瓣，淘宝、新华网、凤凰网等；在顶级域名 CN 下的各网域 com. cn、gov. cn、org. cn、edu. cn、net. cn 的引用数分别为 266 871、887、737、406、191，顶级域名 CN 下的

com. cn 的 266 871 中有 245 635 来自于 sina. com. cn，将新浪微博客引用互联网资源与文献［4］的结论对比，文献［4］利用中国社会科学引文数据库统计了 10 年中国社会科学文献引用互联网资源情况，得到的顶级域名 CN 下上述各域被引用的情况分别是 10 153、5 425、2 387、3 278、1 244，很明显，微博客的引用互联网的行为与人文社会科学信息用户引用互联网的行为有很大的不同，微博客用户主要是引用关联博客的资源，占总引用数的 38. 8%，另外微博客用户对 edu. cn 资源的利用远远弱于人文社会科学信息用户。

表 7　引用其他网站资源的基本情况

用户类型	用户数	引用数	平均引用数	IP 地址数	无效 URL	有效 URL
全部用户	8 828	633 360	71. 74	696	1 547	631 117
认证用户	2 457	214 480	87. 29	146	283	214 051
非认证用户	6 371	418 880	65. 75	550	1 264	417 066

4　结　语

本文以新浪微博的 649 006 个用户为研究样本，从用户的性别属性、认证属性、地域分布、个性化域名认知度、发送微博方式、影响力、发表微博的时间、关注的内容、交流及引用行为十个方面系统展现了新浪微博客用户利用微博客的行为特征，由于新浪微博客与我国其他微博客平台架构基本一致，并且研究所选的样本量较大，因此，本研究结论基本上能反映我国微博客用户利用微博客的现状。结果显示，微博客平台是依靠少数认证用户提供原创信息并带动着群体信息交流；认证用户多来自新闻传播、娱乐领域的媒体类企业或名人，从而也使整个微博客用户关注的内容更为大众化和娱乐化；原创内容多来源于认证用户的博客，导致整体信息来源较为单一和封闭，国外信息资源极少被引用，使得信息质量总体欠弱，以消息、状态与感想为信息主体；用户对如何利用微博客提供的认证及个性化域名的认知程度不高，特别是很多企业用户对如何利用微博客平台提升自己的影响力以及将微博客作为工具开展业务尚不了解，不少企业其粉丝数甚至不足 10 人，相比较，传媒娱乐界对于使用微博客平台提升影响力的认知程度高于其他行业；发达地区与落后地区的用户数量具有很大的差异，普通用户的原创能力弱，其行为以转发及评论为主。微博客平台的设计堪称精巧，但在用户服务、引导及深层应用方面仍有很大的潜力需要挖掘。

参考文献：

[1] [2010－08－25]. http://www.emarketer.com.

[2] [2010－08－25]. http://data.drcnet.com.cn.

[3] Java A, Song X. Why we twitter: Understanding microblogging usage and communities//Proceedings of the Joint 9th WEBKDD and 1st SNA－KDD Workshop 2007, 2007.

[4] 杨成明，袁毅. 人文社会科学研究中的互联网利用状况研究. 图书情报工作，2009，53（6）：37－40.

作者简介

杨成明，男，1972年生，讲师，博士，发表论文10余篇。

微博社区中非正式交流的实证研究
——以“Myspace 9911 微博”为例

王晓光[1,2]　滕思琦[1]

（1. 华东师范大学信息学系　上海 200241；2. 连云港师范高等专科学校计算机系　连云港 222006）

摘　要　以“Myspace9911”微博社区为实证分析对象，借鉴社会网络分析思想，通过核心－边缘分析、整体网络分析、中心性分析、子群分析，界定社区交流网络核心与边缘区域，发现网络权力节点，划分交流子群，探寻不同分析结果间的异同与联系。这些研究信息有助于把握微博社区中非正式交流的一般规律、增进用户交流与合作、促进网络信息资源的挖掘与利用。

关键词　微博　非正式交流　社会网络分析

分类号　G350

1　引　言

美国社会学家门泽尔从载体的角度对信息交流过程进行了系统的研究，提出了著名的正式过程和非正式过程交流论，两者的差异主要体现在：前者的传播者和接受者在信息交流过程中必须经过文献传递中介系统，后者则不需要。正如严怡民教授所说的“凡是不通过科学文献系统和情报工作者的帮助所完成的情报交流，都可以称为非正式过程”[1]。非正式交流克服了正式交流的时滞性缺点，成为新时代不可或缺的交流手段，许多学者对此进行了研究：Cronin对非正式交流给予了高度评价，他认为非正式交流网络是“科学发展的生命源泉，不管是对自然科学还是对社会科学”[2]；情报学家Price针对非正式交流网络提出“无形学院”的概念，指出科学家大约80%的情报资料是通过无形学院得到的[3]；Crawford对无形学院内交流网络的结构进行了实证分析，发现73%的科学家参与了非正式交流过程，通过不超过两步的联结，核心科学家就可以把科学情报传播给非正式交流网络中95%的科学家[4]；

黄水清等认为非正式交流具有“交流迅速实效性强；具有高度的选择性、直接性和针对性；富有生动性；反馈速度快”等特性[5]。

随着技术的发展和网络的普及，各种网络信息交流平台迅速兴起，微博社区便是其中一种。微博社区是一种基于用户关系的获取信息、分享信息、传播信息的网络社区，以其方便快捷、简单易用、注重实效等特点成为网络时代非常重要的信息交流工具。黄水清[5]从信息源、信息交流渠道等不同角度分析网络信息交流时提出了“根据信息是否经过专职信息人员对其内容进行加工整理”作为网络环境下正式交流与非正式交流的划分标准，根据这一标准，微博社区中的信息交流属于非正式交流。目前我国对微博客及微博社区的研究比较分散，涉及图书情报[6]、电信[7]、教育技术[8]、新闻传播[9]等多个领域，从微观角度探讨微博社区信息交流方式及交流网络结构特征的实证文章还比较少[10]。基于以上研究背景和不足，本文选取微博社区为研究实例，从社区用户间交流和沟通的角度出发，运用社会网络分析方法，考察社区非正式交流网络的结构和特点，以期把握微博社区非正式交流的规律，拓宽信息交流渠道，进一步促进用户之间的信息沟通。

2 理论背景

2.1 非正式交流

在图书情报学领域，信息交流可以分为正式交流和非正式交流两种过程。正式交流指信息部门借助于文献信息系统，以文献为媒介，向信息用户传递间接的信息内容，基本表现是基于正式出版发行的文献交流。非正式交流指信息在信息源和信息用户间的直接传递，最初起因于科学家之间的科学交流，交流环境比较宽松和自由，交流内容广博，形式多样。随着互联网科技飞速发展，以网络为特征的现代非正式交流在具备传统非正式交流优点的同时，不断克服传递范围小、不易积累等缺点，以传递速度剧增、跨越时空等特征得到广泛应用，使信息在产生、交流方面发生了质的飞跃。

非正式交流区别于正式交流的主要特征是其更多地表现为信息生产者和信息利用者的个人行为特征，交流双方不经过正式文献系统直接沟通，省去许多中间环节，以短周期、高速度直接反映研究活动的最新动向。信息用户可对信息生产者提出意见和建议，即通常意义上的“反馈”。双方交流直接、速度快、反馈及时、针对性强，还能进行连续的相互交流，也有益于不便公开的、敏感的知识交流[11]。

2.2 非正式交流中的信息不对称

美国经济学家约瑟夫·斯蒂格利茨、乔治·阿克尔洛夫和迈克尔·斯彭斯在20世纪70年代提出了信息不对称理论，指的是在交流过程中，各类人员对有关信息的了解是有差异的，掌握信息比较充分的人员，往往处于比较有利的地位，而信息贫乏的人员则往往处于不利的地位。

在网络社区，信息传播的舆论化趋势造成了信息不对称，使那些能够熟练操纵网络舆论的“意见领袖”和利益群体获得了更多的话语权、关注度和影响力；而那些处于弱势的利益群体和个人的声音无法被人听到，最后常常是在居于强势地位的舆论下变得沉默。“意见领袖”有目的的信息操纵和由此产生的大量垃圾信息，将影响到大众对于社会的准确认知，使得获取信息的时间、经济和精力成本增加[12]。

2.3 非正式交流中的弱联系

社会学者 Granovetter 于1973年提出“弱联系优势”理论。“弱联系”是指自己交际范围内，不经常联系的关系人，如同乡会成员、邻居、校友等，而“弱联系优势”是指在职场人职业生涯转变上，这些“弱联系”往往更有帮助，可能成为重要工作变动的关键联系人。弱联系的价值体现在信息的搜索和新信息的获取上，就网络社区而言，社区内的成员多数情况下并非来自同一个组织或同一个领域，因此成员间的联系实际上就是一种弱联系。在研究信息交流时，基于社会网络中弱联系的探索比基于信息网络的探索更加重视人的因素，更能反映信息交流和传播的本质[13]。

3 数据获取与处理

本文选取“Myspace9911”网站作为实证对象，该网站是由美国 Myspace 公司开发的知名微博社区。一般来说，微博社区借各行各业的名人用户吸引人气和关注度，再进行名人营销，而名人们也愿意借此平台提升价值，增进交流。从运营的角度讲，名人用户是微博社区蓬勃发展的支柱之一；从研究的角度看，名人用户间的信息交流也具有较强的代表性。

在各行各业的名人用户中，尤以传媒记者最善于对信息进行加工、处理与传播，彼此进行更为密切的沟通与交流，研究者更易于从中探究交流的特性。基于此，笔者抓取“Myspace9911”社区“传媒记者”板块54位名人用户的数据资料，工具为通用爬虫“火车头采集器”[14]，抓取时间为2010年5月22日15点至18点，具体抓取和处理过程如下：

• 提取表征用户基本属性的数据资料，包括他关注的人数、关注他的人数、发布微博数，再根据注册时间计算出使用天数，上述4项数据组成1条记录，共得到54条记录。

•提取每位用户的关注对象名单，共得到 8 257 条数据，以用户为单位进行保存。

•为了在网络分析时更加高效，对用户名称进行顺序编码，部分编号及对应的用户名称见表 1。

表 1　微博用户编码（部分）

编号	用户名称	编号	用户名称
20	黑皓普	25	刘颖 GTO
21	贾维	26	刘铮
22	蓝蝴蝶	27	流氓柚子
23	梁纯－1626	28	卢世伟
24	刘博	29	咪咩

•构建一个交流网络矩阵，其中微博用户是网络的点，关注与被关注关系是边。由于关注是一种单向关系，因此矩阵的行代表关注者，列代表被关注者，边的方向是从关注者指向被关注者。将关注对象名单导入到 VFP（Visual FoxPro）环境中，通过编程实现以下赋值：54 位用户中，如果某位用户的关注对象中出现另一用户，则对应行列的元素值取 1，否则元素值取 0，最终得到一个交流网络二值矩阵，部分数据如表 2 所示：

表 2　交流网络矩阵（部分）

被关注者 / 关注者	20	21	22	23	24	25	26	27	28	29	30
20	0	0	0	1	0	1	0	0	0	0	0
21	1	0	0	1	0	1	1	1	1	1	0
22	0	0	0	0	0	0	0	0	0	0	0
23	1	1	1	0	0	0	1	0	0	0	0
24	0	0	0	0	0	1	0	0	1	0	0
25	1	1	0	1	0	0	0	0	1	1	1
26	0	0	0	0	0	0	0	0	0	0	1
27	0	1	0	1	0	1	0	0	0	0	0
28	0	1	0	0	1	0	0	0	0	0	0
29	0	1	0	0	0	1	1	0	0	0	0
30	0	0	0	0	0	0	0	0	0	0	0

4 分 析

本文主要应用学者们广泛关注的社会网络分析方法，该方法起源于20世纪20－30年代英国人类学的研究，经过几十年的发展，已经成为一种具有独特概念体系和测量工具的研究范式。

4.1 交流活跃度分析

通过统计交流网络中各节点的链入度与链出度频数来分析网络节点的交流活跃程度，节点链入度与链出度频数分布见图1和图2。

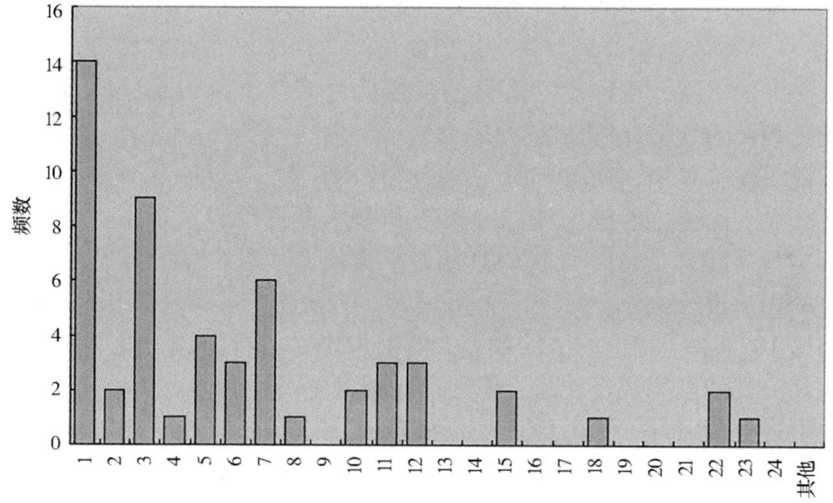

图1 节点链入度频数分布

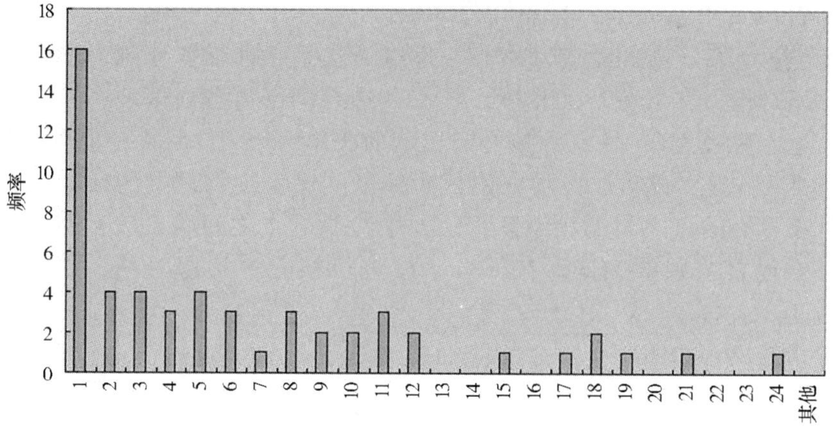

图2 节点链出度频数分布

结合链入度频数分布图和交流网络矩阵分析得出，6 号、11 号、13 号等 14 个节点只有一个入链或没有入链，表示这些节点用户很少与“传媒记者”板块的其他用户交流，但由此并不能说明这些节点在整个社区网站中也很少与人交流。参考用户基本数据资料后发现，每个“传媒记者”板块用户的被关注数从 7 248 到 55 不等，而 14 个链入度低的节点在整个社区范围的链入度却并不都是最低的，如 53 号“武子”被关注数为7 248，34 号“唐师曾”被关注数为 1 166，6 号“卜风疯”的被关注数为 1 037。根据“弱联系优势”理论，从整个社区的角度来看，上述几位用户的关注者多数来自社区内其他板块，不同板块或领域的用户通过关注形成一种弱联系，具有了“弱联系优势”。关注者和被关注者之间只是信息的传达，由于不是非常熟悉，交流双方没有道义上的束缚，所以不必顾忌信息传达之后产生的后果，使得信息交流的渠道更为畅通，传递的信息量最大化。

在链出度分布中，情况有所不同。4 号、5 号、13 号等 16 个节点只有一个出链或没有出链，参考交流网络矩阵和基本数据资料发现，这些节点用户不光很少与“传媒记者”板块的其他用户交流，而且也很少与整个社区内其他板块的用户进行交流。每个“传媒记者”板块用户的关注数从 1 272 到 1 不等，而这 16 个节点用户的关注数最大值仅为 59，这部分用户在所属板块内外均不主动与其他用户进行交流，属于活跃程度不高的群体。

由上述分析可知，部分链入度低的节点用户在所属板块内外交流活跃程度迥异，而链出度低的节点用户在所属板块内外交流活跃程度均比较低。

4.2 核心 – 边缘交流节点分析

Stephen P. Borgatti 和 Martin G. Everett[15] 从 3 个角度归纳了核心 – 边缘结构的特点：①从子群的角度，核心 – 边缘结构是一种不能分割为多个互斥子群的网络结构；②从分块的角度，核心 – 边缘网络可分成两块，核心可视为 1 – 块,边缘可视为 0 – 块，而核心与边缘的关系可以是 1 – 块，也可以是 0 – 块；③从可视化的角度，点群在欧式距离空间中呈现物理上的核心 – 边缘结构。处于核心的点之间的联系紧密，处于边缘的点之间联系较稀疏，且均有与核心点建立关系的倾向。在 Ucinet 中进行核心 – 边缘分析，结果如图 3 所示：

分析给出初始矩阵与理想矩阵的相关系数（Starting fitness）和经过重排后的矩阵与理想矩阵的相关系数（Final fitness）均为 0. 378，系数值越大，表示实际数据与理想模型越相似，实际数据的核心 – 边缘结构模型越显著。同时给出核心区域包含的 1、2、3 等 29 个节点，边缘区域包含的 4、5、6 等 25

```
Starting fitness:0.378
Final fitness:0.378

Core/Periphery Class Memberships:

 1: 1 2 3 7 9 10 11 12 1418 19 20 21 22 23 24 25 26 27 28 29 30 31 32 35 37 43 44 45
 2:  4 5 6 8 13 15 16 17 33 34 36 38 39 40 41 42 46 47 48 49 50 51 52 53 54
```

图3　核心－边缘分析结果

个节点，显而易见，核心区域与边缘区域节点数量比较接近。

根据“信息不对称”理论的解释，信息传播的舆论化趋势同样形成了微博社区的信息不对称现象，那些熟练操纵网络舆论的节点用户获得了更多的话语权、关注度和影响力，逐渐成为网络中的核心节点。而那些弱势群体的声音无法被人听到，最后常常是在居于强势地位的舆论下变得沉默，渐渐游离到网络的边缘，如同马太效应所描述的“有者愈多，乏者愈少”。

4.3　交流中心节点分析

中心性分析是建立在“距离”或者“度数”等概念基础上的，常用以评价一个节点重要程度或衡量其地位优越性及声望。由于交流网络为有向网络，又由于计算接近中心性要求网络结构是完全连通图，因此本文中心性分析主要考察节点的中间中心度及与核心－边缘分析结果的联系。

在社会网络分析中，节点的中间中心度是一个用来测量该点在多大程度上控制他人之间交往的指标，衡量的是该节点对资源控制的程度。计算交流网络中各节点的中间中心度，并与核心－边缘分析结果进行比较，如图4所示：

由图4可以看出，中间中心度排名靠前的节点基本都在核心区域，排名前20的节点均为核心节点，这些节点起到了沟通其他节点的桥梁作用，同时也处在其他节点对的最短路径上，控制着大部分节点的交流。从某种程度上讲，在有向网络结构中，通过核心－边缘分析与中间中心度分析，可以得出比较接近或相似的结果。

将排名范围扩大到前27个节点（节点集的一半），只有8号、36号和53号为边缘节点。边缘节点的存在方式主要有三种：①刚刚参与此网络结构的新成员；②作为此结构和其他结构中间的“桥”存在；③是一种稀缺资源并且从属于另一个网络结构之中。上述3个节点虽然与其他节点的联系不够紧密，但自身也处在其他几个节点的交往路径上，在一定程度上控制着他人的交往，因此中间中心度相对比较靠前。再通过这3个节点用户的基本数据资料可以看出，8号“程宫”是使用微博时间最短的5个用户之一，属于边缘节点存在方式的第一种情况；36号“王小鱼”和49号“谭飞”关注的人数分别为9和4，但关注这两人的人数却达到了5 621和1 132，从某种程度上讲，两人属于整个社区范围内的稀缺资源，吸引了多人去关注他们，属于边缘节点存在方式的第三种情况。

	1	2	
结点	绝对中间中心度	相对中间中心度	是否核心区
18 18	250. 900	9. 104	是
25 25	222. 626	8. 8078	是
44 44	175. 627	6. 373	是
3 3	162. 125	5. 883	是
43 43	153. 187	5. 558	是
21 21	150. 100	5. 446	是
9 9	139. 713	5. 069	是
10 10	127. 508	4. 627	是
1 1	108. 928	3. 953	是
20 20	102. 402	3. 716	是
19 19	97. 507	3. 538	是
30 30	94. 104	3. 415	是
45 45	70. 685	2. 565	是
28 28	63. 654	2. 310	是
22 22	54. 464	1. 976	是
26 26	42. 779	1. 552	是
2 2	41. 220	1. 496	是
37 37	38. 755	1. 406	是
32 32	28. 931	1. 050	是
31 31	28. 811	1. 045	是
23 23	27. 497	0. 998	是
8 8	23. 909	0. 868	
7 7	19. 060	0. 692	是
36 36	18. 329	0. 665	
27 27	17. 044	0. 618	是
49 49	14. 045	0. 510	
35 35	13. 316	0. 483	是
12 12	7. 114	0. 258	是
	……		

图4　中间中心度与核心区比较（部分）

4.4　交流子群分析

由于密度、平均距离、凝聚力等指标均表明交流网络的联系非常紧密，因此可以使用非常严格的派系分析来划分“传媒记者”板块的交流子群。在一个关系图中，“派系”指的是至少包含三个点的最大完备子图，也就是说，一个派系是一个具有如下特点的点集：在该点集中，任何点对之间都存在一条直接相连的线，并且该派系不能被其他任何派系所包含[16]。以默认值 3 为最小节点规模进行派系分析时，得到 33 个子群，数量过多，故将最小节点规模设置为 5，共得到 7 个子群，分析结果如图 5 所示：

```
Minimum Set Size: 5
Input dataset: 二值数据 (F: / 论文 /SNA/ucinet/ 二值数据 )
7 cliques found.
   1:   10 18 21 25 35
   2:   10 18 21 25 45
   3:   1 2 18 21 25
   4:   1 18 21 25 35
   5:   9 18 21 25 45
   6:   10 18 21 27 35
   7:   2 18 21 27 35
        ……
HIERARCHICAL CLUSTERING OF OVERLAP MATRIX
Level    4  3  2  1  5    6  7
……      ………………………………
4.000   XXX      XXX        XXX
3.500   XXX      XXXXX      XXX
3.167   XXXXXXXXXX          XXX
2.800   XXXXXXXXXXXXXXX
```

图 5　子群分析结果

从层次聚类分析矩阵（hierarchical clustering of overla pmatrix）可以看出，当相似性水平为 3.500 时，7 个子群又进一步分化为 3 个派别，即｛3，4｝、｛2，1，5｝和｛6，7｝。现将 7 个子群包含的节点汇总去重，得到节点集合｛1，2，9，10，18，21，25，27，35，45｝，再与前文核心 - 边缘分析得到的核心节点（见图 3）进行对比，发现这些节点均为核心节点，说明彼此间联系紧密的子群成员往往在整个网络中也处于核心地位。可以想象，严格的定义要求派系节点间均两两相关，反映在交流网络中便是子群中的用户均相互关注，关系网络密集，信息交流频繁，使得子群渐渐形成舆论中心，子群节点逐渐强势，成为核心节点。

7 个子群只包括 10 个节点，如此高的重合率一方面说明核心节点间的联系异常紧密，即使进一步划分成子群，也无法割裂彼此间错综复杂的关系。另一方面，子群中的核心节点由于联系过于紧密，彼此非常了解，交流信息时往往要评估信息传达后的结果，出于规避风险的考虑，不自觉地会将信息量降低，失去了“弱联系优势”。因此，子群节点应该注意多与群外节点沟通与交流，降低子群与子群间节点的重合率，拓宽信息交流渠道，提高信息交流效率。

5 结 语

网络环境下进行的非正式交流活动正变得愈加普遍和充分，网络社区作为促进用户信息交流与沟通的有效工具，在非正式交流研究中具有重要的作用和价值。以往很多研究集中从理论上探讨非正式交流的模式、过程和特点，本文着重从实证的角度较为系统地考察“Myspace9911”微博社区中“传媒记者”板块的用户交流网络结构一般特征，并从中发现一些规律与问题：①通过交流节点活跃程度分析，发现所研究的微博社区中存在具有“弱联系优势”的交流节点。部分节点虽然与所属板块内的节点缺乏交流，但却积极与板块外节点进行沟通，在所属板块内外活跃程度差异明显，相比较而言，另一些链出度低的节点用户则在所属板块内外活跃程度均较低。②通过核心－边缘分析，发现样本社区中存在信息不对称情况。信息交流与传播的舆论化趋势使用户节点自然分为核心节点和游离于网络边际的边缘节点，同时两种类型的节点数量比较接近，并没有出现多数节点为核心节点或多数节点为边缘节点的情况。③中心性分析挖掘出交流网络的权力中心节点，发现权力中心节点与此前得出的核心节点具有很高的重叠度，由此可知，在非正式交流网络中进行中间中心度分析与核心－边缘分析可能得到相似结果。④通过子群分析，发现子群节点全部为核心节点，部分核心节点间联系异常紧密，无法割裂彼此错综复杂的关系，甚至存在影响信息交流效果的风险。

本文对于进一步发现并掌握微博社区中非正式交流的一般规律、促进微博社区用户的交流与合作、拓宽网络交流渠道、提升网络交流效率、促进网络信息资源的挖掘与利用均具有一定的现实意义。在研究方法上，由于“传媒记者”板块的用户仅能从一个侧面反映微博社区交流网络的结构，无法反映整体社区的情况，因此，在后续研究中还要选取更多板块的样本进行综合研究，得出更加全面的结论。

参考文献：

[1] 严怡民. 情报学概论. 武汉：武汉大学出版社，1983.

[2] Cronin B. Progress in documentation: Invisible colleges and information transfer, a review and commentary with particular reference to the social sciences. Journal of Documentation, 1982 (38): 212－236.

[3] Price D J, de Solla. Little science, big science (and beyond). New York: Columbia University press, 1986.

[4] Crawford S. Formal and informal communication among scientists in sleep research. Journal of the American Society for Information Science, 1971, 22 (5): 301 -311.
[5] 黄水清，王超．网络环境下非正式信息交流的概念、类别与特点．图书馆杂志，2004 (6): 8 -11.
[6] 李华，赵文伟．微博客：图书馆的下一个网络新贵工具．图书与情报，2009 (4): 78 -82.
[7] 杨豪杰，赵华．微博客：电信运营商踏足移动互联网的良机．移动通信，2010 (1): 72 -76.
[8] 郑燕林，李卢一．微博客教育应用初探．中国教育信息化，2010 (2): 29 -32.
[9] 赵战花，来向武．徽博客对新闻信息传播的影响探析．理论导刊，2010 (4): 93 -95.
[10] 王晓光．微博客用户行为特征与关系特征实证分析．图书情报工作，2010，54 (14): 66 -70.
[11] 严怡民．情报学研究导论．北京：科学技术文献出版社，1992.
[12] 谢新洲，肖雯．我国网络信息传播的舆论化趋势及所带来的问题分析．情报理论与实践，2006 (6): 645 -649，669.
[13] 王晓光．基于社会网络的知识转移研究［学位论文］．武汉：武汉大学，2007.
[14] 火车头采集器．［2010 -05 -22］．http://www.locoy.com/.
[15] Borgatti P, Everett G. Models of core/periphery structures. Social Networks, 2000, 21 (4): 375 -395.
[16] 刘军．社会网络分析导论．北京：社会科学文献出版社，2004.

作者简介

王晓光，男，1980 年生，讲师，硕士研究生，发表论文 7 篇；滕思琦，男，1982 年生，硕士研究生。

微博客用户行为特征与关系特征实证分析

——以“新浪微博”为例

王晓光

（华东师范大学信息学系　上海 200241　连云港师范高等专科学校计算机系　连云港 222006）

摘　要　微博客是继博客之后迅速发展起来的一种新的社交网络平台。以“新浪微博”为研究样本，较为系统地研究微博客的基本结构、信息传播一般模式，考察微博客用户基本行为特征和关系特征，分析微博客影响力的相关变量，并建立影响力回归方程。

关键词　微博客　影响力　信息传播

分类号　G350

1　引　言

微博客是博客的一种变体，在维基百科中被描述为“一种允许用户及时更新简短文本并公开发布的博客形式，允许任何人阅读或者只能由用户选择的群组阅读。用户可通过即时通讯工具、网页等终端发布、更新博文”。博客虽已成为一种有效的信息沟通与交流方式，但依然具有进入门槛，而微博客则将门槛降到最低[1]。

本文首先分析微博客的运行机制，再以“新浪微博”作为研究对象，提取数据样本，应用社会科学统计软件、表格处理软件和文本自动分类方法，挖掘“新浪微博”中用户行为特征；最后应用社会科学统计软件对表征用户关系的参数进行相关与回归分析，揭露“新浪微博”中用户关系的一般规律。

2　微博客网站的运行机制

2.1　跟随机制

用户之间的沟通交流基于一种“关注与被关注”的跟随机制，即用户可随时“关注”他人，成为他人的“粉丝”，其他用户也可“关注”自己，成为自己的“粉丝”，此过程为双向可逆过程。跟随机制使得用户以最简单的方式订阅信息、广播信息，形成一个个大小不一的传播节点。如图1所示：

图1 跟随机制示意

2.2 信息传播机制

用户信息在发布的同时会被传送到跟随用户的接收终端（PC、PDA、手机等），跟随者接收后可及时作出评论，也可选择将消息继续转发出去，让更多的用户得以分享。在信息传播过程中，信源与信宿之间是一种“后背对前脸”的信息流动，可以一点对一点，也可以一点对多点，信息像广播一样同时传递给所有跟随者。

3 数据获取与预处理

本文研究样本来自“新浪微博”的“随便看看”板块。“新浪微博”是由新浪公司开发的一款国内主流的微博产品，作为样本具有一定代表性。从2009年11月30日至2009年12月30日，在每天的19点至21点时段，随机选取该板块100条微博内容。对每条微博内容的处理过程为：提取发布者、发博途径、博文内容、博文转发数、博文评论数五项数据，再通过“发布者”链接至其个人主页，提取个人的关注数、粉丝数、博文数三项数据，上述八项数据组成一条记录。最终得到3 000条记录作为样本，将样本记录保存为Excel文件。

4 用户行为特征分析

4.1 转发与评论行为分析

所有记录对应的3 000条博文，有1 176条被转发，1 660条被评论，分别占总数的39.20%和55.33%。有些博文包含一个链接地址，指向新的页面，本文称之为含链博文。在含链博文中，被转发和评论的比例分别为37.30%和53.17%；剩余的不含链接博文，对应比例分别为39.47%和55.64%。如表1所示：

表 1　博文被转发和评论情况

类型	含链博文	不含链博文	博文
数量	378	2 622	3 000
被转发数	141	1 035	1 176
比例	37.30%	39.47%	39.20%
被评论数	201	1 459	1 660
比例	53.17%	55.64%	55.33%

上述数据说明不管是否添加链接地址，不管是可直接阅读的博文还是需要打开链接再阅读的博文，被转发率和被评论率基本持平。

4.2　发博途径分析

超过 80% 的用户通过新浪网页发布博文，通过手机网页和手机短信发布的用户分别占到 11% 和 7%，另有少量用户借助手机彩信更新内容（见图 2）。

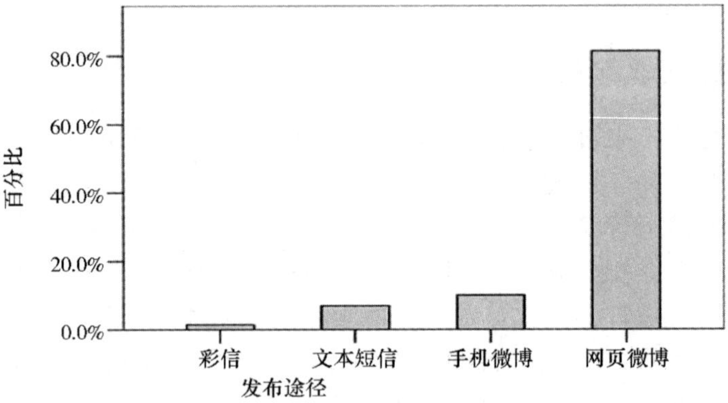

图 2　发博途径发布

大部分用户习惯使用较传统的微博网站发布博文，其比例与国外微博网站（如 Twitter）差别较大。据加拿大社会化媒体分析公司 Sysomos Inc 对 Twitter 网站的调查，有超过一半（55%）的 Twitter 用户使用工具而不是通过 Twitter.com 发布信息；Twitter 网站创立时间较早，拥有大量客户端插件，用户发博方式多种多样[2]。

4.3　博文长度分析

由于含链博文是由一个超链地址及少量说明性文字组成，进行博文长度分析的意义不大，因此将含链博文暂时剔除，对剩余的 2 622 条博文进行长度分析。新浪微博规定每条博文最长不超过140个中文字长，每个汉字或中文标点符号为一个字长，每两个数字、字母或英文标点符号为一个字长。以此为标准，利用Excel文本统计函数计算每条博文长度；博文如包含英文单词或数字，以手工方式处理，一个单词或一组数字计一个字长。结果如图3所示：

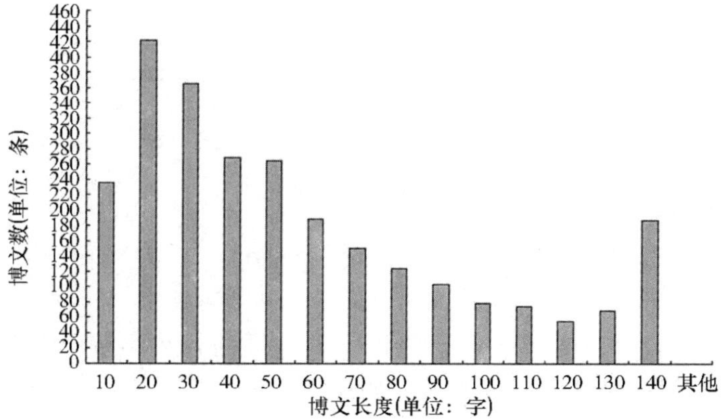

图3　博文长度分布

可以看出，包含10－20个字的博文所占比例最高。随着博文包含字数的增加，相应的博文数量逐渐减少，说明微博内容短小精致的特性迎合了大部分用户的需求。多数人发布微博内容远远低于140个字的最高限定。值得注意的是，也有一定数量的微博由140个字组成，表明其用户希望尽可能详细地进行自我表达；如果超出字数限定，他们可能发布含链博文。

4.4　发博数量分析

约2 100人（占样本总数的70%）已发博文数集中在200篇以内，约300人（占样本总数的10%）已发博文数在200到400篇之间。随着微博数量区间不断增大，对应的发博人数不断减小，整体呈现出比较明显的幂律特征。如图4所示：

4.5　博文内容分析

提取样本中的博文内容生成词频统计分析样本，采用武汉大学ROST WordParser中文分词系统进行切词及词频分析。样本总长度为284 988字，切词后得到74 304个词语，删去没有实质意义或专指度很低的关键词及其频次，比如“是的”（1 181次）、“多少”（105次）、“没有”（160次）、“还是”

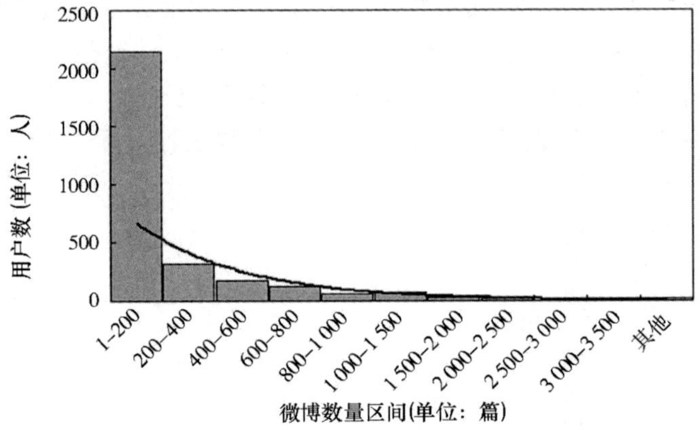

图 4　发博数量分布

(118 次)、"什么"(140 次)等，将剩下关键词的频数阈值设定在 20 次，将每个词的频次记在表的同一行上[3]，如表 2 所示：

表 2　微博内容词频统计

关键词	词频	关键词	词频	关键词	词频	关键词	词频
自己	283	觉得	82	世界	51	台湾	26
大家	240	分享	80	上海	50	社会	26
我们	233	他们	77	美国	43	天气	26
今天	189	生活	76	围脖	43	今年	26
快乐	155	工作	71	博文	35	事情	23
现在	152	看到	71	博客	33	明年	23
中国	148	你们	68	市场	32	机场	22
平安	131	昨天	62	成功	32	李宇春	22
朋友	121	最近	60	同事	32	演唱会	20
微博	94	新浪	58	相信	28	哥本哈根	20
北京	91	电影	57	广州	26	小沈阳	20

结果分析：①“今天”、“现在”、“昨天”、“最近”、“今年”、明年等词语突出时间概念，这与微博客注重随时沟通与分享的核心价值、注重信息传递过程中的时效性等特征相吻合。②“自己”、“大家”、“我们”、“你们”排序靠前，表明发布者倾向于以第一人称、口语化、较随意的形式进行自我表述。③“中国”、“北京”、“世界”、“上海”、“美国”、“广州”、“台湾”等词语反映的是一些热点城市或国际热点地区。也许因为大量用户来自北京、上海等发达地区，也许是用户更多关注热点地区问题，从目前的信息中无法推测，需要结合其他方法加以验证，这也是今后需进一步探索的内容。④“李宇春”、“哥本哈根”、“小沈阳”等词语的出现，表明可以借助微博客适度挖掘一段时间内的热点词汇或热点问题。

5 用户关系特征分析

由于“博文转发数”、“博文评论数”、“关注数”、“粉丝数”、“博文数”等数据项不满足正态分布，本文应用 Spearman 相关系数对上述数据项进行相关性分析及回归分析。Spearman 相关系数计算公式如下：

$$r_s = 1 - \frac{6\sum_{i=1}^{n}(R_i - Q_i)^2}{n(n^2-1)}$$

其中 R_i 表示 x_i 在（x_1，x_2，$...x_n$）中的秩，Q_i 表示 y_i 在（y_1，y_2，$...y_n$）中的秩。

5.1 样本二次处理

“新浪微博”的商业运作注重名人效应，用户中不乏各界名人，有些名人所发博文甚少，仅靠名人效应能吸引大量粉丝（如著名主持人何炅，博文数为 1，粉丝数为 17 615），此类记录易对统计分析结果造成干扰。现将包含“名人认证”标识的记录删除，得到新的样本，共 2 102 条记录。

5.2 相关分析

相关分析是一种基于假设检验的统计分析方法，相关系数表明两变量之间的相关程度。一般情况下，相关系数绝对值≥0.8 时，视为高度相关；0.5≤相关系数绝对值<0.8，视为中度相关；0.3≤相关系数绝对值<0.5，视为低度相关。显著性水平反映拒绝某一原假设时所犯错误的可能性。以下检验均设置显著性水平为 0.01，即在原假设事实上正确的情况下，研究者接受这一假设的可能性为 99%[4-5]。

本文采用社会科学统计软件 SPSS，导入 Excel 文件中的样本记录，将

“博文转发数”、“博文评论数”、“关注数”、“粉丝数”、“博文数” 作为分析变量。由于“博文转发数” 与 “博文评论数” 为某篇博文的属性特征，“关注数”、“粉丝数”、“博文数” 为某用户的属性特征，因此将上述五变量分两组进行相关分析。对变量做散点图，初步判断有相关关系，再分组进行两两相关分析，分析结果见表3、表4。

表3　博文转发数与博文评论数 Spearman 相关系数

相关系数类别	变量	参数类别	转发数	评论数
Spearan’s	转发数	相关系数	1.000	.501 (**)
		相伴概率	.	.000
		数量	2 101	2 101
	评论数	相伴概率	.501 (**)	1.000
		相关系数	.000	.
		数量	2 101	2 101

表4　关注数、粉丝数、博文数两两相关系数

相关系数类别	变量	参数类别	关注数	粉丝数	博文数
Spearan’s	关注数	相关系数	1.000	.723 (**)	.613 (**)
		相伴概率	.	.000	.000
		数量	2101	2 101	2 101
	粉丝数	相关系数	.723 (**)	1.000	.833 (**)
		相伴概率	.000	.	.00
		数量	2 101	2 101	2 101
	博文数	相关系数	.613 (**)	.833 (**)	1.000
		相伴概率	.000	.00	.
		数量	2 101	2 101	2 101

原假设为“相关系数为零”，经计算，统计量的相伴概率为0.000，低于0.01，因此可认定“相关系数为零” 的可能性很低。表3所示转发数与评论数的Spearman相关系数为0.501，即博文的转发数和评论数之间存在中度相

关关系。此分析表明，如果跟随者发现一篇有价值的博文，在选择转发的同时也很有可能评论一下博文内容，而且一篇博文被转发的次数越多，则被评论的次数也越多。

表4中，关注数与粉丝数相关系数为0.723，相伴概率为0.000，正相关性为高度显著，表明一般情况下用户关注别人越多，就越容易引起别人的关注，使得自己的粉丝数增加；而随着粉丝数量的增长，自己也会更多地去了解自己的粉丝并关注自己的粉丝。关注数与博文数相关系数为0.613，相伴概率为0.000，正相关性为高度显著，表明用户关注别人的兴趣与写博文的兴趣成正比。粉丝数与博文数相关系数为0.833，相伴概率为0.000，表现出高度正相关性，表明随着发布博文数的增加，用户会吸引越来越多的粉丝关注自己，而伴随着粉丝数量的增加，用户写博文的欲望也会随之提高。正如Sysomos Inc公司对Twitter的调查所显示的：随着追随者人数越来越多，Twitter用户发Tweet的次数也更加频繁[2]。

为研究关注数对粉丝数、博文数之间相关关系的影响程度，进行偏相关分析。设置粉丝数与博文数为偏相关分析变量，关注数为偏相关分析控制变量，进行双侧检验，偏相关分析结果如表5所示：

粉丝数与博文数的偏相关系数为0.494，其相伴概率为0.000。对比粉丝数与博文数普通相关系数0.833，可得关注数对于粉丝数和博文数的正相关关系有较大的影响。

表5　偏相关分析结果

控制变量	变量	参数类别	粉丝数	博文数
关注数	粉丝数	相关系数	1.000	.494
		相伴概率	.	.000
		自由度	0	2 099
	博文数	相关系数	.494	1.000
		相伴概率	.000	.
		自由度	2 099	0

5.3　回归分析

回归分析是通过提供变量之间的经验公式定量描述变量间相关关系的数学过程。不仅可以利用概率统计知识对经验公式的有效性进行判定，还可以根据自变量的取值预测因变量的取值。粉丝数量是衡量一个普通用户在微博客中影响力的重要因素。设粉丝数为因变量 Y，关注数为自变量 X1，博文数为自变量 X2，回归分析过程如表 6 所示：调整后决定系数为 0.747，t 检验的相伴概率为 0.000，具有显著统计学意义。

表 6　拟合度检验及方差分析

最终模型拟合优度检验

模型	R 值	R 值平方	调整后 R 值平方	标准估计误差
1	.864[a]	.747	.747	.37.542

方差分析

模型		离差平方和	自由度	均方	F 值	相伴概率
1	回归	8 746 506	2	4 373 252.824	3 104.580	.000[a]
	剩余	2 956 747	2 099	1 408.646		
	总数	11 703 253	2 101			

回归分析结果如表 7 所示：

表 7　回归分析结果

系数

模型		非标准系数		标准系数	t 值	相伴概率
		B 值	标准误差	Beta 值		
1	（常数）	1.084	1.002		1.082	.279
	关注数	.678	.014	.628	47.276	.000
	博文数	.087	.033	.337	25.325	.000

粉丝数与关注数、博文数的拟合结果为：$Y = 0.678X1 + 0.087X2 + 1.084$，其中关注数和博文数的系数相伴概率均为 0.000，有显著的统计学意义。

为检验上述拟合结果，做标准化残差直方图（见图 5）。

残差符合正态分布，表明此回归模型是合适的。

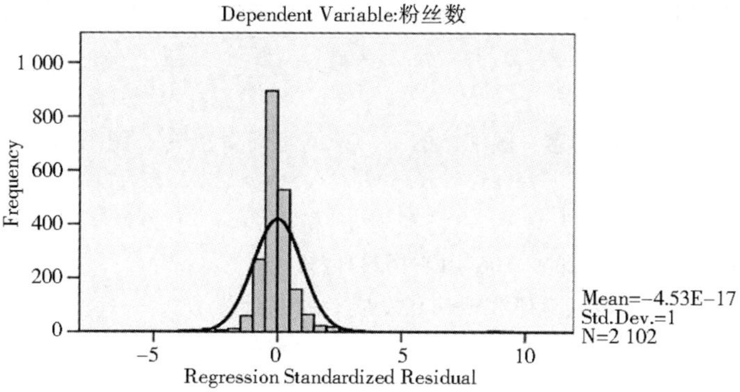

图 5　标准化残差直方图

6　结　语

从本研究中可以看到，微博客网站入门门槛低、使用随意、方便快捷、注重时效、注重沟通与分享，这些特性迎合了用户的需求；超过 10% 的博文为含链博文以及一定数量的包含 140 个字的博文，表明将内容压缩在 140 个字以内并不能满足所有用户的需求，他们正在或者将要借助链接将跟随者引入博客、论坛或其他页面，因此微博客需要同博客、论坛等其他信息组织形式紧密结合，不断发掘信息资源的组织与利用方式，不断提高自身的生存能力；表征博文特征的转发数、评论数之间具有中度相关性，表征用户关系特征的关注数、粉丝数、博文数之间均具有高度正相关性，符合常规意义上人际交往的特性，体现出微博客在人际交往上的促进性，同时也为依托微博客网站进行社会化网络媒体经营提供了一定的借鉴，即尽量增加博文的被转发数，吸引更多人的评论与关注。积极地关注别人，保持较高的发文数量，就可以吸引更多的粉丝，获得更高的关注度，使得社会化网络媒体营销更加有效。从另一个角度看，超过八成的用户均通过网站入口发布博文，使得“新浪微博”在用户体验方式多样性方面尚有欠缺。事实上，“新浪微博”正在不断完善这方面的设置，陆续推出新的插件和挂件，同时加大宣传力度，让更多用户掌握工具的使用方法。

本研究较为系统地考察了“新浪微博”的基本结构、用户行为和关系的一般规律，对于促进微博客网站功能的完善及对信息资源的挖掘与利用，促进社会化网络媒体营销的发展均具有一定的现实意义[6]。在研究方法上，由于本研究只是一定时间段内微博客内容的数据统计，并不能全面反映用户行为、用户关系和用户活跃程度，相关结论需要后续研究进一步论证。

参考文献：

[1] 李华，赵文伟．微博客：图书馆的下一个网络新贵工具．图书与情报，2009（4）：78－82.

[2] 新浪科技．加拿大媒体分析机构剖析 Twitter.［2009－12－20］. http：//tech. sina. com. cn/i/2009－06－12/16233175010_ 2. shtml.

[3] 汤建民．国内高等教育研究现状和发展动向的计量分析——基于 12 种高等教育研究核心期刊所发表的 4800 多篇论文题名的词频统计．现代大学教育，2007（5）：45－50.

[4] 姚长青，乔晓东．基于 NSTL 原文索取数量的空间自相关性分析．情报科学，2009（10）：1501－1507.

[5] 丁楠，潘有能．h 指数和 g 指数评价实证研究——基于 CSSCI 的统计分析．图书与情报，2008（2）：79－82.

[6] 袁毅，刘蓓，杨成明．网络参考文献著录质量及可追溯性研究．情报学报，2010（2）：276－284.

作者简介

王晓光，男，1980 年生，讲师，硕士研究生，发表论文 3 篇。

实 务 篇

中国政府机构微博现状研究

郑　磊[1]　任雅丽[2]

（1. 复旦大学国际关系与公共事务学院　上海 200433；
2. 北京大学政府管理学院　北京 100871）

摘　要　对新浪微博上的中国政府机构微博的发展现状进行探索性研究。研究发现，截至2011 年 4 月 19 日，已有1 917个认证的政府机构微博在新浪微博上开通，其中公安微博数量占政府部门微博比重最大。研究表明，各级政府部门已意识到微博的重要性，纷纷开通机构微博，但目前我国政府机构微博仍存在分布不均、互动不足、可持续性差等问题。新浪微博对政府机构微博的管理也存在缺陷和漏洞。针对上述问题，提出相应的对策建议。

关键词　政府机构　微博　现状　中国

分类号　D630

1　引　言

2010 年被称为“微博元年”，2011 年 7 月中国微博账户已突破 2 亿。微博的影响力极速扩大，其对中国政治社会生活的影响也日益显现，“微博问政”已经成为备受关注的年度话题之一。各地政府机构也顺应潮流，纷纷开通机构微博，发布信息、提供公共服务、开展政民互动、主动应对和引导网络舆论。但目前政府机构微博发展现状如何？呈现哪些特点？存在哪些问题？其发展受到哪些内外部因素的影响？本文通过观察统计及内容分析等方法对中国政府机构微博的现状进行探索性研究，并在此基础上对政府机构微博的发展提出相应建议。

2　文献综述

关于中国政府微博发展现状的研究正成为热点，2011 年 3 月 26 日人民网舆情监测室发布了《党政机构和官员微博发展报告》[1]；4 月 22 日，复旦大学舆情与传播研究实验室发布了《中国政务微博研究报告》[2]。两份报告都对中国政府机构与官员微博现状进行了分析，并公布了中国最有影响力的政府机构微博和公务员微博，后者还分析了全国以及上海市政务微博的概况及特点。

在研究对象上，人民网舆情监测室重点关注的是“党政机构微博”，复旦大学关注的是“政务微博”，两者都包括政府机构微博和官员微博。在研究方法上，两者都选取了多个微博平台开展研究，主要采用定量研究方法。以上两份报告对于本文对“政府机构微博”的研究具有借鉴意义，但与本研究在研究目标和方法上存在差异。本研究将对政府机构微博进行更为细致深入的研究分析，首先对政务微博进行界定和分类，然后重点对政府机构微博开展定性和定量分析。

3 研究方法

《中国政务微博研究报告》[3] 发现，“全国政务机构在新浪微博的注册数最多，占总比的86%”，因此本研究将重点选择新浪微博作为研究平台。研究基于新浪微博的“名人堂”栏目对政府机构微博的分类统计，再进行人工的辨别、剔除、整理，从而识别研究对象。本研究中的政府机构微博是指人民政府、中共党委、人民代表大会、政治协商会议、人民法院、人民检察院等机构开通的微博，不包括官员与公务员个人微博以及各类事业单位、社会团体或国企开设的微博，也不包括政府机构开设的主题微博。研究采用定量和定性方法，对以上研究对象进行观察统计和内容分析，主要考察了政府机构微博的类别分布、地理分布、层级分布、现存问题与特色等。考虑到微博数量的不断增长和微博的活跃周期，即午夜后微博活跃度下降，新增认证微博数量、“粉丝”关注量、博文量等数据变动较小，本研究以 2011 年 4 月 19 日 24 时为数据采集的时间点。

4 研究发现

4.1 政务微博的界定与分类

通过对研究中发现的各类政务微博进行识别和梳理，本文将目前在新浪微博上注册认证的政务微博分为两大类，即政府官员/公务员个人微博和政府机构微博，如图 1 所示：

政府官员/公务员个人微博是指政府官员与公务员以个人身份注册开通的微博，共发现有三种类别：①出于私人目的使用的微博；②出于公务目的使用的微博；③兼具以上两种使用目的的混合型微博。严格意义上，出于私人目的使用的官员/公务员微博不属于政务微博的范畴，但考虑到官员与公务员

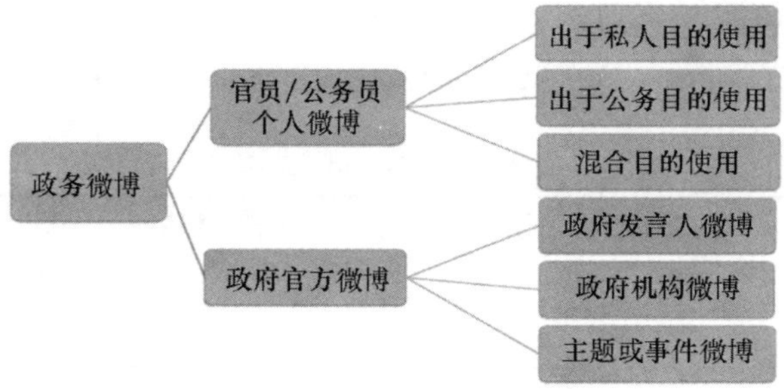

图1　政府机构微博的界定与分类

身份的特殊性与公众性，即使其微博内容出于私人目的使用，也不可避免地会产生一定的公共影响力，除非其完全使用匿名开通。因此，本研究仍将该项列入政务微博分类。

政府官方微博则指可以代表一级政府机构或部门，其内容与政务密切相关、具权威性的官方微博，具体包括三类：①政府机构微博，如某市公安局微博；②政府发言人微博；③以某一事件或主题命名，由政府开通的主题微博，如“两会”微博等。本文的主要研究对象是“政府机构微博”。

4.2　政府机构微博发展现状概述

4.2.1　政府类型分布

截至2011年4月19日24时，新浪微博上注册认证的政府机构微博为1 917个，其中包括人民政府微博1 791个（占93.43%），中共党委微博57个，司法系统微博43个（其中人民法院微博20个，人民检察院微博23个），人大微博1个与政协微博4个。此外，还有21个混合型政府机构微博，由党委外宣办、宣传部与政府新闻办等联合开通，如“微博乐山”等。如图2所示：

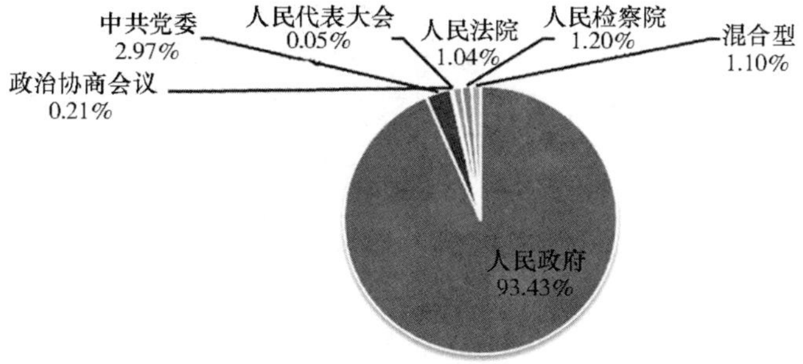

图2　政府机构微博的政府类型分布

4.2.2　整体类与部门类分布

表1显示了各机构开通整体类微博与部门类微博的分布情况：

表1　整体类微博与部门类微博分布　（单位：个）

政府机构	整体类微博	部门类微博	总计
人民政府	39	1 752	1 791
中共党委	33	24	57
政治协商会议	3	1	4
人民代表大会	1	0	1
人民法院	18	2	20
人民检察院	19	4	23
混合	20	1	21
总计	133	1 784	1 917

“整体类微博”与“部门类微博”相对，主要指由一级政府开通的、可整体代表该地区与该层级政府的微博，而部门类微博是指由某个具体的政府职能部门开设的微博。研究发现，除人民政府之外的5类机构开设的多为整体类微博，而由人民政府开通的绝大多数为部门类微博（1 752，91%）。

4.2.3　部门分布

在由1 752个人民政府开设的部门类微博中，83.73%来自公安部门，6.34%来自旅游局，其他部门如司法局、工商税务局等共占剩余的约10%。如图3所示：

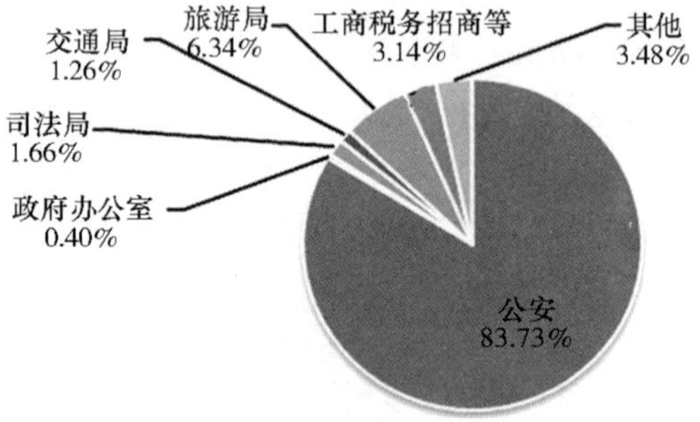

图3　人民政府微博的部门分布

4.2.4 地理分布

开通政府机构微博最多的5个省份是河南省（212）、江苏省（177）、福建省（168）。南方省份开通政府机构微博的意识相对比北方省份更强。开博最多的5个省份中有4个为南方省份；开通政府机构微博最全面的是广东省，除了尚未开通人大微博外，广东省的各套政府班子都已开通微博。事实上，开博最早的省份也多为南方省份，如四川省（“微博乐山”开通于2009－10－23）、湖南省（“桃源县人民政府”开通于2009－11－05）、云南省（“微博云南”开通于2009－11－21）等。如图4所示：

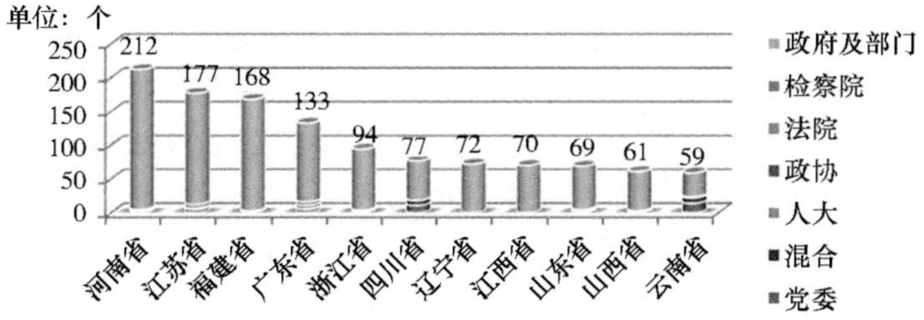

图4　政府机构微博的地理分布

图4也显示，开博最多的10个省份中，6个为东部省份，3个为中部省份，只有1个为西部省份。总体上，东、中、西部地区在开通政府机构微博的数量上仍存在一定差距。研究也发现边疆省份开通数量相对更少一些——开博最少的8个省份中有6个为边疆省份。

4.2.5 层级分布

本研究还对整体类政府机构微博的层级分布进行了分析。目前已开通的整体类微博中，以区县级最多，而省级、乡镇级、基层开通很少，呈现纺锤形。然而，由于中国各层级政府数量呈现明显的金字塔形，参照这一特点进行综合分析之后就能发现，在开通整体类微博的比例上，省、市级政府比例相对更高，而区县级、乡镇级和基层组织开通的比例仍很低，如表2所示：

表2　整体类微博的层级分布　（单位：个）

不同层级	省级	市级	区县级	乡镇级	基层组织
整体类微博数量	7	51	63	3	7
各层级政府数量[4]	34	333	2 862	41 636	≈620 000

综合以上数据，目前政府机构微博的地理分布、层级分布、机构分布以

及部门分布等尚不均衡。在地理分布上，南方省份和东部地区开通政府机构微博相对更积极，边疆省份开通数量较少；在层级分布上，省市级政府开通整体类微博更多，而乡镇级、基层开通比例很小；在机构分布上，人民代表大会、政治协商会议开通的微博最少，与其机构业务需求不符；而在部门分布上，公安微博占政府部门微博的绝大多数，其他部门微博开通较少。

4.3 政府机构微博管理问题

4.3.1 微博账号身份信息不一致或难以识别

一些政府机构微博的微博名称、认证原因、个人简介所指示的身份信息不一致。研究发现两类身份矛盾："党—政不分"型和"个人—机构不分"型。例如，有的微博名称显示为政府机构，但认证原因却是个人，如"彭建亚新余市旅游局"；有的微博名称显示为个人，但认证原因却是政府机构，如"乐陵刘凯"；还有的政府机构微博的名称过于个性化，使网民难以识别，如成都市龙泉驿区委宣传部微博名称为"笔尖上的舞曲"等。

4.3.2 微博发文内容与形式单一，或内容与政务不相关

许多政府机构微博更多被用于发布机构新闻、社会新闻或部门政策规定，而较少发布服务类信息。有的政府机构微博，其内容与政务无关，如云南曲靖市委宣传部机构微博"珠源学谈"，博文内容大多为"国学经典"或一些慧言妙语。

研究发现微博的发文方式主要有4种，即"发"（原创发帖）、"转"（转发微博）、"回"（回复提问）、"评"（评论微博）。而目前大多数政府机构微博主要是"发"、"转"，只有部分微博能够通过"评"、"回"与网民开展互动。

4.3.3 微博语言过于正式，语言风格不一致

大部分政府机构微博在发布信息和回复网民提问时仍采用正式的官方语言，而不是更人性化、网民更易接受的网络语言，不易拉近网民与政府的心理距离。而另一些政府机构微博则过多掺杂个人化信息，例如，"夹江微博"作为四川省夹江县对外宣传办公室机构微博，其正式发文中夹杂着如"假期感觉太短，没怎么耍就上班了。上班后感觉事情一大堆，做都做不完"等文字。而有些政府机构微博可能由团队进行管理，值班管理员之间未进行统一协调也容易导致发文风格和口吻不一致的问题。

4.3.4 微博更新频率过低或过高

目前许多政府机构微博更新频率不当。一方面，部分政府机构微博更新

频率过低，常常一周甚至更长时间内都未发布任何博文；而另一方面，部分政府机构微博发文频率却过高，如“温暖玉树”4月13－19日平均每天发布近30篇博文，而且时间间隔非常短，易对关注该微博的粉丝造成“骚扰”或信息过载，失去重点。

4.3.5 微博未被真正使用，流于形式

研究发现，有些微博自开通以来只发表过1－2条博文，或完全没有发表过博文，没有进行过政民互动，也没有页面建设，成为“面子微博”。如河南省有32个公安局微博（约占河南省公安局微博总数的25.8%）只发表过一篇博文，甚至开通以来未发表过任何博文。这些微博可能是在上级指示或个人政绩考核的压力下开通，所以开通之后基本流于形式，成为摆设。

4.3.6 微博活跃期短，未实现常态化

有些政府机构微博的活跃期短，活跃间隔时间长，主要体现在人大微博与政协微博的运行中。如“郑州人大”于2011年1月10日开通，2月16日后再无发布任何博文。其活跃期基本是河南省郑州市的第十三届人民代表大会的时间，博文内容主要是人大会议的相关新闻、建议与决议。四川省政协微博和珠海市政协微博等也存在相似情况。虽然人民代表大会与政治协商会议是定期举行的，但人民代表大会作为国家的权力机关，政治协商会议作为重要的协商机构，其常设机构即使在闭会期间，也应随时倾听和采集民意，与网民开展常态化互动。

4.3.7 部门类微博间缺乏整合和互联

目前政府机构微博中部门类微博（1 784，占93%）远多于整体类微博，且类别繁多，但大多部门类微博之间却缺乏整合与互联，未形成互相链接或建立微博群。这既不利于各部门间的信息互联和业务交流，也不便于微博用户搜索和关注政府机构微博。

4.4 新浪微博分类与管理问题

4.4.1 收录和分类混乱

目前，新浪平台对于政府机构微博的分类有许多错误和混乱之处。图5显示了新浪微博“名人堂”对政治类微博的分类。

首先，收录不当。例如，许多官员个人微博、事业单位微博、企业微博、栏目微博等被掺杂进政府机构微博中；“律师”并不属于“政府”或“官员”，不应将其收入分类；而一些重要的政府机构微博却未被收录进“名人堂”的相应分类，如“香港政府特首办”等。

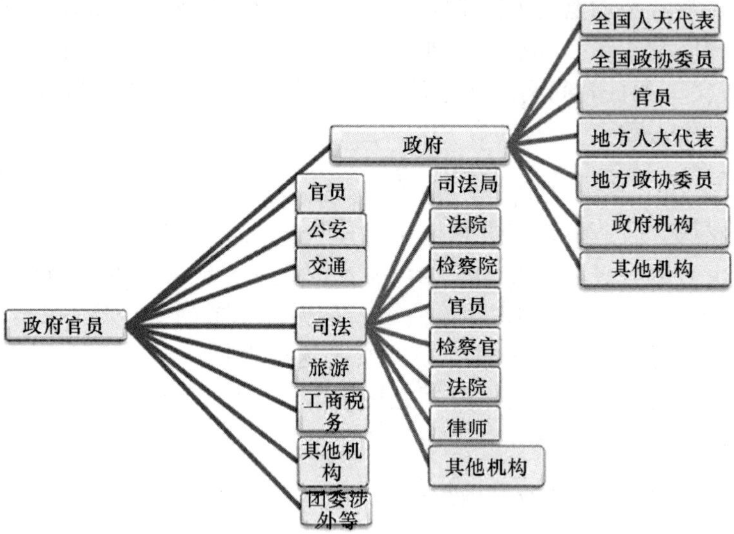

图 5　新浪的政府微博分类

再次，分类错误或不恰当。例如，在二级分类中，新浪微博将公安、交通、旅游等政府部门微博与“政府”微博相并列；三级分类中的“司法局”属于政府部门，不应与“法院”、“检察院”并列；交警微博部分被分为公安微博，部分被归入交通微博；一些纪委微博被归入司法微博；官员微博和机构微博被混列。

第三，出现分类重叠、交错或模糊。例如，一级分类的“政府官员”与二级分类中的“官员”以及在二级分类“司法”和“政府”之下出现的“官员”都有所重叠；在司法一栏下，“法官”、“检察官”与一级分类中的“官员”也有所重叠。；在三级分类中，“政府机构”与“其他机构”中收录的微博并没有明显差别。

第四，对于政府“微博群”，新浪也没有进行严格的统计归类，在分类上也存在差别，有的分类只将微博群的主微博显示在分类目录中，有的分类则将所有微博群内的政府微博都列入分类目录。

4.4.2　管理认证漏洞

新浪对许多以“XX 人民政府”等为名称却未经认证的所谓“政府机构微博”未能在名称上进行规范管理，容易使网民对政府机构微博真假难辨，产生误解，从而损害政府形象和权威性。而且，在分类界面上显示的部分微博名称与其实际名称并不相符，易误导网友。此外，如上文所提及，即使是经过新浪身份认证的政府机构微博也存在微博身份矛盾和混乱等情况，而新浪微博对这类情况并未进行有效的规范和引导。

5　启示与建议

5.1　政府机构微博发展现状的影响因素

通过对以上研究发现的综合分析，可发现目前政府机构微博的发展可能同时受到内外两方面因素的影响：一方面，政府机构微博可能受到政府机构所处地区外在环境的影响。例如，政府机构微博地理分布上的不均衡可能受到各地区社会经济发展水平差异的影响，东部地区和南方地区的省份开通政府机构微博更活跃，可能与这些地区相对较高的社会经济发展水平，特别是信息化发展水平和开放意识相关。

另一方面，政府机构微博的发展还受到一些政府内部因素的影响，这其中既包括客观因素，也包括主观因素。首先，政府机构微博分布在层级、机构、部门等方面的差异可能反映了政府层级属性、机构性质、部门特性等组织自身属性等客观因素的影响，例如省、市级政府开设机构微博的比例相对更高于区县和乡镇级，可能与省、市级政府的信息化能力较强和创新意识更强有关，而人民政府（行政部门）开设的机构微博比例较大的原因可能是行政部门的工作更多直接面对公众且自身信息化能力较强。其次，这些分布上的差异可能也体现了政策导向和领导重视等主观因素的影响，如公安微博的活跃可能与政府对社会管理创新的重视以及公安部部长本人的大力推动相关。尤其是政府机构微博目前在管理上出现的一系列问题，如账号身份信息不一致或难以识别、发文内容与形式单一或不相关、语言风格过于正式或不一致、更新频率不当、形式化、活跃期短、缺乏整合和互联等，明显体现了主观因素的影响，即政府部门对于机构微博的管理能力和态度尚未适应和跟上信息环境的变化。

此外，微博管理平台如新浪微博对政府机构微博的分类和管理水平对政府机构微博的发展也有影响。

5.2　对政府机构微博管理的建议

首先，应推动机构微博在不同层级、不同班子和不同部门间的均衡发展，各地政府机关应顺应时代的潮流，以人为本，根据公众需要和业务需求积极开通机构微博，开展政民互动，使更广泛的公众能有效参与公共事务。

第二，政府机构微博应注重整体性。在部门类微博之外，还应注重开设整体类微博，以代表一级政府与网民开展互动。同时，建议积极推动部门类微博间的整合和互联，在业务上具有相关性的机构微博之间应相互关注并建立微博群，从而不仅有利于网民方便地链接到相关微博，还便于政府部门间实现信息实时关注与互动，有效推动政府部门间的相互沟通与协同。目前在新浪微博上已出现了一些微博群，包括垂直跨层级微博群、横向跨部门微博群、跨地域微博群等。

第三，作为政府官方的网络平台，政府机构微博应保持必要的规范性和机构特征。微博账号名称、认证原因以及个人资料应显现规范且一致的身份信息，微博账号名称、头像等还应在一定程度上体现政府机构的特征，从而便于公众查找和准确辨识政府机构微博的身份。建议党政机构的微博分别开设，公务员个人微博与机构微博也分别开设，从而保证微博定位清晰，互动有效。

第四，微博的即时性、交互性与个性化等特征要求政府机构应增强服务意识，从公众的实际需要出发，提供更加实用、相关、可信、丰富、及时、持续的信息，用人性化的语言与公众开展互动，澄清解释、答疑解惑，并积极向网民征求意见和建议。

5.3　对新浪微博分类管理的建议

鉴于政府机构微博开通主体的特殊性，微博平台也应提高其分类和管理的水平。

新浪微博应加强账号管理，对政府机构微博的注册、认证进行严格审核。在注册环节，应严格审核程序，防止虚假的“政府机构微博”混淆视听、影响政府形象。此外，发文内容完全与政务无关、开通后无任何页面建设、发文数过少，账号身份信息不一致的微博都应给予相应提示和指导。

新浪微博还应提高分类和收录能力，建议将政府机构微博与公务员微博相区分，将政府机构微博分为人民政府、中共党委、人民代表大会、政治协商会议、人民法院、人民检察院六大类，然后按照各机构的部门设置，对部门微博再进行详细划分。对于事业单位微博、承包公共事务的企业微博以及专题栏目微博等建议另设分类。

5.4　对未来研究的建议

本研究只选取了新浪微博一个微博平台，未对其他平台上的政府机构微博开展研究。由于政府机构微博数量巨大、分类复杂，人工分类整理的过程中难免存在遗漏或错误，新浪微博分类和管理上的问题，也在一定程度上增加了本研究在重新分类整理中的难度和误差。本研究仅基于2011年4月19日

24 时的静态分析，未进行长期的动态研究。因此，未来的研究可进一步扩大研究对象、完善研究方法、延伸观察时段，以对政府机构微博开展更系统、更深入的研究。

参考文献：

[1] 人民网舆情监测室．党政机构和官员微博发展报告［EB/OL］．［2011－03－26］．http：//news. qq. com/a/20110326/000389. htm.

[2] 复旦大学“舆情与传播研究实验室”．中国政务微博研究报告［EB/OL］．［2011－11－09］．http：//news. 163. com/11/0422/17/728S9KM200014JB5. html.

[3] 张志安．中国政务微博研究报告［J］．新闻记者，2011（6）：34－38.

[4] 民政部，国家测绘局，中国地图出版社．首部行政区划图集发行［EB/OL］．［2006－01－09］．http：//kfq. people. com. cn/GB/54918/55132/4009566. html.

作者简介

郑　磊，男，1974 年生，讲师，数字治理与移动政务实验室主任，博士，发表论文近 30 篇。

任雅丽，女，1989 年生，硕士研究生，发表论文 1 篇。

中国公安微博现状研究

任雅丽

（北京大学政府管理学院　北京 100871）

摘　要　运用观察统计和抽样分析方法对中国公安微博的发展现状进行探索性研究。研究发现，截至 2011 年 4 月 19 日，已经有 1 467 个经过认证的公安微博在新浪微博上开通，占政府官方微博比重最大，互动也最为活跃。同时，对“粉丝关注量”排名前 30 的公安微博进行深入分析。研究表明，目前公安部门十分重视微博对政务的影响，纷纷开通官方微博，但是其运行中也存在一些问题，如分布不均、可持续性差、缺乏互联共享等。根据研究发现，提出相应的对策建议。

关键词　公安　微博　运营

分类号　D631

1　引　言

根据第 28 次中国互联网络发展统计报告，2011 年 7 月中国微博账户已突破 2 亿。微博对中国政治社会生活的影响也日益显现，“微博问政”已经成为备受关注的年度话题之一。各地政府机构也顺应潮流，纷纷开通机构微博。在社会突发事件频发的压力下，公安部门的官方微博面临着更大的挑战。2010 年 12 月 20 日，在全国公安厅局长会议上，国务委员、公安部部长孟建柱强调，公安机关要善于借助网络微博等新型媒介搭建警民互动平台，主动听取群众意见，自觉接受群众评议，进一步拓宽联系服务群众的渠道。目前公安微博的发展状况如何？有哪些特点？存在哪些问题？本文旨在通过运用观察统计及抽样分析的方法对上述问题进行探索，并为公安微博的健康运行提出相关建议。

2　研究现状

关于“政府微博”的研究近年来已成为热点，2011 年 3 月 26 日人民网舆情监测室发布《党政机构和官员微博发展报告》[1]；4 月 11 日，正义网络传媒研究院发布《政法类微博影响力报告》[2]；4 月 22 日，中国舆情网与复旦大学“舆情与传播研究实验室”发布《中国政务微博研究报告》[3]。三份报告都重点对政府机构微博和官员微博的影响力或吸引力进行排名。三份报告得出了较为一致的结论：公安部门开通的官方微博数量最多、互动性最强；公安微博在影响力排名上名列前茅。但目前尚未有对公安微博的专门研究，本文将对其进行深入分析。

3 研究方法

本文采用观察统计法和抽样分析法对公安微博进行分析。

首先，选择新浪微博作为研究平台。目前在国内有数家微博平台，如新浪微博、腾讯微博、人民微博等，而新浪微博开通最早，发展相对成熟。“2009 年 8 月，新浪启动微博测试，成为国内最早推出微博服务的门户网站。”[4]而《2011 中国政务微博研究报告》也发现，“全国政务机构在新浪微博的注册数最多，占总比的 86%”[5]。

第二，数据采集时间。考虑到研究的时效性和微博的活跃周期，即午夜后微博活跃度下降，新增认证微博数量、“粉丝”关注量、博文量等数据变动较小等特点，本研究以 2011 年 4 月 19 日 24 时为数据采集时间点。

第三，观察统计。笔者基于新浪微博“名人堂”栏目的分类统计，作了一系列人工的辨别、剔除、整理工作，得出本研究的基础数据。本文首先对公安微博做了概况分析，主要考察公安微博的分布、页面设计、互动等内容。然后又选取了“粉丝”关注量排名前 30 的公安微博作为分析样本，重点考察其分布（地理分布、层级分布）、语言（语言风格、发言身份）、标签、关注话题、关注人群以及“粉丝”量/排名与发文量、发文频率、层级、开博时间等变量之间的相关性。其中，发文频率以一周发文量来计，统计了各样本 2011 年 4 月 13 日至 19 日 24 时所发的博文数量。

4 研究发现

4.1 公安微博概况分析

4.1.1 部门分布与地理分布

截至 2011 年 4 月 19 日 24 时，新浪微博上注册认证的政府机构官方微博有1 917个，其中包括人民政府微博 1 791 个（39 个机构整体类微博以及 1 752 个部门类微博），占总数的93.4%。在所有的政府部门类微博中，有 84.73%

来自公安部门，6.34%（145个）来自旅游局，而其他部门如司法局、工商税务局等约占10%（179个）。

1 467个公安微博中包括公安局微博742个（占50.58%）、派出所微博410个（占27.95%）以及其他公安部门微博315个（包括交警、出入境管理、消防、刑侦、经侦等）。

从地理分布看，除港、澳特别行政区外，大陆省、市、自治区都已开通不同类别的公安微博。开通公安局及派出所微博最多的省份为河南省（197个）、福建省（160个）、江苏省（151个）和广东省（101个），大多为沿海和中部地区社会经济发展水平相对较高的省份，如图1所示：

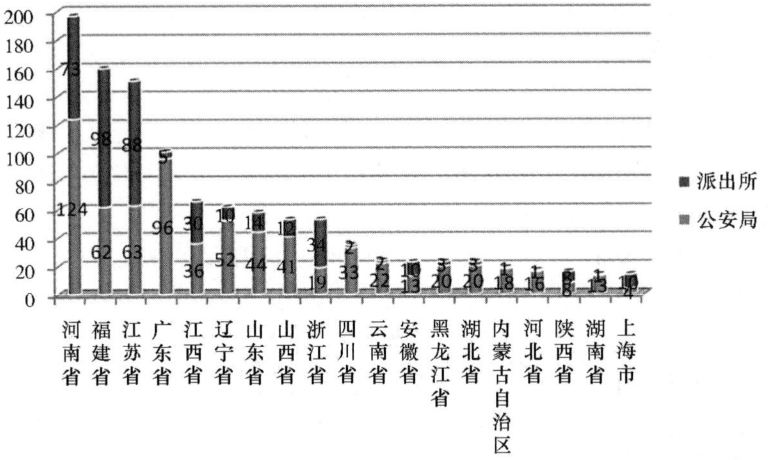

图1　公安微博的地理分布

4.1.2　页面设计

研究发现，与其他政府部门开设的官方微博相比，公安微博在名称和头像、背景等方面有着更强的统一性和规范性，使网民可以较为直观地通过这些页面特征判断该微博的性质。目前公安微博的名称主要有两种，分别是“平安”+“地名”，如“平安肇庆”，或“地名”+“部门名称”（+“在线”或“网络发言人”等），如“安徽公安在线”。但是也不乏一些个性化的名称，如山西省晋中市公安局强制隔离戒毒所官方微博名称为“阳光晋戒SMILE”。

公安微博头像也主要有两种，即警徽和卡通警察形象，还有少部分是部门的个性徽章或者形象代言人、工作照等。警徽体现了严谨和责任，而卡通警察头像传达的则是一种活泼亲民的形象。由于本研究的观察日期较为接近清明节，许多公安微博还统一采用了“缅怀公安英烈”主题背景，将传统节日与工作业务很好地结合起来。

4.1.3　互动

公安微博“粉丝”关注量大，与网民互动活跃。截至 2011 年 4 月 19 日晚，在新浪微博平台上注册认证的所有政府官方微博中，“粉丝”关注量最高的前 5 位全部是公安微博。由于公安部门涉及治安、交通、消防、边防、人口、刑侦、出入境等业务内容，与民众生活息息相关，因此其与网民的互动也相对更活跃。公安微博的博文内容除了发布部门新闻、规章制度外，更多地增加了便民服务如交通信息快送、微博咨询以及警情通报、安全知识推广等，为网民提供及时、有用的信息。而且许多公安微博能综合使用“发”（原创发帖）、“转”（转发微博）、“回”（回复提问）、“评”（评论微博或他人观点）等 4 种发文方式，不仅仅是简单地发布信息、转发新闻，而且更注重提高回应度，积极回复网民提问，对网民的观点进行评论，参与网络讨论发出部门的声音。许多公安微博还在与网民的不断互动中，运用生活化的语言和流行的网络词汇、表情，增加了亲民度，缩短了政民距离。

公安微博的互动已经在处理公安事件中发挥了有效作用，如“微博打拐”行动中，警民通力合作，获取有效线索，为救助被拐儿童做出了不小贡献；南宁市公安微博“南宁治安在线”在民众提供的线索下精确打击了十余家赌博窝点。

4.2　公安微博抽样分析

由于“粉丝”数量是最能直接反映政府官方微博吸引力的因素，本研究抽取“粉丝”关注量最大的前 30 个公安微博作为样本进行深度观察分析。截至 2011 年 4 月 19 日 24 时，公安微博中“粉丝”关注量最大的前 30 个如表 1 所示：

表 1　“粉丝”关注量排名前 30 位公安微博

名称	“粉丝”量排名	“粉丝”量（个）	层级（1：省 2：市）	发文量（篇）	一周发文量（篇）	开博时间	开博时间顺序
平安南粤	1	1 090 944	1	1 839	35	2010/4/15	8
平安北京	2	1 038 175	1	2 977	88	2010/7/29	10
公安网络发言人	3	993 904	1	693	8	2009/9/2	1
安徽公安在线	4	719 295	1	851	18	2010/8/13	12

续表

名称	“粉丝”量排名	“粉丝”量（个）	层级（1：省 2：市）	发文量（篇）	一周发文量（篇）	开博时间	开博时间顺序
平安肇庆	5	693 159	2	9 816	281	2010/2/25	5
山西公安	6	682 522	1	591	29	2010/8/10	11
济南公安	7	551 698	2	1 837	80	2010/3/2	6
广州公安	8	541 148	2	3 156	97	2010/4/9	7
平安中原	9	512 514	1	170	6	2010/2/14	4
平安江苏	10	469 495	1	487	26	2010/2/9	3
平安太原	11	441 642	2	1 849	68	2010/8/23	14
平安荆楚	12	422 460	1	230	30	2011/2/22	28
石家庄公安网络发言人	13	400 007	1	610	8	2010/9/6	16
泉州公安	14	390 555	2	2 068	80	2010/11/7	18
厦门警方在线	15	385 503	2	1 003	11	2010/10/20	17
平安温州	16	357 818	2	1 465	16	2009/11/26	2
合肥 110	17	357 354	2	249	7	2010/12/7	19
深圳公安	18	349 015	2	2 470	35	2010/4/29	9
平安哈尔滨	19	335 362	2	559	11	2010/12/9	20
西安公安	20	330 835	2	593	17	2010/12/26	23
平安常州	21	313 242	2	3 542	135	2010/8/16	13
平安杭州铁路	22	305 237	2	481	6	2010/12/20	22
平安南京	23	280 138	2	211	28	2011/2/27	29
福州市公安局	24	267 266	2	797	22	2011/2/9	27
昆明警方	25	261 313	2	1 792	47	2010/8/24	15
南京路况直播间	26	259 853	2	1748	27	2011/3/5	30
平安铁路	27	221 036	2	527	16	2010/12/17	21
沈阳市公安局	28	212 659	2	322	32	2011/1/31	25
山东省交警总队	29	208 228	1	18	0	2011/1/31	26
平安无锡	30	206 747	2	254	19	2011/1/4	24

4.2.1 地理与层级分布

从地理分布看，“粉丝”关注量最大的前 30 个公安微博中，有 5 个属江苏省，4 个属广东省，4 个属福建省。这三个省份不仅开通公安微博数量多，而且其微博在网友中的吸引力也比较大。而开通公安微博数量最多的人口大省河南省却只有一个“平安中原”进入前 30。因此，开通公安微博数量多的省份并不一定是公安微博影响力强的省份。

从层级分布看，排名前 30 的公安微博中有 10 个属省级，20 属市级，而且这 20 个市级微博中就有 13 个省会城市的微博。

4.2.2 语言风格和发言身份

在 30 个样本中，17 个公安微博的博文语言较为官方、正式，占 57%，只有 5 个（占 17%）使用生活化的语言，还有 8 个微博采用混合语言风格，即官方用语与生活用语掺杂使用。而从发言身份来看，25 个微博以政府机构的集体口吻发言，还有 5 个微博则发文口吻不一致——时而是以官方机构的口吻发言，时而又以管理员或值班人的个人口吻发布博文或评论回复。

4.2.3 标题、关注话题与关注人群

“标签”是政府官方微博对自身的简要描述和定位，便于网友查找和识别。大部分公安微博（26 个，占 87%）都贴有恰当的标签，如“公安”、“警察”、“平安”、“交通”是较常用的标签。

“关注话题”可以方便政府官方微博及时了解网民对热门话题的意见，是一个了解舆情、与民互动的渠道。目前在 30 个公安微博样本中，只有 6 个关注了热门话题，如“平安无锡”关注了“警方请您协助”、“流浪儿童”、“查处酒驾”、“春运”等话题。

目前公安微博主要关注哪些人群？研究发现“平安南粤”、“平安肇庆”、“平安太原”、“平安哈尔滨”以及河北的“公安网络发言人”都关注了各种类型的网民，而其他多数公安微博关注的主要是各类经过加“V”认证的机构或个人，如其他政府机构、政府官员、新闻媒体以及各界名人明星微博等，而很少主动关注普通网民。在本研究所重点分析的这 30 个公安微博中，尚未有任何一个公安微博主动对笔者的关注予以关注，这可能与这些微博的“粉丝”数量较大有关。研究也发现一些由其他政府部门开设的微博对关注它的“粉丝”予以关注，从而形成互相关注的关系，如“峨眉微博”、“微博五通桥”、“天津河西检察官”、“宿州法院微博”等。

4.2.4 相关性分析

本文对 30 个样本的“粉丝”关注量与发文数、发文频率、部门层级以及开通时间等进行了相关性分析。结果表明，公安微博的“粉丝”关注量与公安部门所处层级以及开通时间有着显著相关性，即公安部门的层级越高，其

“粉丝”关注量可能越大，这可能与辖区人口数量有关；相关性分析还发现公安微博开通越早，其“粉丝”关注量也可能越大。但是“粉丝”关注量与微博的总发文数、发文频率的相关性系数很低。也就是说，微博发文数量和频率并不与微博的受关注度直接相关，公安微博应更注重发文的质量和互动效果。

- “粉丝”关注量与发文数相关系数 =0.31
- “粉丝”关注量与发文频率（指 2011 年 4 月 13 日至 4 月 19 日一周内的发文数量）相关系数 =0.25
- “粉丝”关注量与公安部门层级相关系数 =0.54
- “粉丝”关注量与开博时间相关系数 =0.74

4.3 优秀案例介绍

目前在新浪平台上已涌现出一些优秀的公安微博，积极与民互动、为民答疑解惑、了解舆情民心、侦破刑事案件。本文选取“平安肇庆”作为优秀案例进行介绍。

2009 年 2 月 25 日，“平安肇庆”成为全国首个通过实名认证的公安微博，“警察”、“公安”首次走进微博世界，立即受到网民的欢迎，“粉丝”量激增。2010 年 11 月 6 日，《中国日报》美国版还刊登了题为《“平安肇庆”引起了一场中国警务革命》的文章。

首先，“平安肇庆”在有限的界面上充分利用微博特性，发挥了非常强大的链接功能。“平安肇庆”的右侧边栏里不仅有肇庆市各公安分局微博链接、平安肇庆微博管理员的微博链接等，还链接了肇庆市的其他网上服务平台，如官方网站、肇庆市公安局局长信箱等；在“公告公示”一栏里，网民可以查找近期政策公告；在“办事指南”里，网民可以方便地根据他们想要办理的事务类型链接相关页面寻求指导。“平安肇庆”不仅仅是一个发布信息或者政民互动的平台，同时也将传统的公共服务链接到新兴信息平台上，成为一个真正集信息发布、电子参与、公共服务等功能于一体的服务平台。

其次，“平安肇庆”（公安局）与“正义肇庆”（检察院）、“公正肇庆”（法院）、“和谐肇庆”（司法局）、“法治肇庆”（政法委）共同组成了肇庆市政法微博群，形成了政法部门间的跨部门微博互联与整合。

最后，针对政府官方微博中普遍存在的语言风格不统一、发文身份混乱以及权责不清等问题，“平安肇庆”创造了实名值班制，即每天的微博值班人员在第一篇博文中亮明自己真实的个人身份、贴出图片，以值班人员个人的口吻回答网民的问题。个性化、生活化的语言促进了政民互动，也便于网民监督值班员的工作。

4.4 公安微博运行的现存问题

通过观察分析，本研究也发现了公安微博运行中普遍存在的一些问题。

4.4.1 微博分布不均衡

公安微博开通数量大，但是地理分布、部门分布都不均衡。地理分布上，南方省份开通公安微博更积极；部门分布上，综合性的公安局微博以及派出所微博相对更多，而公安职能部门微博如出入境管理、刑侦、巡警等开通较少。

4.4.2 微博内容及发文方式单一、实用性差

整体而言，公安微博比其他政府部门微博的内容更丰富实用，但是仍有部分公安微博仅被用来发布机构新闻、社会新闻或部门政策规定，而网民真正需要的服务信息和互动却较少，如办事指南、突发事件的答疑解惑等都很少。此外，目前许多公安微博还是主要采用“发”和“转”两种发文方式，尚未充分使用“评”和“回”来真正与网民开展互动和答疑解惑。

4.4.3 微博语言正式刻板，发文口吻混乱

大部分公安微博在发布信息、回复网民提问时仍然采用正式刻板的官方语气，或直接使用官方文件用语，不利于拉近网民与政府的心理距离。此外，部分公安微博存在掺杂个人化信息和发文口吻混乱的现象，如博文中掺杂管理员自己的个人生活经历和感受等，在发文回复时用“我”而不是“我们”；而由团队管理的微博，也存在因值班管理员的轮班而导致发文口吻不一致的问题。

4.4.4 微博更新频率不当

目前许多公安微博存在更新频率不当的问题。一方面，部分政府官方微博更新缓慢。有的一周甚至更长时间内都未发布任何博文，如“山东省交警总队”的一周发文量为0；有的自微博开通以来只有0－2篇博文，如河南省虽然开通微博最多，但有32个公安局微博发表的博文少于2篇（约占河南省公安微博总数的25.8%）；而另一方面，部分公安微博却发文频率过高，造成泛滥，易对关注该微博的“粉丝”造成“骚扰”。

4.4.5 微博实效性和可持续性差

2010年12月底至2011年4月19日，公安微博在公安部长孟建柱的倡导下进展迅速，成绩显著。但在上级压力和个人政绩考量下，新浪微博上已出现了一些“面子微博”、“政绩微博”，即只开设了一个空账号，没有页面建

设，没有内容更新，更没有互动。

4.4.6 部门类微博间缺乏整合和互联

目前公安部门是开通政府官方微博最多的部门，但许多公安微博之间却未能形成互相链接或建立微博群。这不仅不利于各部门间的信息交流和业务协调，也容易给微博用户带来许多不便，网友们如果要想了解某市出入境管理、交警、巡警等方面的信息，就不得不反复地搜索和关注各部门的微博。

5 启示与建议

官方微博正逐步成为公安部门主动发出和传播声音、提供更便捷快速的网络公共服务、促进政民互动的重要平台。公安微博与时俱进，在政府各部门中，不仅开通官方微博数量最多，互动也最为活跃，但在管理中也还存在一些问题。本文根据以上研究发现提出相应建议，希望对公安微博的进一步发展有所助益。

- 根据网民需要积极开通微博，注重分布平衡。目前公安微博在地理和部门分布上的不均衡要求各公安部门根据其业务类型和群众实际需要积极开通微博来拓展信息发布、公共服务和政民互动的渠道。群众在哪里，公安微博就应开到哪里。
- 增强微博互动性。官方微博内容单一、页面呆板、语言刻板、更新缓慢等都不利于拉近政民距离。公安微博必须首先明确自身定位，找准服务的目标群体。作为新兴的网络问政平台，微博与政府门户网站、行政服务中心、行政服务热线、市长信箱等有所不同，其碎片化、即时性、交互性等特征要求政府官方微博能及时提供丰富、可信、实用的信息，用人性化、个性化、生动的语言与网民进行互动沟通，为网民答疑解惑，并向网民采集意见、建议和线索，从而提高自身工作效率和效能。当然，公安微博在互动中也应注意保持适度的更新频率，避免因“泛滥”而造成对网民的“骚扰”。
- 保持微博的可持续性。流于形式的、迫于上级指示或政绩考核压力而开通的“政绩微博”和“面子微博”不仅无助于政民互动，还可能损害政府形象和公信力。因此，公安微博应注重政民互动的实效性，保持运行的可持续性。
- 运用微博关注民声和了解舆情。公安部门抛却其神秘面纱，选择在大众媒体平台上开通微博，就应保持对有代表性的公民微博的随时关注，有效倾听民意，疏解民怨和引导舆论。
- 促进微博间的互联与整合。目前在新浪微博上许多省市已开通了纵向的公安系统的微博群，如北京市、广州省、山西省等，但是还缺乏跨横向职能部门、跨行业、跨地域的微博互联和微博群。开能微博群，不仅可方便网民的信息获取，还有助于实现各地域各层级公安部门间的实时信息互动、交流和协同。

参考文献：

[1] 人民网舆情监测室. 党政机构和官员微博发展报告［EB/OL］.［2011-03-26］. http://news.qq.com/a/20110326/000389.htm.

[2] 正义网络传媒研究院. 政法类微博影响力报告［EB/OL］.［2011-04-11］. http://www.jcrb.com/zhuanti/wb/zfwb/.

[3] 复旦大学“舆情与传播研究实验室”. 中国政务微博研究报告［EB/OL］.［2011-11-09］. http://news.163.com/11/0422/17/728S9KM200014JB5.html.

[4] 新浪. 中国微博元年市场白皮书［EB/OL］.［2011-04-11］. http://www.sina.com.cn.

[5] 张志安. 2011中国政务微博研究报告［J］. 新闻记者，2011（6）：34-38.

[6] 李蒙，田加刚. “你好，公安微博!”专题报道［J］. 民主与法制，2011（3）：6-19.

作者简介

任雅丽，女，1989年生，硕士研究生，发表论文1篇。

中国政府机构微博内容与互动研究

郑 拓

（复旦大学国际关系与公共事务学院 上海 200433
纽约州立大学 Albany 校区政府技术研究中心 纽约 12205）

摘 要 通过案例分析法，选取来自不同层级、不同地区、不同部门的10个政府机构微博开展研究，以探究目前国内政府机构微博的内容与互动现状，具体包括微博信息的发文数量、发布时段、信息内容、信息类别、信息形式、信息来源、信息推送、语言风格、信息相关群体、信息相关层级、网民评论及态度、评论群体类型和评论回复等方面，并在研究基础上提出对策建议。

关键词 政府 机构 微博 内容 互动

分类号 D630.1

1 引 言

政府机构微博可有效提升政府透明度，提供公共服务，并改善政府与民众的互动。本研究通过案例分析法和统计分析法，逐条分析了10个处于不同层级、不同地区、不同部门的政府机构微博的内容与互动现状，并对中国政府机构微博的深入发展提出对策建议。

2 文献综述

国外学者对美国国会议员使用推特（Twitter）的情况进行了分析（Golbeck、Grimes 和 Rogers，2010 年），主要研究对象为国会议员所发布的内容[1]。研究表明，国会议员主要通过 Twitter 来发布有关自己的新闻报道和自己的博客文章，并通过 Twitter 来公布自己的日常活动。研究发现美国国会议员使用 Twitter 并不能提升政府和立法过程的透明性，但也的确提升了公民与国会议员之间直接沟通的便利性。

对于我国政府机构微博的现状和特点，董迎轩（2011 年）认为微博在发布信息、服务便民、解决问题、回应问题等方面发挥着越来越大的作用，并呈现出权威性与时效性、便捷性与草根性、高点击率与实效性、综合性与人性化、互动性与包容性等特点[2]。王斌（2011 年）通过对比国内外政府微博或官员微博发现，我国政府在使用微博态度上过多犹豫，疑虑情结浓厚，患有“网络焦虑症”[3]。杨欣和张雯（2010 年）[4]、蔡晓婷（2010 年）[5]、张兵和张金华（2010 年）[6]等学者分别以玉树地震、富士康员工跳楼等突发性事件为研究案例，研究了微博在突发性事件中的作用。认为在突发性事件中，如果短时间内信息渠道不畅，往往会造成人们的恐慌和谣言的滋生，而微博门槛低、投入成本低、发布和传播信息快、多媒体参与和实时交互等功能，能够极大缩短应对突发性事件的时间，降低缓解突发性事件的成本。

3 研究方法

本研究重点对政府机构微博发布的内容与开展的政民互动进行分析，主要通过案例分析法和观察统计法。通过新浪微博的“名人堂”选取了来自不同层级、不同地区、不同职能部门，且具有很高粉丝量的政府机构微博。最终，从政府、公安、交通、司法和市政等类别中选取了 10 个政府机构微博作为研究对象，分别为“微博云南”、“微博河北”、“微博银川”、“金山传播”、“桃源县人民政府”、“微博宁海”、“四川交通”、“文明合肥”、“湖北省人民检察院”和“平安南粤”。其中，两个为省级政府机构微博，两个为地市级政府机构微博，两个为县市级政府机构微博，4 个为政府职能部门机构微博，覆盖了我国东部地区、中部地区和西部地区。

本研究对 10 个机构微博在“2011 年 5 月 30 日（零时）－2011 年 6 月 5 日（24 时）”这一时段内的内容和互动进行分析，共计 206 条。在借鉴国外类似研究的基础上，根据与上海市区两级约 80 名政府工作人员的 4 次讨论的结果，确定了本研究的内容和分析框架，具体包括政府微博的发文数量、发布时段、信息内容、信息类别、信息形式、信息来源、信息推送、语言风格、信息相关群体、信息相关层级、网民评论及态度、评论群体类型和评论回复等，并通过 SPSS 软件进行描述统计分析与交叉分析。具体研究内容如表 1 所示：

表1　研究框架

研究内容	内　容　描　述
发文数量	在研究观察的7天内微博发布信息的总数
发布时段	分为工作日与非工作日
信息内容	微博信息的内容类型分为政务信息、公共服务信息、新闻报道和互动交流
信息类别	微博信息的时效分为日常类信息、应急类信息和即时类信息
信息形式	政府微薄发布信息的形式分为文字、图片、音乐、视频、链接和表情6种
信息来源	根据信息的来源，分为自发信息、转发信息有评论、转发信息无评论三种
信息推送	政府微博是否利用新浪微博的推送功能（@），并将信息推送的对象区分为个人与机构
语言风格	语言风格分为正式化和人性化，根据语言是否活泼、含有个人感情或使用拟声词和表情等来综合判断
信息相关群体	根据信息内容所涉及的主体，将相关层面分为政府内部、企业、社会组织、媒体、个人和社会
信息相关层级	根据信息内容所涉及的层级，将相关层级分为上级地区、政府或部门信息；本地地区、政府或部门信息；同级其他地区、政府或部门信息；下级地区、政府或部门信息；泛指全国
网民评论及态度	网友对政府机构微博内容做出的评论及其态度，分为积极、消极和参半三类
评论群体类型	对政府机构微博内容给予评论的群体的类型，分为个人网民和机构
评论回复	政府微博对网民的评论做出解释或者回应，并将其态度分为有回应和无回应两类

4　研究发现：描述统计

通过SPSS软件对所收集的内容变量进行描述统计分析，本研究得出以下结果：

4.1　发文数量

表2显示了206条微博信息中来自各个微博的发布量。其中，“微博银川”共发布60条信息，占总体的29.1%，日均8.6条；发布数量最少的为“桃源县人民政府”，发布2条微博。如表2所示：

表 2　发文数量

名称	数量（条）	百分比（%）
微博银川	60	29.1
平安南粤	29	14.1
四川交通	25	12.1
微博宁海	18	8.7
微博云南	17	8.3
微博河北	15	7.3
湖北省人民检察院	14	6.8
金山传播	13	6.3
文明合肥	13	6.3
桃源县人民政府	2	1.0
总计	206	100.0

4.2　发布时段

在 2011 年 5 月 30 日零时至 6 月 5 日 24 时一周内，共有 192 条微博是在 5 天工作日内发布，占总数量的 93.2%，工作日的日均发文量约为 38 条；只有 14 条微博是在两天的非工作日内发布，占总数量 6.8%。表明政府机构微博在非工作日的发文量远远小于工作日发文量。如图 1 所示：

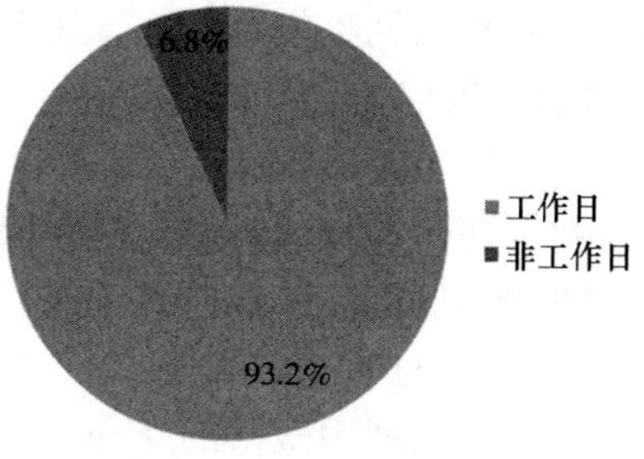

图 1　发布时段

4.3　信息内容

根据每条微博内容的差异，将微博信息内容分为 4 类，即“政务信息”、“公共服务信息”、“新闻报道”和“互动交流”，同一条内容可能涵盖多种类型的内容。其中，“政务信息”涉及政府架构内的事宜和与政府工作相关的非公共服务型信息；“公共服务信息”主要为便民的服务信息，例如天气预报、服务保修、卫生监督等；“新闻报道”涉及近期发生的有关公共事件，没有具体指向；“互动交流”涉及答疑、解释澄清、点评、意见收集等互动内容。研究发现，“政务信息”共有88条，占206条总量的42.7%，“新闻报道”信息有76条，占总量的36.9%，“公共服务”信息有50条，占206条总量的24.3%；“互动交流”信息相对最少，有40条，占总量的19.4%。以上数据表明，政府机构微博发布的更多信息仍然是针对政府自身的政务工作，并非主要针对公众的服务和互动交流。如图2所示：

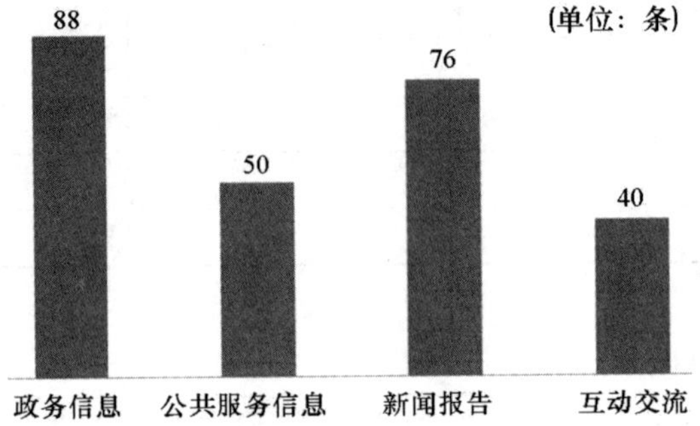

图2　信息内容

笔者又将“互动交流”类40条信息的内容进一步细化，分为“答疑”、“解释澄清”、“建议点评”和“意见收集”4类。其中，“答疑”主要是政府利用微博平台对网民所提问题的回答等；“解释澄清”主要是政府利用微博针对某一问题的解释；“建议点评”主要是政府利用微博平台对某些社会事件或者工作进行第三方的建议和点评；“意见收集”主要是政府利用微博平台对某些工作或者问题收集网民的意见和建议。其中“建议点评”类最多，共30条；“答疑”类内容共5条，“意见收集”类3条，“解释澄清”类2条。从数据中可以看出政府并没有有效地利用微博的互动交流功能。

4.4　信息类别

本文将每条微博信息分为“日常信息”、“应急信息”和“即时信息”三种类型。“日常信息”属于政府定期发布的信息，如政府近期工作、发展情况等；“应急信息”为政府针对应急事件的信息发布，如洪涝灾害、群体性事件等；“即时信息”为政府当天信息的发布或为某项政府活动进行情况的网络直播等。研究发现，“日常信息”数量最多，达到164条，占总量的79.6%。

“应急信息”最少只有 3 条，占总量的 1.5%。如表 3 所示：

表 3　信息类别

信息类别	数量（条）	百分比（%）
日常信息	164	79.6
即时信息	39	18.9
应急信息	3	1.5
总计	206	100.0

4.5　信息形式

笔者在观察过程中，发现微博信息内容共有以下几种发布形式，即“文字”、“图片”、“音乐”、“视频”、“链接”、“表情”，有时一条微博信息采用多种形式发布。其中内容中含有“文字”的微博有 203 条，占总量的 98.5%。含有“图片”、“表情”、“链接”和“视频”的微博分别有 51 条、46 条、35 条和 6 条。研究发现，没有政府机构的微博内容采用“音乐”形式。

4.6　信息来源

本文将信息来源分为三种：①“自发信息”，即政府机构微博自行发布的信息；②“转发信息有评论”，即政府机构微博转发他人或机构的信息，并进行评论；③“转发信息无评论”，即政府机构微博转发他人信息，没有进行评论。如图 3 所示：

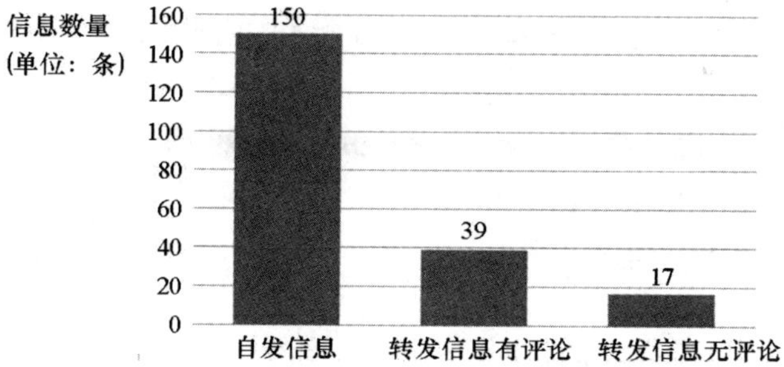

图 3　信息来源

研究发现，“自发信息”数量最多，有 150 条，占总数量的 72.8%。“转发信息有评论”和“转发信息无评论”分别有 39 条和 17 条。

4.7　信息推送

新浪微博有一项应用，即以@加用户名可将信息直接推送给指定用户，实现信息的点对点功能，提升信息传递效率。统计发现，10个政府机构所发布的206条微博中仅有两条微博使用了推送功能，占总量的1%。如表4所示：

表4　信息推送

是否使用推送功能	数量（条）	百分比（%）
是	2	1.0
否	204	99.0
总计	206	100.0

4.8　语言风格

在观察每条微博信息的过程中，笔者根据语言是否活泼、是否含有个人感情或使用拟声词和表情等来综合判断，将微博语言风格分为人性化和正式化两种。其中206条微博中，“正式化”语言风格的微博共有166条，占总量的80.6%；“个性化”语言风格的微博只占总量的19.4%。数据表明，政府机构微博的语言风格比较正式，可能缺少活泼性。

4.9　信息相关群体

根据政府机构微博发布的信息内容，笔者发现有些内容与政府自身有关、有些内容与相关企业有关、有些内容指向个人，有些内容涉及几方面，如图4所示：

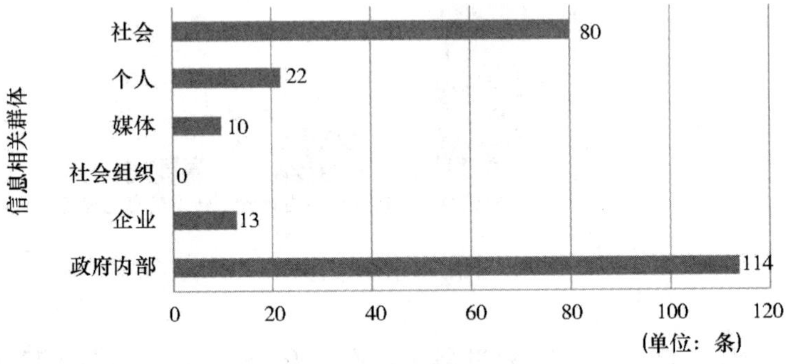

图4　信息相关群体

经研究统计，笔者在206条微博信息中，共有114条与“政府内部”直接相关，其次有80条涉及“社会”层面，涉及到“个人”、“媒体”和“企业”的分别有22条、10条、13条，没有内容涉及到“社会组织。”

4.10 信息相关层级

本文根据政府机构微博发布的信息所涉及的辖区层级的不同，将其分为“上级地区、政府或部门信息”、“本地区、政府或部门信息”、“同级其他地区、政府或部门信息”、“下级地区、政府或部门信息”和“泛指全国”5种。如图5所示：

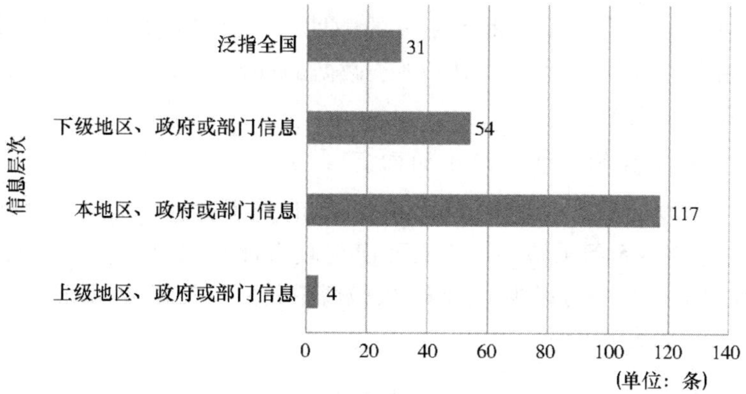

图5 信息相关层级

根据统计观察发现，政府机构微博发布的内容相关最多的为“本地区、政府或部门信息”，共有117条，占总量的56.8%；其次相关最多的为“下级地区、政府或部门信息”，共有54条，占总量的26.2%；再次为“泛指全国”，共有31条，占总量的15%。内容相关“上级地区、政府或部门信息”和“同级其他地区、政府或部门信息”的比较少，其中没有一条内容与“同级其他地区、政府或部门信息”相关（图5中未予显示）。

4.11 网民评论及态度

在观察研究的所有206条微博信息中，共有174条得到网友评论，占微博总量的84.5%。通过观察网友对每条微博信息的回复，其中回复内容明确表现出负面评价的微博共有11条，占174条总量的5.3%，有140条微博得到的回复是积极评价，占68%。如表5所示：

表 5　网民评论及态度

网友总体评价是否负面	数量（条）	百分比（%）
是	11	5.3
否	140	68.0
参半	23	11.2
总计	174	84.5

4.12　评论群体类型

研究还发现，在 174 条得到回复的微博中，有的微博的回复群体同时涵盖从网民和机构两种类型，其中 173 条微博的评论群体为个人网民，有 47 条微博的评论群体为机构。

4.13　政府机构微博对评论的回复

在面对网友的质疑、批评、评论时，政府是否做进一步的解释或者回应？根据观察，共有 45 条微博在评论页面出现政府针对网民或者机构的回应，占总量的 21.8%。其中可以观察到 45 条微博中的回应都比较积极，向网民做出解释和说明。如表 6 所示：

表 6　政府机构微博对评论的回复

政府有无回应	数量（条）	百分比（%）
有回应	45	21.8
无回应	161	78.2
总计	206	100.0

5　研究结果：交叉分析

本文运用 SPSS 进行交叉分析，希望通过分析两个不同因素之间的关联情况，了解分析框架中各个不同研究内容之间的交叉关系，从而深入分析政府机构微博使用现状。

5.1　信息来源和信息相关层级交叉分析

对政府机构微博信息来源与信息所涉及的层级间的相关性分析表明，内容涉及“本地区、政府或部门信息”在“自发信息”中尤为明显，说明政府在主动发布本地信息方面最为积极。如图 6 所示：

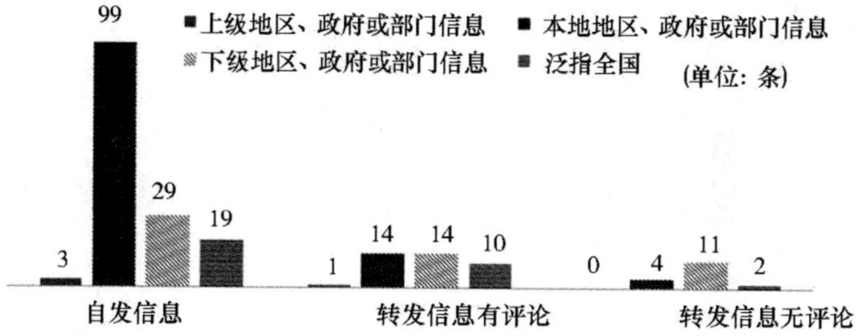

图 6　信息来源和信息相关层级

5.2　信息来源与信息内容交叉分析

信息来源与信息内容间的相关分析表明，在政府机构微博的“自发信息”中，“政务信息”和“新闻报道”信息最多，占政府自发信息的 80%，而“互动交流”信息最少。在“转发信息有评论”的序列中，“互动交流”信息最多，“政务信息”最少，只占 10.4%。在“转发信息无评论”的序列中，“公共服务信息”相较于其他三类较多，占 44%。可见，相比于政府自发信息，政府机构微博转发的信息中有更大比例的互动与公共服务信息。如图 7 所示：

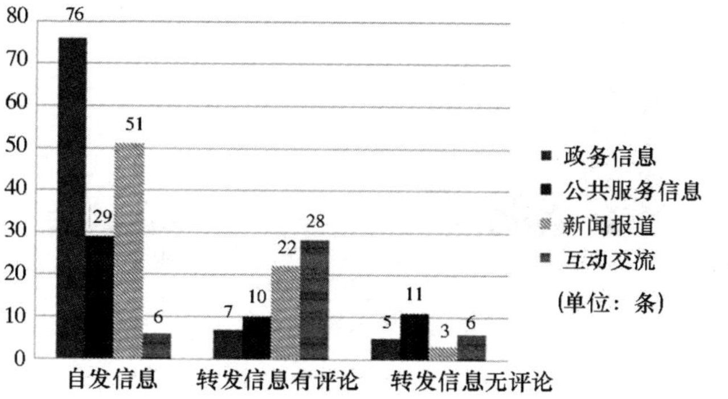

图 7　信息来源和信息内容

5.3　信息类型与信息相关群体交叉分析

在观察到的所有微博信息中，“日常信息”中与“政府”相关的信息数量明显多于数量次之的“社会”。在“即时信息”中，与“社会”相关的信息数量最多。总体而言，大部分“日常信息”多关注于“政府”，即时性和应急性不强；而“即时信息”更关注“社会”。信息类型与信息相关群体的关系，如图 8 所示：

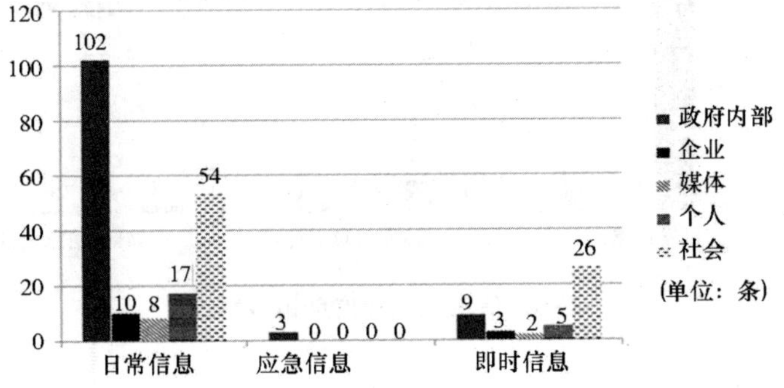

图 8　信息类型与信息相关群体

5.4　信息来源与发布时段的交叉分析

从图 9 可以看出，工作日发布的信息绝大多数为政府微博“自发信息”，占工作日信息发布量的77.1%。而非工作日发布的信息中，“转发信息有评论”却多于其他两种信息来源。

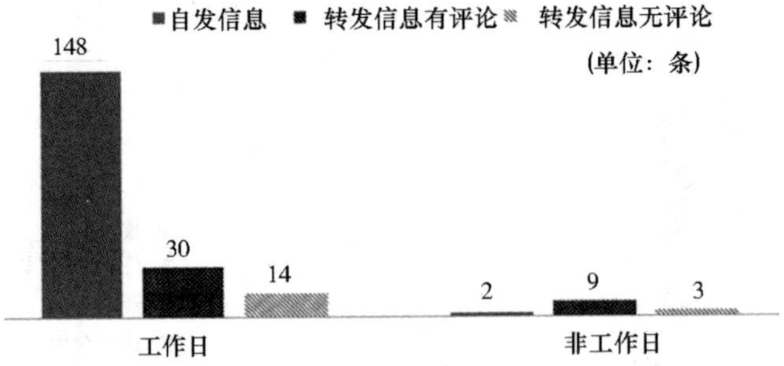

图 9　信息来源与发布时段

6　启示与建议

6.1　政府机构微博的信息透明度有待提升

对于公民而言，政府机构微博能否有效提升政府信息透明度至关重要，研究数据表明，政府机构微博在提升政府透明度方面有待提升。在探讨政府透明度的问题时，有两个概念需要明确界定，即政府透明度和政府宣传的关系。政府宣传是政府将相关信息提供给特定群体，而政府透明度是政府将更为开放透明的信息提供给公民并使公民拥有问政权力。有学者（Ed Felten，2009）曾经指出两者的差别："政府宣传是政府提供的信息，是政府希望公民知道的信息；政府透明度是政府提供的信息是，公民希望得到的信息"[7]。

从目前的统计结果来看，本文将政府机构微博发布的信息内容分为"政务信息"、"公共服务信息"、"新闻报道"和"互动交流"4类。其中"政务信息"和"新闻报道"数量最多。从上文分析得出，"政务信息"和"新闻报道"更多属于政府宣传，是政府网站信息微博化的一种表现形式，并不能有力提升政府透明度，而"公共服务信息"和"互动交流"是公民比较希望得到的信息，在目前的微博实践中，所占数量最少。

6.2 政府机构微博的政民互动水平有待提高

政府机构微博能为政民互动提供新渠道，公民可直接通过微博向政府咨询问政，政府可通过微博即时回复和答疑，降低公民问政成本，提升行政效能和政民互动效果。

从目前实践效果来看，政府机构微博开展的政民互动仍显不足。在本次观察的微博信息中，得到政府回复的信息数只占很小比例。同时，政府机构微博在利用微博功能提升沟通效率方面也有所欠缺，如能提升信息传递效率，实现信息点对点传递的推送功能，但在所观察的206条微博信息中只有两条信息使用此功能。此外，在政府机构微博的所有"自发信息"中，数量最多的为"政务信息"，最少的为"互动交流"，而在"互动交流"信息中，政府对于公民的"意见收集"、政府关于有关情况的"解释澄清"和政府关于有关问题的"答疑"总共只有10条，占总量的0.05%。

政府机构微博自发信息占更大比例表明，政府希望通过微博平台来增强宣传力度和舆论引导，但在"互动交流"过程中，可能为了避免解释不当和"麻烦"，而更多地选择了缄默。只有在"转发信息"中，由于所转发信息与微博平台所属的政府或部门不直接相关，较能发表更多意见。

6.3 政府机构微博内容更多关注政府自身，忽视公共服务

数据统计表明，政府机构微博所发信息过多地关注政府内部，在政府机构微博的"信息相关群体"分析统计中，涉及到"政府内部"的信息最多，而与"企业"、"媒体"、"个人"相关的信息则很少。政府机构微博过于关注政府自身，而忽视政府服务群体，不利于政府与社会各个层面的沟通交流。从政府机构微博所发布的信息内容来看，政府机构微博过多发布"政务信息"和"新闻报道"，缺少"公共服务信息"和"互动交流"；从所发布的信息类型来看，过多发布"日常信息"，缺少"即时信息"和"应急信息"。总之，

目前的政府机构微博更多是用于发布政府日常政务信息和新闻，并没有真正有效地利用微博的即时性、交互性、个性化和传播面广等特点来提供公共服务。

6.4 形式单一，语言风格刻板，出现政府门户网站“微博化”趋向

在微博内容与互动的形式和语言风格上，政府机构微博更多使用文字形式和正式的语言风格，微博呈现出将现有的政府门户网站进行“微博化”的趋向，而未能充分利用微博简单、活泼、草根、互动等自身特性来贴近民众，开展政民互动，从而与政府门户网站实现有效互补。

参考文献：

[1] 蔡晓婷．突发性事件中的微博客传播［J］．新闻爱好者，2010，9（1）：78－79.

[2] 董迎轩．微博：政府发声新路径［J］．新闻战线，2011（7）：68.

[3] Felten E. Government online：Outreach vs. transparency［EB/OL］．［2009－03－25］．http：//freedom-to-tinker. com/blog/felten/government-online-outreach-vs-transparency.

[4] Jennifer G. Justin M G, Anthony R. Twitter use by the U. S. Congress［J］．Journal of the American Society for Information Science and Technology，2010，61（8）：1612－1621

[5] 王斌．政府传播2.0：微博的应用历程与发展理念［J］．新媒体，2011（4）：47－48.

[6] 杨欣，张雯．微博在突发性灾难事件中的传播作用——以“4·14”玉树地震为例［J］．新兴传媒，2010（5）：61－63.

[7] 张兵，张金华．从微博的特点看危机潜伏期政府如何预警——以富士康跳楼事件为例［J］．新闻世界，2010，9（1）：151－152.

作者简介

郑　拓，男，1987年生，博士研究生，发表论文6篇。

香港特别行政区政府应用社会化媒体现状研究

徐慧娜　郑　磊

（复旦大学国际关系与公共事务学院　上海 200433）

摘　要　鉴于 Web2.0 时代社会化媒体迅速普及并在政府事务中扮演越来越重要的角色，运用观察法和二手资料分析，对香港特别行政区政府在五大社会化媒体平台：Facebook、Twitter、YouTube、新浪微博和网志上开设的 44 个政府账户进行观察统计，分析其现状，并为其未来发展提供建议，同时也为中国大陆政府社会化媒体的应用提供借鉴。

关键词　香港　政府　社会化媒体　微博　应用

分类号　D63

社会化媒体作为 Web2.0 时代的重要工具，越来越受到社会各界的关注，中国政府机构和官员也纷纷开设微博账户。然而，目前我国政务微博在管理和运营上仍面临许多挑战。西方国家虽然在使用政务微博方面起步较早，由于东西方在政治体制和文化上的差异，其管理经验难以照搬到中国。而我国香港特别行政区与中国大陆在语言文化等方面相近，同时也是东西方文化的交汇地，国际化程度高，政府应用社会化媒体起步较早，故香港政府使用社会化媒体的经验对中国大陆政府将有较大的借鉴意义。本文通过对香港特别行政区政府机构和官员开通的 44 个社会化媒体账户的观察，分析香港政府应用社会化媒体的现状，并为大陆政府的实践提供参考。

1　文献综述

李全新的调查研究指出了 Facebook、Twitter、YouTube 和新浪微博在单项与双向关系的建立、使用者间关系的亲疏程度、使用者间互动的目的等方面的区别[1]。《哈佛商业评论》2009 年发布的调查也指出了 Twitter 和 Facebook 在信息产生的集中程度上的差别。Thomas Crampton 发现西方视频共享网站 YouTube 和中国的视频共享网站优酷和土豆等相比，在视频的长短、制作水平、网民在网站上消耗的时间等方面差距很大；并且中国的微博客——新浪微博和国外的 Twitter 在开通时间、内容的丰富程度和多媒体的使用上也存在差别，中国尚没有一个公认的覆盖面最广、最具影响力的社交网站[2]。

目前国内学界关于政府如何应用社会化媒体方面的研究尚不多。少量针对这一主题的研究也多侧重探讨在欧美等发达国家，社会化媒体在政治营销和政治选举上的政治传播功能。王璟以 2008 年美国总统大选前民主党内初选为研究对象，从传播学和政治学角度，论述 YouTube 对奥巴马和希拉里在竞争党内候选人时的影响[3]。刘佳指出，美国政治营销的 Web2.0 化，让竞选者们获得了新的力量[4]。金苗则概述了美国国防部应用社会化媒体的发展历程[5]。

2　研究方法

本文从以公共管理学的视角，通过非参与式观察和二手资料分析，对香港政府运用社会化媒体的现状进行研究，对账户所有者、开通时间、总发文数、追随者数量等 14 项内容进行观察，并进行定量和定性分析。

为保证研究对象的真实性和权威性，本文通过香港政府门户网站（www.gov.hk）专门开辟的“社交媒体连结”栏目寻找研究对象，该栏目列举了香港开通社会化媒体账户的政府官员和部门。根据该网站 2011 年 4 月的数据，本文对 14 位香港政府官员和 15 个政府机构在网志、Facebook、Twitter、YouTube、新浪微博等 5 个社会化媒体平台上所开通的总计 44 个账户进行了研究。

本文在参考欧美国家政府应用社会化媒体的使用手册，并综合考虑香港实际情况的基础上，确定了以下 14 项观察内容，通过定量和定性分析，得出研究发现。

- 账户所有者：区分账户所有者是政府官员还是政府机构。
- 社会化媒体的种类：即该研究对象所依赖的社会化媒体平台：网志、Facebook、Twitter、YouTube 或新浪微博。
- 开通时间：即该研究对象开通的时间。笔者将在该社会化媒体账户页面上所能找到的最早发布的一条信息的时间作为该研究对象的开通时间。
- 身份说明：即该研究对象是否表明其作为政府部门或政府官员的身份。
- 头像和标志：即代表政府机构或政府官员的图片或照片，一般显示在账户名称的附近。
- 追随者数量：即追随或订阅政府社会化媒体账户的网民数量。
- 政府关注对象的数量：即政府主动关注的其他网民或机构的数量。

- 政府关注对象的种类：即政府主动关注的对象是其他政府机构或官员、新闻媒体、社会名人、企业公司、普通网民还是平台应用等。
- 总发文数：研究对象从开通到2011年4月20日之间发布文章或信息的总数。
- 发文频率：即该研究对象平均多长时间更新一次内容。发文频率的计算公式为：P（频率）＝（开通日期和统计截止日期之间间隔的总天数）/总发文数。
- 发文内容：即该研究对象发布的信息的内容种类，比如工作相关信息、生活娱乐信息、个人观点等。
- 发文形式：即发文时有无图片或视频。
- 语言种类：即发文所使用的语言种类，包括英文、中文繁体、中文简体。
- 互动性：即研究对象和网民之间是否存在互动，如政府对网民提问的回复等。

3 研究发现

3.1 账户所有者、种类和数量

研究显示，目前香港政府使用最广泛的社会化媒体平台是Facebook和YouTube，且政府官员和政府机构对不同的社会化媒体平台有不同的偏好，政府机构集中在Twitter、YouTube和Facebook上开通账户，而政府官员集中在网志和Facebook上开通账户，如图1所示：

此外，研究发现30%的政府官员和机构开通了两个以上的社会化媒体账户。在这些政府机构和官员中，政府机构占7个，政府官员仅有2人（见图2）。相对于政府官员，政府机构似乎更多地开通了两个以上的社会化媒体账户。

3.2 开通时间和新增账户

早在2006年香港政府就开通了社会化媒体账户，自2009年开始每年新增政府社会化媒体账户数量逐步攀升，2010年是香港政府社会化媒体发展，尤其是机构社会化媒体发展的高峰时期（见图3）。

在2010年新增的账户中，有14个来自政府机构，3个来自政府官员（见表1），政府机构的社会化媒体应用的增长速度似乎明显快于政府官员。2010年开通的账户主要集中在YouTube和Twitter上。由于Facebook页面设计复杂，研究人员难以观察到其最早一篇发文，故此处未将Facebook列入统计。

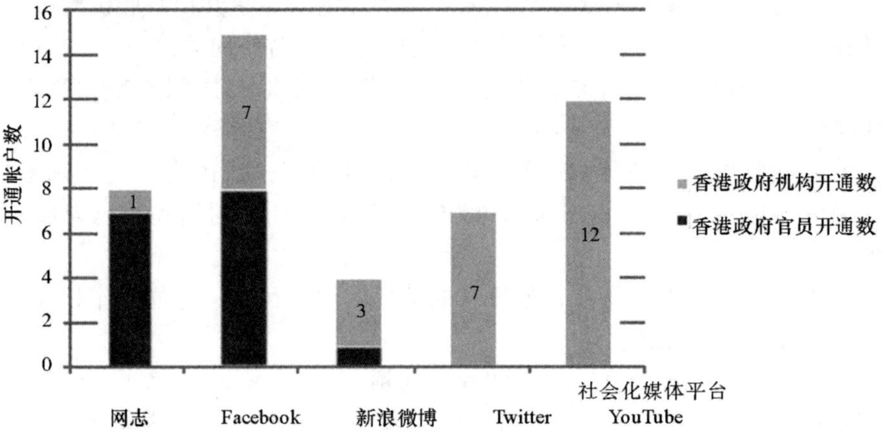

图 1　香港政府官员和机构在不同社会化媒体平台上开通的账户数量

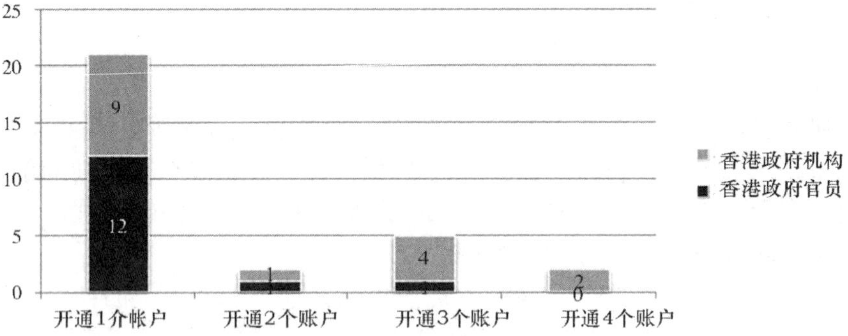

图 2　香港政府官员和机构开通社会化媒体账户的数量

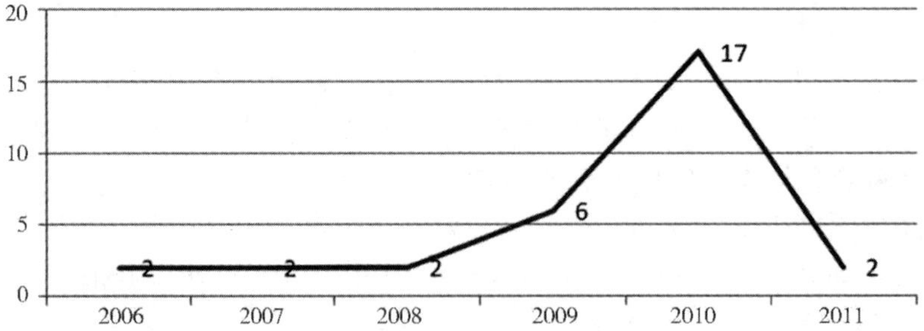

图 3　香港政府年度新增社会化媒体账户数量

表 1　2010 年新增香港政府社会化媒体账户在不同社会化媒体平台上的分布

平台 \ 账户所有者	香港政府官员	香港政府机构	比例（%）
Twitter	0	4	24
新浪微博	1	2	18
YouTube	0	8	47
网志	2	0	11
总计	3	14	100

3.3　身份说明

95%的香港政府账户都能明确地表明自己作为政府机构或官员的身份，仅有5%的香港政府社会化媒体账户未进行身份说明，而这5%均是政府官员在 Facebook 上所开通的社会化媒体账户。

3.4　头像和标志

观察发现，所有的研究对象都有自己独具特色的头像或标志。对政府机构来说，头像多为该机构的代表性标志。对政府官员来说，头像多为官员个人的工作照。

就同一政府官员或机构在多个社交媒体平台上的头像和标志的一致性来说，观察发现有 3 个政府部门（行政长官办公室、香港天文台以及投资推广署）和 1 位政府官员（教育局副局长陈维安）在不同社会化媒体平台上的头像和标志是完全一致的。另有 4 个政府部门（其开设的社会化媒体数量都在 3 个以上）在不同社会化媒体平台上的头像和标志是部分一致的，例如政府青少年网站在 Facebook 和 YouTube 上的头像和标志一致，但在 Twitter 上的头像和标志则不同。另有 1 个政府机构，即香港政府一站通，其头像和标志在 Twitter 和 Facebook 上完全不一致（见图 4）。

3.5　追随者数量

政府账户的追随者数量可表明政府官员或机构账户的受众范围和数量，从而评估该政府账户在网民中的覆盖面和有效性。通过对 36 个香港政府社会化媒体账户的追随者数量（网志由于没有追随者这一功能，故此处不列入统计）的分析发现，78%的政府社会化媒体账户的追随者数量在 100 - 1 000 这个数量级之间，追随者数量小于 100 或超过 1 万的政府社会化媒体账户相对较少。

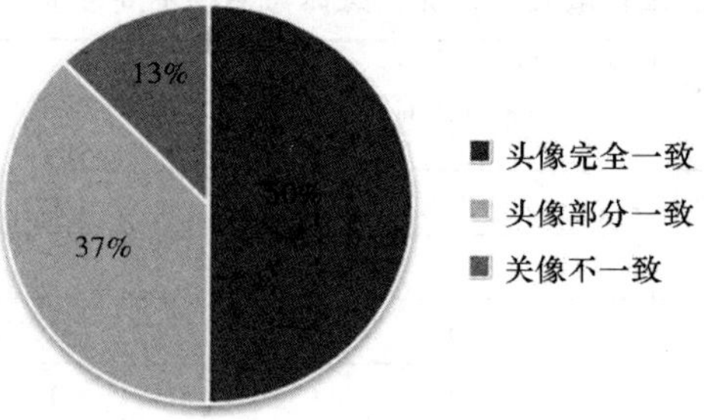

图4　香港政府社会化媒体账户中头像的一致性

3.6　政府关注对象的数量和种类

观察发现，相较于香港政府社会化媒体账户的追随者数量，大部分政府机构或官员主动去关注的账户数量非常少，多为个位数。进一步分析发现，75%的政府机构或官员主要的关注对象是其他的政府机构或官员，仅有25%的政府机构或官员在关注其他政府机构或官员的同时，还关注诸如新闻媒体、社会名人、企业公司、普通网民、平台应用等账户。

3.7　总发文数

总发文数即政府账户从开通到2011年4月20日之间的总发文数。图5显示，香港政府社会化媒体账户的总发文数多在1 000条以下，仅有4个账户的总发文数在1 000条以上，分别由香港电台、廉政公署和政府新闻处（2个）所开设，都是对外宣传性比较强的部门，其中3个分布在YouTube平台上，1个在Twitter平台上。由于Facebook上缺少总发文数的系统统计数据，又难以准确进行人工统计，此处Facebook账户未纳入统计。

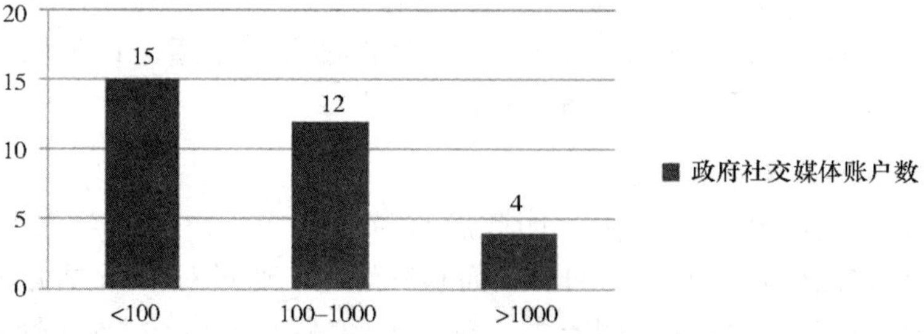

图5　香港政府社会化媒体帐户总发文数

对总发文数和社会化媒体种类进行的交叉分析结果显示，网志平台上

75%的政府账户其发文数低于100；而Twitter和新浪微博平台上，政府账户发文数主要集中在100－1 000数量级；YouTube平台上的发文数在每个数量级分布比较平均，但大部分在100数量级以上。各平台之间存在明显差异，网志上的发文数相对于其他社会化媒体平台较少（见图6）。

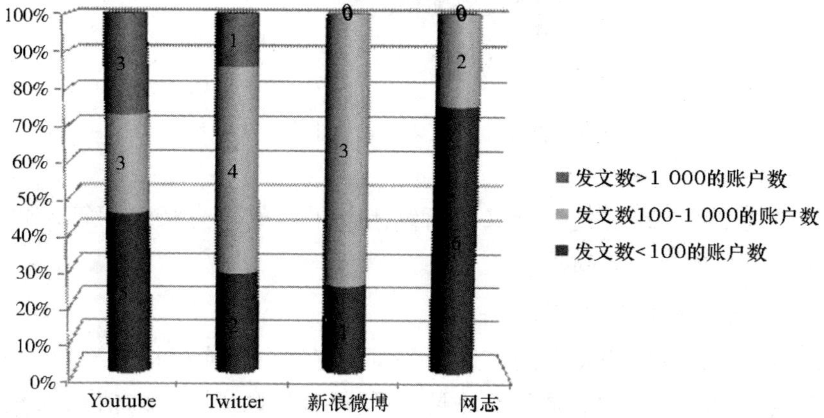

图6　香港社会化媒体账户总发文数和社会化媒体种类

3.8　发文频率

本文对发文频率的计算方法为将某政府账户从开通时间到本文观察时间（即2011年4月20日）之间间隔的天数除以总发文数，得出该政府账户更新一条信息平均所需要的天数：

P（频率）＝（开通日期和统计日期之间间隔的天数）/总发文数

笔者对频率的计算结果进行了分类：①（0－1）表示平均发布一条信息所需的天数不到一天，即每天发布多条信息；②（1－7）表示平均更新一条信息所需的时间为1－7天左右；③（7－30）表示平均更新一条信息所需的时间超过一周（7天），但在一个月之内（按每月30天算）；④（30－50）表示平均更新频率超过一个月但在两个月内。图7显示，超过半数的政府官员和机构能够保证每1－7天进行更新，13%的官员和机构更新较为迟缓。更新最频繁的是政府新闻处在Twitter上的账户，平均每天更新次数达9次，最迟缓的是财经事务及库务局局长在网志上的账户，平均40天更新一次。

本文对社会化媒体的种类和发文频率进行交叉分析后发现，Twitter和新浪微博平台上的更新频率最快，平均每周更新一次；YouTube上更新频率次之，平均每月更新一次；网志的更新频率最为迟缓，50%的网志账户的更新

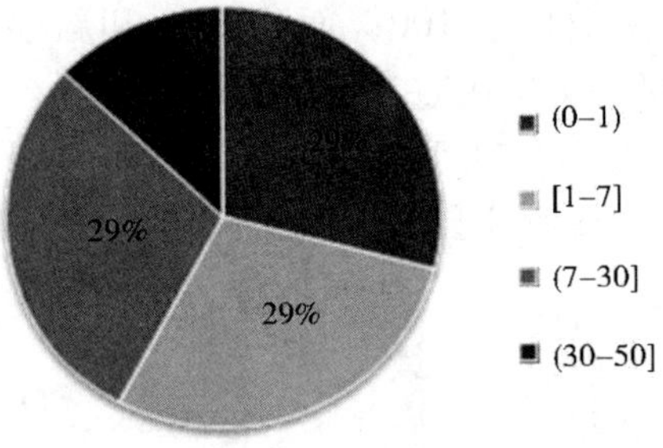

图 7　香港政府社会化媒体账户发文频率

频率为每两个月一次。这一交叉分析结果与平台的自身特性相符，微博的更新频率比一般博客类要高。

3.9　发文内容

观察发现，各账户发布的信息大多涉及官员自身或机构自身的工作信息。政府官员开设的社会化媒体账户，除了发布涉及自身工作的信息之外，同时也发布关于个人生活娱乐和个人观点的信息，在政府官员的 Facebook 账户和网志账户上体现得尤为明显。而政府机构则更多发布与机构本身相关的信息。可能主要由于政府机构账户代表的是权威性的政府机构，故发文内容较为正式；而政府官员账户不仅代表政府官员这一身份，还代表了官员个人，所以也夹杂个人的兴趣爱好、生活资讯等方面的信息。

3.10　发文形式

研究发现，大多数政府官员和机构在发文时多附以图片或视频。在微博客平台上，提供全文链接目前是普遍使用的方法。例如，在 Twitter 上，由于字数的限制，政府官员或机构往往发布一条标题式的文字，然后在文字后提供关于此信息的全文链接地址。在一些没有字数限制的社会化媒体平台上，也出现了标题或简练的内容加链接的发文方式。

3.11　语言种类

图 8 显示，中文繁体是香港政府在社会化媒体上使用最广泛的语言种类。同时使用英文和中文繁体的情况比较多，也有账户同时运用英文、中文简体和中文繁体，较少有账户单独使用英文或中文简体。观察发现，政府社会化媒体账户中使用中文简体作为唯一发文语言的 3 个政府账户无一例外开设在新浪微博平台上，这与新浪微博的用户群主要在中国大陆有关。

研究还发现，有些政府机构（如香港天文台、政府新闻处等）在同一

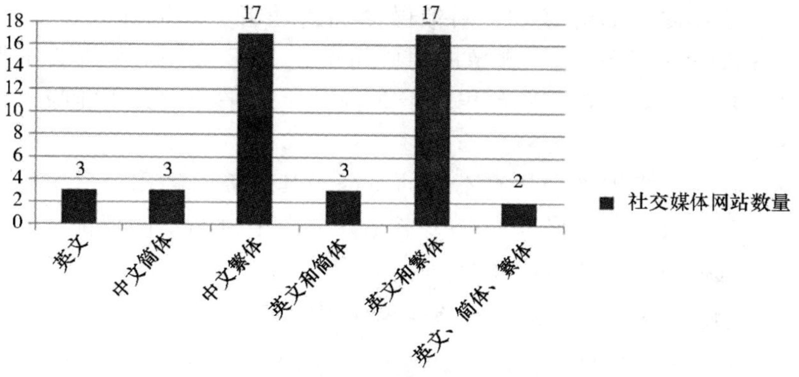

图 8　香港政府社会化媒体账户语言使用情况

个社会化媒体平台上分别开通了中文版和英文版两个账户，这两个账户的更新基本同步，内容基本一致，仅仅是语言的差异。但追溯这两个机构最初的发文情况发现，早期该机构是在同一个账户上同时发布中英文信息，之后才增设了一个账户，将中英文信息分开发布，以满足使用不同语言的用户的需求。

3.12　互动性

本文试图对香港政府社会化媒体账户中政民互动的情况进行观察。但遗憾的是，由于在这些社会化媒体平台上的隐私保护政策，兼之部分互动是通过发私信的方式进行的，故面无法有效地对互动情况进行观察和评估。通过这些账户上可观察到的信息表明，虽然政府机构或官员未对网民的问题逐一回复，但至少存在部分互动。

4　启示与建议

4.1　政府社会化媒体应用方式和效果受到各平台自身特性的影响

以上研究表明，香港政府在各个社会化媒体上的应用和效果略有差异，受到不同社会化媒体平台本身特性的影响。例如，Youtube 平台多以短篇视频为主；Twitter 和新浪微博内容为不超过 140 字的短文，但可以上传视频和图片；Facebook 没有字数限制，主要强调基于实际世界人际关系的互动。网志博客发文多以长篇文章为主，撰稿所需花费的时间相对较长，故而网志这一平台无论是在发文总量还是在发文频率上都较之 Facebook、Twitter、YouTube 和新浪微博等平台低。此外，社会化媒体平台的开放程度对政府的社会化媒体使用有一定影响。研究发现，新浪微博的追随者数量明显高于 Facebook、Twitter 和 YouTube，造成这一现象的原因可能是由于 Facebook 等 3 个平台在大陆无法登陆，故新浪微博平台相较于 Facebook 等平台，其所能吸引的追随者数量偏高。

不同的社会化媒体平台具有不同的特征，其所吸引的用户群也有较大差异，因而，政府机构在开设账户时应当充分考虑平台的不同特征，针对不同服务人群，选择适合本部门特性的平台。

4.2 政府社会化媒体应用方式受到政府官员和机构特性的影响

以上研究表明，政府机构间的职能差异会影响其在社会化媒体上的表现。以发文频率最快的政府新闻处为例，由于其本身就是政府的新闻发布机构，掌握着新闻发布的技能和广泛的信息资源，在社会化媒体上及时发布信息是其强项；而其他政府机构，如香港天文台，其掌握的信息资源比较单一、有限，在发文总量、发文频率、发文内容及发文形式方面都无法和政府新闻处相比。

此外，政府机构较之政府官员更多地开设多个社会化媒体账户，这主要是由于政府机构微博代表一个组织，大多由专门的职员或团队进行社会化媒体账户的日常管理与维护，并有足够的能力和资金开设多个账户。而大多数官员账户主要由官员个人自行维护，管理多个账户势必会增加其账户维护的时间与精力。

因此，由于政府账户所有者在机构特征、信息资源的掌握、发文技巧、人员资金配备等方面千差万别，其在社会化媒体上的表现也将呈现不同特点。政府机构应当根据部门的自身特性，选择合适的社会化媒体使用模式，提升社会化媒体的使用效率。

4.3 政府社会化媒体使用的规范性与一致性有待加强

研究发现，目前香港政府在使用社会化媒体时，在规范性和一致性方面还有待加强，一是表现在政府在社交媒体账户上的身份说明上，目前仍有 5% 的政府账户没有身份说明，缺少必要的身份认证不利于网民识别政府机构或官员，并可能导致该政府账户的权威性和有效性的降低；二是表现在头像的一致性上，目前 50% 开设多个社会化媒体账户的政府机构在不同社会化媒体上的头像或标志是一致的，另外 50% 则不一致。使用相同或相似的头像或标志，有利于保持政府机构标识的一致性和权威性，方便网民对政府机构的识别，加强网民对机构账户的信任。

4.4 政府社会化媒体账户的关注与服务对象应当拓宽

政府社会化媒体开通的目的之一就是拓宽政府提供公共服务和政民互动的渠道，将更多的互动对象囊括进来。上文分析发现，政府账户的追随者数量大多在100以上，多的甚至在10万以上，而政府主动关注的账户数量往往只有个位数，政府账户的追随者数量和政府关注的账户数量之间存在巨大的落差，且政府主动关注的账户类型也非常局限，以政府部门间的互相关注为主，较少涉及到其他如企业、普通网民、公益组织等类型。因此，政府账户应更多地关注各种不同类型的人群，采集舆情，了解民意，为政府决策奠定广泛的民意基础。此外，为了向香港使用不同语言的公众提供均等化的服务和互动，也应实现多语种发文。

5 结 语

随着公民在社会化媒体平台上的参与度越来越高，社会化媒体在公共事务中扮演的角色也越来越重要，政府开通和管理社会化媒体已经成为不可避免的趋势。香港政府社会化媒体的发展近年来较为迅速，取得了许多经验。

中国大陆政府对社会化媒体的应用刚刚起步，管理经验缺乏，可以借鉴香港的应用经验。首先，大陆政府可同时应用不同类型的社会化媒体平台，不同的社会化媒体平台拥有不同的受众，使用多种社会化媒体平台有利于实现服务和互动的均等化。其次，大陆政府应根据社会化媒体平台的不同特征，结合政府机构自身的特性，选择适合本部门的社会化媒体平台，最大程度地发挥平台的优势。再次，政府应更多地通过关注普通网民或其他各类账户，了解民生。最后，随着中国大陆国际化程度的不断提高，在提供服务时也应当考虑使用多种语言，以满足在中国工作、生活和旅游的外国人的需求。

参考文献：

[1] 李全兴．新浪微博 vs Facebook——谈社会化媒体与社交网络［J］．［2011－06－02］．http：//www. inside. com. tw/2011/05/01/social_ network_ vs_ socialmedia.

[2] Thomas Crampton. Social media in China：The same，but different［EB/OL］．［2011－05－20］．http：//www. thomascrampton. com/china/social- media- china- business-review.

[3] 王璟．网络视频对于政治选举的影响［D］．上海：上海交通大学，2009.

[4] 刘佳．社会化媒体与政治的关系——以美国大选奥巴马获胜为例［J］．青年记者，

2009（2）：20－21.
［5］ 金苗．国防部2.0——美军社会化媒体对外传播路径［J］．对外传播，2010（10）：48－49.

作者简介

徐慧娜，女，1988年生，硕士研究生。

郑　磊，男，1974年生，讲师，数字与移动政务实验室主任，发表论文近30篇。

政府公职人员微博接受意愿的影响因素研究*

关　欣　张钟文　张　楠　孟庆国

（清华大学公共管理学院　北京 100084）

摘　要　对政府公职人员微博接受意愿的影响因素进行实证研究，结果表明：政府公职人员的微博接受意愿会受到主观人文认知和客观技术环境两个层面的影响；感知风险对于微博接受意愿的负向影响最为显著；绩效期望、付出期望、便利条件、信任网络、社会影响这些要素对微博接受意愿均存在显著正向影响。

关键词　微博　政府公职人员　接受意愿　影响因素

分类号　C931.2

微博作为崭新、便捷的网络应用形式，以其即时通讯、互动分享的传播特征和实时性、现场感的播报魅力，不断超越着传统媒体，成为当下人们最为热衷和推崇的社交工具。截至 2011 年 6 月底，我国微博注册用户数为 1.95 亿，半年的用户增长率达 208.9%，使用率也从 13.8% 提升至 40.2%，成为现今增长速度最快的互联网应用。

微博开创了网络时代人们沟通交流的新途径，促进了信息在社会各阶层的快速流动，赋予了民众更多知情权和话语权，同时也变革着政府社会管理与公共服务方式。

截至 2011 年 3 月 20 日，全国范围内共有实名认证的政务机构微博 1 708 个，政府官员的微博 720 个，覆盖我国大陆所有省级行政区域[1]。我国政府机构和官员开设微博仅是初现端倪，注册用户较少，这种依托网络信息技术的社会管理和公共服务手段能否发挥理想效用，不单单要凭借技术优势，还

* 本文系国家自然科学基金青年项目“Web 2.0 环境下小众文化网络群体交互影响与价值产生机理研究”（项目编号：71102010）、教育部人文社科研究青年基金项目“我国电子治理战略的演进机理、推进路径和实施策略”（项目编号：12YJC630055）和中国博士后科学基金资助项目“物联网时代我国电子政务推进路径分析与实证研究”（项目编号：20100480020）研究成果之一。

需要更多公众能够接受。政府公职人员作为政务微博的使用者，是微博价值实现链条中最为核心和关键的一环，是考查微博实用效果的基点与立足点[2]。此群体的微博接受度会影响到政府部门整体的微博使用行为和效果。

据不完全统计，我国拥有政府公职人员（行政机关、政党机关和社会团体的工作人员）约 1 053 万人[3]，而目前实名认证的政府机构微博和官员微博仅约 2 428 个，占总体微博用户的十万分之一。政府公职人员对于使用微博缺乏足够热情和动力，思想意识无法紧跟时代需求，与我国国家层面所倡导的利用信息技术手段创新社会管理、提高对虚拟社会管理水平的宗旨相悖，不符合领导人前瞻性的方针指引。因而，政府目前很难抓牢微博这一社会管理创新的利器来实现将“微博”建设成为政府公开信息、搜集社情民意、倾听百姓呼声的全新媒介的目标愿景。

所以，政府很有必要了解政府公职人员对于微博的接受（使用）意愿、偏好和认知，掌握影响此群体微博使用意愿的关键性因素，激励和规范此群体的微博使用行为。这些举措可为日后开设机构微博时率先对此群体进行推广和营销，激发其使用意愿打下基础，从而保障政务微博传播和使用效能。

根据上述问题，本文尝试辨析影响政府公职人员微博接受意愿的影响因素，分析其影响机理，探寻激发此群体微博使用意愿和使用行为的方法途径，希冀为今后我国政府部门推广和应用微博创新社会管理实践提供科学的理论参考。

1　文献回顾与理论基础

1.1　微博的相关研究

1.1.1　微博与社会管理创新

胡锦涛总书记在 2011 年 2 月社会管理及其创新专题研讨班开班式上提出要“进一步加强和完善信息网络管理，提高对虚拟社会的管理水平，健全网上舆论引导机制”，同年的“七一”讲话中也反复强调了社会管理创新问题。温家宝总理在 2010 年 3 月第十一届人大三次会议中提出了“创造条件让人民批评政府、监督政府，同时还要充分发挥新闻舆论的监督作用，让权力在阳光下运行”的执政理念。2011 年 3 月第十一届人大四次会议上，也有代表提出如何赢得庞大的微博群体，引导公众舆论的议题。周永康同志在 2011 年指出“要顺应社会信息化的新形势，把广泛运用现代信息技术作为加强和创新社会管理的有效手段，提升社会管理信息化水平。[4]”在中央的“十二五”规划中也用了整页篇幅来论述社会管理创新问题。可见，国家层面目前高度重视社会管理创新。

信息时代对政府的社会管理方式构成了挑战，网络民意表达、网络监督、网络民间舆论所催生的公民集体行动的增加，都在挑战着缺乏透明性、互动性、回应性的传统社会管理方式[5]。处于网络时代和信息社会中的微博对于社会管理的促进作用和优势得到了充分体现：①微博尽显网络政治动员力量。利用互联网的技术平台，微博在网络虚拟空间有意图地传播针对性的信息，诱发意见倾向，获得人们的支持和认同，号召和鼓动网民在现实社会进行政治行动，从而扩大自身政治资源和提高政治行动能力[6]。②微博推动公民社会走向成熟。微博极大地促进了信息公开和事件处理，影响着事件的发展，成为公众表达意见、网络问政、参与社会管理的重要平台。其在推动着公民社会走向成熟的同时，也对公民权力起到了有效的监督制约作用，增进了政府社会管理与决策的科学民主性[7]。

1.1.2 微博的公众接受

国内外关于微博的研究起步于2007年，学者们从新闻传播学角度分析了微博应用背景及相关技术等[8-10]。也有学者针对Twitter等微博平台进行介绍，探讨其兴起、发展、运营、前景等问题[11]。

公众接受性研究是技术与公共管理科学的交叉研究课题，以公众与技术间的相互作用关系为研究对象，其目的在于通过研究公众的风险意识特点，最终缓解技术发展与社会发展之间的可能冲突[12]。目前，有关新媒体的公众接受性的研究主要集中在博客和虚拟社区方面，探究了特定在线行为的用户态度等[13]。对于微博媒体则仅是探索了其公众特征。

相比时下微博如火如荼的发展形势，相关研究探索显得波澜不惊。大多研究是基于理论层面的讨论，缺乏有效引导实践的量化测度研究，缺乏对微博公众接受性的实证性探索。

1.2 建模的相关理论

1.2.1 技术采纳与利用的整合理论（UTAUT）

借鉴技术采纳（TAM）、理性行为（TRA）、计划行为（TPB）、创新扩散（IDT）、社会认知（SCT）等经典理论模型，Venkatesh、Morris和Davis在2003年提出了“技术采纳与利用的整合理论（unified theory of acceptance and use of technology）”，构建了UTAUT模型。该模型提出了4个核心构念“绩效期望（performance expectancy）、努力期望（effort expectancy）、社会影响（social influence）和便利条件（facilitating conditions）”，用以衡量用户对新信息技术的认知与应用。

目前，国内外学者关于 UTAUT 的研究涉及了电子政务等众多领域[14-17]。相关研究显示，UTAUT 对用户使用行为的解释力高达 70%，相比过去所知的任何一个模型都更加有效[18]。鉴于 UTAUT 的高效解释性，本文选取 UTAUT 模型探析微博作为新媒体技术客观层面为公众体验带来的影响。

1.2.2 信任理论（trust）

信任是一种甘愿暴露弱点的心理状态，这种状态主要是基于信任者对被信任者的意图和行为的积极期望，即期望被信任者未来的意图和行为都不会损害信任者的利益[19]。随着网络的迅猛发展，研究者们开始认识到信任在网络情境中的重要作用。

“信任”与“信息技术采纳”有着密不可分的联系。很多研究认为“信任因素在电子政务采纳中起着关键性作用”[20-24]。微博作为“人－机－人”形式网络交互平台与电子商务、电子政务平台同样蕴涵众多人文特征，因此，其接受意愿会受到个体主观“信任”的影响。

1.2.3 感知风险（perceived risk）

感知风险是指用户在尝试使用某种产品或服务的过程中，由于无法预知决策结果而必须面对的一种不确定性以及其行为所导致的负面影响的严重程度[25]。这一概念由 Bauer 于 1960 年提出，并引入市场营销的研究中。此后，“感知风险”也被广泛应用于信息技术采纳、网络行为、决策支持等许多研究领域。

“感知风险”已被研究证实与“接受意愿”有直接影响关系[26]。然而，关于“感知风险”与“接受意愿”的关系，学者们的研究结论并不一致。有的研究证实“感知风险”与顾客（用户）的“接受意愿”呈负相关关系，也有研究发现“感知风险”与“接受意愿”两者之间并不存在显著关联[27-29]，还有研究将“感知风险”进行分类，多维度探讨风险对于接受意愿或行为的作用关系[30]。

在以技术为主导的网络通讯环境中，出现损失或不良后果后由谁来负责总是显得很不明朗，因此，公众会对使用微博的风险存在担忧。本文认为“风险感知”将是影响公众接受意愿的重要因素。

2 微博接受度模型的构建与假设提出

2.1 微博接受度模型的构建

微博作为网络信息发布平台首先具备显著技术特质，同时产生大量用户交互行为，又拥有了显著人文特性。鉴于微博的技术特质和人文特性，本文开展微博接受度模型的构建。首先，本文引入“UTAUT”模型，选取“绩效期望、付出期望、社会影响、便利条件”用以解读微博作为信息技术手段被政府公职人员群体广泛接受的客观层面的影响因素。其次，本文融入“风险”和“信任”理论，选取了“感知风险、信任倾向、信任网络”三个变量来辨析政府公职人员微博接受意愿的主观层面的影响因素。

本文以UTAUT模型为基础，结合信任理论、风险理论，细化和分析客观（技术和环境）层面和主观（人文认识）层面的控制变量，提出微博接受度模型（microblogging acceptance model），见图1。

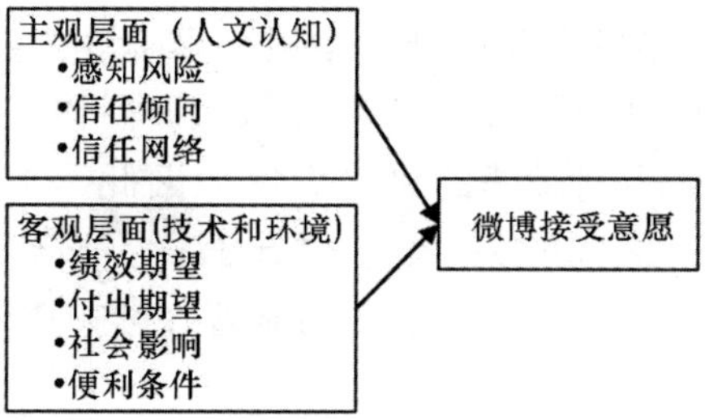

图1　微博接受度模型

2.2　假设的提出

依据构建的微博接受度模型，提出本文的研究假设，如图2所示：

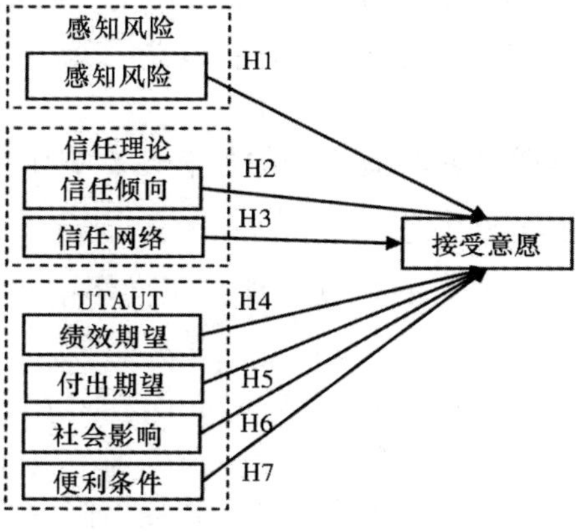

图2　研究假设

2.2.1　感知风险与接受意愿

网络行为常常伴随有未知风险，因此用户在网络行为决策采纳时会对风险进行认知，寻求各种方法来防范风险。一般情形下，若其他因素不变，决策者会偏好风险较低的方案。也就是说，如果微博能够为人们提供相对其他网络平台更为安全、稳定的操作环境，更为和谐、宽松的交流空间，那么人们所感知的风险就会减弱，接受微博的意愿就会强烈。因此，本研究选取测量“感知风险”与“接受意愿”之间的关系，并提出假设：

H1：感知风险对接受意愿具有负向的显著性影响作用。

2.2.2 信任倾向与接受意愿

信任体现了信任者自身的心理主观倾向，即信任倾向（disposition to trust，简称DT）。由于微博在我国处于发展起步阶段，公众对于微博所能提供的信息和服务仍缺乏来自使用经验的理性认知。所以，在这一阶段个人主观的信任倾向很可能会影响到微博的接受意愿。因此，本研究选取测量“信任倾向”与“接受意愿”之间的关系，并提出假设：

H2：信任倾向对接受意愿具有正向的显著性影响作用。

2.2.3 网络信任与接受意愿

信任是社会网络关系的粘合剂。以往的研究表明“网络信任”是影响网络服务采纳的关键因素[31]。网络信任主要包括用户对安全和隐私两方面的感知[31-32]。如果人们认为在网络环境中不能够安全和切实地交互信息，存在隐私暴露和安全威胁问题时，即对网络信任程度很低，则会倾向选择不使用。反之，如果人们很信任网络，继而信任微博环境，则会倾向选择使用微博。因此，本研究选取测量“网络信任”与“接受意愿”之间的关系，并提出假设：

H3：网络信任对接受意愿具有正向的显著性影响作用。

2.2.4 绩效期望与接受意愿

用户使用新技术，其带来的绩效表现会正向影响个体对此项技术的接受意愿[33-34]。UTAUT模型在解释信息技术接受意愿时，“绩效期望”被看作是最有力的预测工具。如果用户在使用微博时获得了较高绩效，用户则会认为微博能够帮助解决实际问题，继而增强接受意愿。因此，本研究选取测量“绩效期望”与“接受意愿”之间的关系，并提出假设：

H4：绩效期望对接受意愿具有正向的显著性影响作用。

2.2.5 付出期望与接受意愿

学习和使用一项技术需要付出的努力会影响到用户对其接受意愿[34-35]。无论用户所接触的微博是简单易学，还是指令繁复，都需要投入心力与花费时间去理解和记忆。所以，用户会在认知层面对其努力付出加以评判，进行技术采纳的取舍。感知易用的操作是激起用户接受意愿的基本条件，需要用户付出越少努力的信息系统，越可能被使用者所接受[36]。因此，本研究选取测量“付出期望”与“接受意愿”之间的关系，并提出假设：

H5：付出期望对接受意愿具有正向的显著性影响作用。

2.2.6 社会影响与接受意愿

“社会影响”由主观规范、社会因素和形象决定[34,37]。首先，个体通常会在意社会或他人是否认为其应该进行某一行为；其次，在特定社会语境中，个体行为会参照群体的文化和认同；最后，个体也会希望通过尝试创新变革或新鲜事物来提升自己在社会中的形象与地位。对于微博用户来说，他们会受到特定人群的感觉、思想和行为的影响，在选择使用微博前必定会先观察其他人的行为和态度来决定自身采纳与否。因此，本研究选取测量“社会影响”与“接受意愿”之间的关系，并提出假设：

H6：社会影响对接受意愿具有正向的显著性影响作用。

2.2.7 便利条件与接受意愿

“便利条件”是能够帮助使用者更方便使用技术的客观环境因素[37]。微博便利条件是指使用微博时得到的技术辅助，也可以描述为保障用户顺利使用微博所需的资源条件和技术支持等。目前，移动设备和无线网络可为微博使用提供极大便利，增强用户的微博接受意愿。因此，本研究选取测量“便利条件”与“接受意愿”之间的关系，并提出假设：

H7：便利条件对接受意愿具有正向的显著性影响作用。

3 实证分析

3.1 数据采集和问卷设计

本文结合前人研究成果，经过预实验调研，确定了微博接受意愿的探索性因子分析的测量量表，并据此确定了用于探索性因子分析的调研问卷。

问卷中的大部分研究构面（construct）的测量都借鉴已有的成熟量表[20-21,34,38]并结合微博情境进行改进，题项采用五级 Likert 测量标准衡量。问卷初稿设计完成后，选取清华大学公共管理学院的 21 位 MPA 学员为代表进行了预实验。根据预实验的反馈对问卷中的题项进行调整，最终形成了正式问卷。

本研究选取的最终调研对象为清华大学公共管理学院 MPA 4 期集中授课

班的684名学员，他们来自全国19个省份，为中央部委、公安、民政、审计、税务等多个部门的政府公职人员。学员们在指定的时间和地点集中填写了调研问卷。正式调研共回收642份问卷，其中498份问卷有效。基于采集的498组数据样本，本文开展了实证分析。

调研样本中，113位政府公职人员已经开通和使用过微博，占样本总数的22.7%，其中仅有16人经常性地使用微博，且均未实名注册，占样本总数的3.2%。没有开通微博的人员共有385位，占样本总数的77.3%。在没有开通微博的样本中，15.3%的学员表示对于微博并不了解，34.3%的学员表示日后很愿意开通和尝试使用微博。

3.2 变量度量

变量的度量是为确定实证检验测量工具的效度和信度。本文研究的8个变量在操作性定义及衡量方法上采用了国内外现有文献研究中公认度较高的量表，再根据本研究目的加以修改，作为实证研究的测量工具。

本研究采用SPSS 17.0软件计算克朗巴赫系数（Cronbach's α），用来检验问卷设计量表的信度。经检验，本研究量表的8个因子的Cronbach's α值均大于0.7，说明问卷量表具有较好的内部一致性信度，如表1所示：

表1 量表的信度及效度分析结果

潜在变量	测度指标	因子载荷	组合信度（CR）	平均获取变异量（AVE）	Cronbach's α
感知风险（PR）	PR1	.817	.834	.629	.717
	PR2	.740			
	PR3	.830			
信任倾向（DT）	DT1	.707	.847	.654	.785
	DT2	.881			
	DT3	.853			
信任网络（IT）	IT1	.921	.978	.957	.967
	IT2	.918			
绩效期望（PE）	PE1	.870	.896	.742	.829
	PE2	.668			
	PE3	.788			

续表

潜在变量	测度指标	因子载荷	组合信度（CR）	平均获取变异量（AVE）	Cronbach’s α
付出期望（EE）	EE1	.823	.945	.810	.922
	EE2	.879			
	EE3	.906			
	EE4	.817			
社会影响（SI）	SI1	.879	.902	.697	.855
	SI2	.867			
	SI3	.764			
	SI4	.685			
便利条件（FD）	FD1	.864	.885	.658	.829
	FD2	.761			
	FD3	.681			
	FD4	.645			
接受意愿（UI）	UI1	.668	.889	.728	.831
	UI2	.882			
	UI3	.773			

本研究采用因子分析法（factor analysis）来验证问卷的效度。数据检验的KMO（Kaiser- Meyer- Olkin）值为0.826，大于0.5，表明数据适合进行因子分析（见表2）。研究采用主成分分析和正交旋转法分析出了8个特征值大于1的因子，累计解释方差达到75.962%。因子结构清晰，每个观测变量在单一因子上负载较高，均超过0.6，表明研究采用的量表具有较好的聚合和区分效度（见表1）。

表2　KMO 和 Bartlett 的检验结果

取样足够度的 Kaiser-Meyer-Olkin 度量		.826
Bartlett 的球形度检验	近似卡方	3928.586
	自由度（df）	325
	统计显著性（Sig.）	.000

3.3 结构化方程验证

本文采用结构方程方法，应用 SPSS 17.0、Amos 7.0软件，对提出的理论假设及结构模型的拟合程度进行实证检验。检验结果表明，设计的结构方程模型的拟合度较好，提出的7条假设中6条假设通过验证，1条假设未通过验证（见图3）。

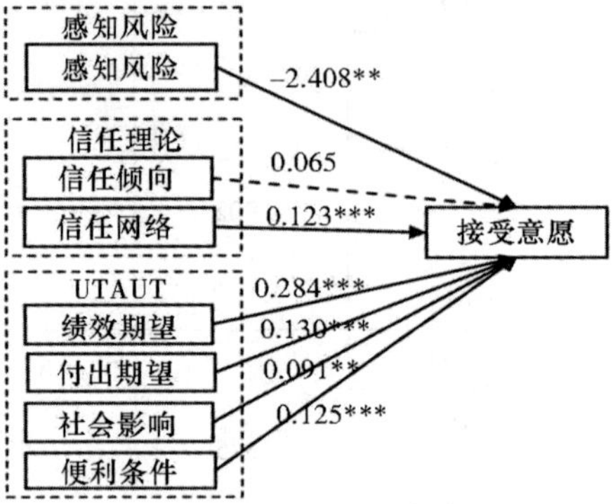

图3 模型检验结果

本文选取了具有较好稳定性的指标来评价结构方程模型的拟合性，见表3。

各类拟合指数均达到或接近建议值，表明本研究提出的结构模型与实际数据拟合良好，可以用于验证研究假设。

表3 模型总体拟合检验

拟合指标	指标值	拟合情况
卡方自由度（Chi-square/df）	2.296	介于1－3之间，拟合适度
拟合优度指数（GFI）	0.826	越接近于1，拟合较好，建议>0.8
近似误差均方根（RMSEA）	0.072	越接近于0，拟合越好，建议<0.08
调整的拟合优度指数（AGFI）	0.781	越接近于1，拟合越好，建议>0.8
标准拟合指数（NFI）	0.843	越接近于1，拟合越好，建议>0.9
相对拟合指数（CFI）	0.904	越接近于1，拟合越好，建议>0.9
增量适合度指标（IFI）	0.905	越接近于1，拟合越好，建议>0.9

3.4 假设检验

假设检验结果如表4所示：

表 4　假设检验结果

假设	关系	路径系数	P 值	结果
H1	感知风险→接受意愿	-0.284	**	支持
H2	信任倾向→接受意愿	0.065	.674	不支持
H3	信任网络→接受意愿	0.123	***	支持
H4	绩效期望→接受意愿	0.284	***	支持
H5	付出期望→接受意愿	0.130	***	支持
H6	社会影响→接受意愿	0.091	**	支持
H7	便利条件→接受意愿	0.125	***	支持

注：* 号表示 0.1 的显著性水平，** 表示 0.05 的显著性水平，*** 表示0.01的显著性水平。

前述 7 条假设，除 H2 没有通过检验，其余均通过了检验。

假设 H2 讨论的是“信任倾向对接受意愿具有正向的显著性影响作用”。检验结果表明信任倾向与政府公职人员微博接受意愿相关系数为 0.025，$p = 0.674 > 0.1$，没有通过显著性水平检验，因此假设 H2 未能通过验证。

3.5　研究结果

检验结果显示，除“信任倾向”要素外，“感知风险”、“信任网络”、“绩效期望”、“付出期望”、“社会影响”和“便利条件”这些要素对于“接受意愿”的影响关系均通过了检验。其中，感知风险对于微博接受意愿的负向影响最为显著。其他测度要素对于微博接受意愿也均起到显著正向相关作用，作用强度从大到小的排序为：绩效期望、付出期望、便利条件、信任网络、社会影响。

4　结论分析

● 政府公职人员的微博“接受意愿”会受到主观人文认知和客观技术环境两个层面的影响。

本文验证了政府公职微博接受意愿会受“主观人文认知”和“客观技术和环境”两个层面的影响。“风险感知”和“网络信任”两方面因素勾勒了主观层面人文认知对于接受意愿带来的影响；“绩效期望”、“付出期望”、“社会影响”和“便利条件”4 方面因素诠释了客观层面技术和环境对接受意愿带来的影响。

● “感知风险”对于政府公职人员群体的微博接受意愿存在的负向影响最为显著，说明该群体最为关注和担忧的是微博使用所带来的风险。

微博使用在言论发表、规范管理、网络安全等方面都存在风险。风险包含了信息泄露（高密级信息、账号信息等）、意见失衡（表达迥然、意见无序等）、恶意攻击（言语攻击、哄客围观、非法入侵等）、回应懈怠（官僚化的网络回应等）、不实传播（不实信息及碎片信息等在平台上传播）等。如何防范和管控微博使用可能带来的风险，如何避免微博中出现盲从围观、谣言谩骂充斥等现象，成为政府开展虚拟社会管理首先要思考的问题。相关问题的解决有助于弱化政府公职人员对于微博使用的风险感知，促进该群体的微博使用行为。

• “绩效期望”、“付出期望”、“便利条件”这些要素对于政府公职人员群体的微博接受意愿存在的正向影响也较为显著。说明该群体还比较关注微博自身存在的客观优势，包括微博的实用性、易用性和便利性。

去除使用风险的顾虑，政府需要注重对群体开展微博实用性、易用性和便捷性的宣传、培训和讲解活动。在日后推行政府机构微博时，为调动该群体使用微博的积极性，政府需要注重机构微博的实用功能、易用操作、便利准入方面的建设。

• “网络信任”、“社会影响”这些要素对于政府公职人员群体的微博接受意愿存在正向影响，但影响程度较小。说明增强网络信任性和调动来自社会网络的积极影响在一定程度上可以激发该群体的微博使用意愿和行为。

——网络信任的影响。信任网络可以增进人们对于微博的接受意愿。近年来，政府不断加大对网络安全问题的集中治理力度，网络安全诚信问题有了明显改善，但形势依旧严峻。仅 2011 年上半年，遇到过病毒或木马攻击的网民达 2. 17 亿人，遇到过账号或密码被盗的网民达 1. 21 亿人，遇到过消费欺诈的网民达3 880万人[39]。可见网络环境的确不容乐观，难以得到公众信任，这成为当下网络环境治理最棘手的问题。网络安全诚信问题的解决会促进政府公职人员对于网络环境的信任，进而激励群体的微博使用行为。

——社会影响的触及作用。人们生活在社会网络中，思想和行为会受到社会网络的影响。对于微博而言，来自社会网络的邀请以及示范效用，加之名人效用等都会对微博的宣传推广起到助推作用。多重社会影响会为用户造就新奇感，尝鲜的意识驱动着人们使用微博。因此，为鼓励政府公职人员的微博使用意愿和行为，政府需要注重社会层面的影响，调动来自社会网络的积极作用。

——“信任倾向”并未被证实对政府公职人员的微博“接受意愿”具有正向相关作用。

人们在日常生活交往中会对身边的人或事物具有信任的倾向，这种主观的信任倾向会对现实世界中的消费或使用的态度、行为产生很大影响。但这种信任倾向很难蔓延至虚拟网络，因为人们通常难以对看不见、摸不着的人或事产生较多信任倾向，因此也难以验证源自现实世界的信任倾向会对人们的网络行为意愿产生正向影响。

5 对策建议

通过实证研究得出的相应结论进行分析，本文提出以下激励政府公职人员微博接受意愿和使用行为的对策建议：

5.1 提高政府公职人员的媒体应对能力，提升政府网络舆情的引导、防范和管控能力

- 强化理性认知和理性应对新媒体环境下的网络舆论和社会情绪。包括：帮助政府公职人员理性认知微博平台，熟悉和体验微博的环境与运作，了解微博的传播规律和特征，减少陌生感知和风险担忧；建立网络舆情防范和疏导机制，帮助政府公职人员以及公众理性应对网络舆论和社会情绪。

- 建立应急措施和规范问责机制，营造和维护和谐的网络环境。包括：出台或完善有关法律法规、监管体系，建立网络群体性事件的预警和应急方案，规范相应问责机制；保障政府、企事业单位、行业协会和社会公众多方有序参与，共同维护安全、稳定、健康的网络环境。

- 增强用户的道德自律意识和媒体的自律发展，强化媒体及用户的信息辨识和应用能力，强调信息传播与推广的责任意识，加强网络文明和行为规范建设。

5.2 政府机构微博的建设需注重功能实用、易于操作、便利准入，避免其异化成为政府工作平台

- 注重微博实用功能的建设和拓展，突出高绩效性。满足政府的行政办公需求，与政府日常的收发公文、政策制定、应急管理等工作相结合；满足广大公众日益增长的政府信息需求和良久性的政民互动交往的意愿。

- 注重微博操作的易用性，突出友好性——以降低用户使用所花费的时间和精力为目标，强调为行政办公、政民互动提供简单易行和迅捷便利的实施平台及表达形式，突出微博的方便易用性。

- 注重微博的便利推行和准入，突出便捷性——应配备强大的专业团队来运作机构微博，负责平台维护，建立管理和运行机制，制定突发事件应对预案，编制使用指南或手册，开展操作培训和对外宣传等工作；提供完备的信息资源、高性能便携的技术设备及网络环境。

5.3 建立网络综合管控体系和防范机制，以保障网络使用环境的安全诚信

网络安全诚信问题影响着政府公职人员的微博使用意愿和行为。其受到来自科技、社会、法制等多方面因素的制约，因此需要政府管理部门、互联网相关企业和全体网民协同行动，从完善网络安全保障机制、加强网络安全防护体系、提升网民网络安全诚信辨别能力等重要环节出发，建立综合管控体系和防范机制，以打造可以信赖的网络环境。

5.4 注重做好微博的宣传、讲解、培训、推广工作

政府需要注重社会网络对于政府公职人员微博使用意愿和行为的影响，努力做到：关注、学习和宣传运营良好、效果卓著的政府机构微博和官员微博；深化和推广利用信息技术创新社会管理的行政理念；强调微博对于推动社会“法治”建设的积极效用。

参考文献：

[1] 张志安，贾佳．中国政务微博研究报告［J］．新闻记者，2011（6）：34－39.

[2] 迪金森，米哈里德拉纳斯．受众研究读本［M］．林耐，单波，译．北京：华夏出版社，2006：73.

[3] 王健，金今花．中国公务员是多还是少［J］．世界知识，2005（9）：47.

[4] 周永康．加强和创新社会管理，建立健全中国特色社会主义社会管理体系［J］．求是，2011（9）：5－11.

[5] 何增科．中国社会管理体制改革路线图［J］．北京：国家行政学院出版社，2009.

[6] 娄成武，刘力锐．论网络政治动员：一种非对称态势［J］，政治学研究，2010（2）：74－86.

[7] 张立新．让微博成为创新社会管理的利器［J］．领导之友，2011（9）：43－44.

[8] 刘箐箐．微博客碎片化沟通时代来临［J］．计算机世界，2009（10）：1－2.

[9] 李开复．微博：改变一切［M］．上海：上海财经大学出版社，2011：192.

[10] Massoudi K，Tsagkias M，Rijke M D， et al. Incorporating query expansion and quality indicators in searching microblog posts［J］. Lecture Notes in Computer Science Advances in Information Retrieval，2011（4）：362－367.

[11] Jansen B J，Zhang M，Sobel K，et al. Twitter power：Tweets as electronic word of mouth［J］. Journal of American Society for Information Science and Technology，2009，60（11）：2169－2188.

[12] 时振刚，张作义，薛澜，等．核电的公众接受性研究［J］．中国软科学，2000（8）：71－75.

[13] 陈姣娥，王国华．网民政策态度形成机制研究——从“网议宁波”说起［J］．中

国软科学，2010（5）：57－64.
［14］ Yao Y R，Murphy L. Remote electronic voting systems：An exploration of voters′perceptions and intention to use［J］. European Journal of Information Systems 2007，16（2）：106－120.
［15］ Loo W H，Yeow P H P. User acceptance of Malaysian government multipurpose smartcard applications［J］. Government Information Quarterly，2009，26（2）：358－367.
［16］ Lee J，Rao H R. Task complexity and different decision criteria for online service acceptance：A comparison of two e-government compliance service domains［J］. Decision Support Systems，2009，47（4）：424－435.
［17］ Chan F K Y，Thong J Y L，Venkatesh V，et al. Modeling citizen satisfaction with mandatory adoption of an e-Government technology［J］. Journal of the Association for Information Systems，2010，11（10）：519－549.
［18］ 孙建军，成颖，柯青. TAM模型研究进展——模型演化［J］. 情报科学，2007（8）：1121－1127.
［19］ Rousseau D M，Sitkin S B，Burt R，et al. Not so different after all：A cross-discipline view of trust［J］. Academy of Management Review，1998，23（3）：393－404.
［20］ Carter L，Bélanger F. The utilization of e-government services：Citizen trust，innovation and acceptance factors［J］. Information Systems Journal，2005，15（1）：5－25.
［21］ Bélanger F，Carter L. Trust and risk in e-government adoption［J］. Journal of Strategic Information Systems，2008，17（6）：165－176.
［22］ Gefen D，Rose G M，Warkentin M，et al. Cultural diversity and trust in IT adoption：A comparison of potential e-Voters in the USA and South Africa［J］. Journal of Global Information Management，2005，13（1）：54－78.
［23］ Teo T S H，Srivastava S C，Jiang L. Trust and electronic government success：An empirical study［J］. Journal of Management Information Systems，2008，25（3）：99－132.
［24］ Colesca S E，obrica L. Adoption and use of e-government services：The case of Romania［J］. Journal of Applied Research and Technology，2008，6（3）：204－217.
［25］ Xiao B，Benbasat I. E-commerce product recommendation agents：Use，characteristics，and impact［J］. MIS Quarterly，2007，31（1）：137－209.
［26］ Huang E，Chuang M H. Extending the theory of planned behavior as a model to explain post-merger employee behavior of its use［J］. Computer in Human Behavior，2007，23（1）：240－257.
［27］ Kim K K，Prabhakar B. Initial trust and the adoption of B2C e-commerce：The case of lnternet banking［J］. Database for Advances in Information Systems，2004，35（2）：50－64.
［28］ Corbitt B J，Theerasak T，Han Yi. Trust and e-commerce：A study of consumer perceptions：electronic commerce［J］. Research and Applications，2003，2（3）：203

-215.
[29] Pavlou P. Consumer acceptance of electronic commerce: Integrating trust and risk with the technology acceptance model [J]. International Journal of Electronic Commerce Research and Applications, 2003, 7 (3): 101-134.
[30] Forsythe S M, Shi B. Consumer patronage and risk perceptions in internet shopping [J]. Journal of Business Researeh, 2003, 56 (11): 867-875.
[31] Horst M, Kuttschreuter M, Gutteling J M. Perceived usefulness, personal experiences, risk perception and trust as determinants of adoption of e-government services in the Netherlands [J]. Computers in Human Behavior, 2007, 23 (4): 1838-1852.
[32] Bélanger F, Hiller J, Smith W J. Trust worthiness in electronic commerce: The role of privacy, security, and site attributes [J]. Journal of Strategic Information Systems, 2002, 11 (3): 245-270.
[33] Chau P. An empirical assessment of a modified technology acceptance model [J]. Journal of Management Information Systems, 1996, 13 (2): 185-204.
[34] Venkatesh V, Morris M G, Davis G B, et al. User acceptance of information technology: Toward a unified view [J]. MIS Quarterly, 2003, 27 (3): 425-478.
[35] Gefen D. Ecommerce: The role of familiarity and trust [J]. The International Journal of Management Science, 2000, 28 (6): 725-737.
[36] Davis F D. Perceived usefulness, perceived ease of use, and user acceptance of information technology [J]. MIS Quarterly, 1989, 13 (3): 319-340.
[37] Thompson R L, Higgins C A. Personal computing: Toward a conceptual model of utilization [J]. MIS Quarterly, 1991, 15 (1): 125-143.
[38] Fu J R, Farn C K, Chao W P. Acceptance of electronic tax filing: A study of taxpayer intentions [J]. Information & Management, 2006, 43 (1): 109-126.
[39] 中国互联网信息中心. 第28次中国互联网发展状况统计报告 [OL]. [2011-07-30]. http://www.cnnic.net.cn/dtygg/dtgg/201107/t20110719_22132.html.

作者简介

关　欣，女，1981年生，助理研究员，发表论文20篇；张钟文，女，1988年生，博士研究生，发表论文6篇；张　楠，女，1978年生，助理研究员，发表论文30余篇；孟庆国，男，1969年生，教授，发表论文60余篇。

“微博问政”现象的实证研究*

——基于新浪微博的分析

赵国洪　陈创前

（华南农业大学公共管理学院　广州 510642）

摘　要　选取新浪微博为研究对象，探究我国“微博问政”的现状。分别从微博基本信息、使用状况、问政互动状况三个方面对新浪微博的624个政务微博进行跟踪考察，旨在对“微博问政”进行基于数据的、全局性的描述分析，探讨“微博问政”的广度、深度和效度，指出我国当前“微博问政”存在的问题与发展方向。

关键词　微博问政　政务微博　新浪微博　互动

分类号　C939

1　前　言

2008年被称为“网络问政元年”，各地政府、官员开始通过政府网站、博客、网络论坛试行网络问政。2009年微博以互联网的新生代形式出现，对社会发展和公共议题的影响逐渐显现，成为网络问政最具潜力的新途径，以致2010年被称为“微博问政元年”，在全国各地刮起了“微博问政”的新风。

微博，即微博客（microblog）的简称，是一个基于用户关系的信息分享、传播及获取平台，用户可以通过Web、Wap及各种客户端，在个人微博上发布140字以内的文本消息及图片、影音等多媒体内容。所谓“微博问政”，是网络问政的一种新的发展形式，是指公共管理机构及其官员以微博为平台问政于民，与民互动。用微博进行政府宣传、表达政府立场，用微博与民互动，已成为越来越多公共管理机构和政府官员的选择。“微博问政”的现象自2010年起引起了国内一些学者的关注，但现时的研究缺乏对此现象进行量化

* 本文系2010年国家社会科学基金项目“网络舆情与群体性事件预警机制研究”（项目编号：10CZZ020）研究成果之一。

的实证分析。

2 研究对象的选定

2009 年 8 月，新浪微博内测版成为国内第一家提供微博服务的网站。2010 年，人民微博、搜狐微博、网易微博、腾讯微博等开始内测[1]。笔者对这 5 大微博网站进行比较分析，发现新浪的政务微博在数量和分类上最具代表性，而且实行身份认证制度，故本文选取新浪微博为研究对象。国内主要微博网站的政务微博数量及特点见表 1。

表 1 国内主要微博网站的政务微博数量及特点

微博门户	政务微博数量（个）	主要特点
新浪微博	624	数量多，单独分类，领域和地区覆盖面高，机制发育较完善
人民微博	51	政治色彩浓厚，无单独分类和搜索功能，仅以首页推荐的形式罗列
腾讯微博	87	主要覆盖 QQ 用户，以公安微博为主
搜狐微博	小于 10	无单独分类，分插在各个领域分类当中
网易微博	未知	无分类，无搜索功能

注：数据截至 2011 年 1 月 25 日。

新浪的政务微博分为实名认证和非实名认证两类。实名认证的微博其博主真实身份经新浪网验证后向公众公开；而非实名认证的微博则未经验证，难辨其身份的真伪。为确保研究的有效性，本文仅以新浪微博广场“名人堂”栏目“政府官员”模块中的 624 个实名认证微博为研究对象，并将其分为公共机构微博和官员微博两部分。从微博基本信息、使用状况、问政互动三大方面进行考察，旨在对“微博问政”进行基于数据的、全局性的描述分析，探讨“微博问政”的广度、深度和效度。

3 数据统计与分析

3.1 政务微博的基本情况

3.1.1 地域分布

我国“微博问政”的发展状况首先体现在其地域的覆盖面上。新浪网 624 个政务微博在地域上几乎遍布全国各省、市、自治区，其中，开博数量前 5 位的省、市基本集中在东部地区。在西部地区中排名最前的是云南省，可能是云南省高级官员（伍皓）的政务微博起到一定的示范作用。政务微博的地域分布如图 1 所示：

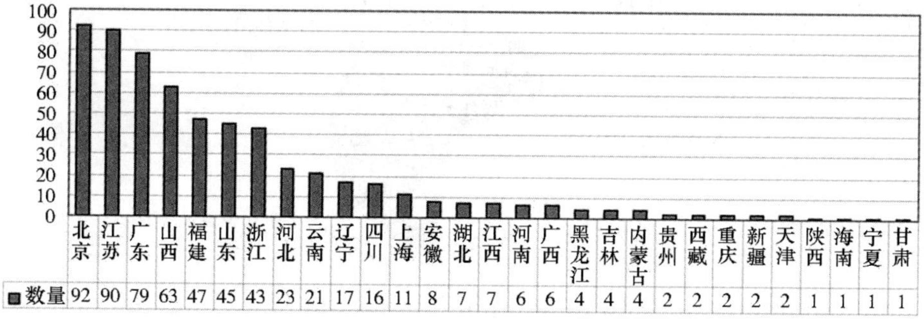

图 1　政务微博的地域分布

3.1.2　政务微博的身份类型

624 个样本微博中，其中公共机构微博 383 个，官员微博 241 个。开通微博的公共机构大致归为 5 类：①政法公安；②政府行政部门；③事业单位（主要是工会、妇联、共青团、消协等具有行政性质和行业指导性质的单位）；④政党机构（包括各民主党派）；⑤涉外机构（指我国驻外机构、港澳台及国外公共机构）。其中 79% 是政法公安类组织，这主要是因为广东肇庆市的“平安肇庆”微博取得成功后，各地公安机关相继开通微博，其中不乏行政手段助推的痕迹。各类机构所占比例如图 2 所示：

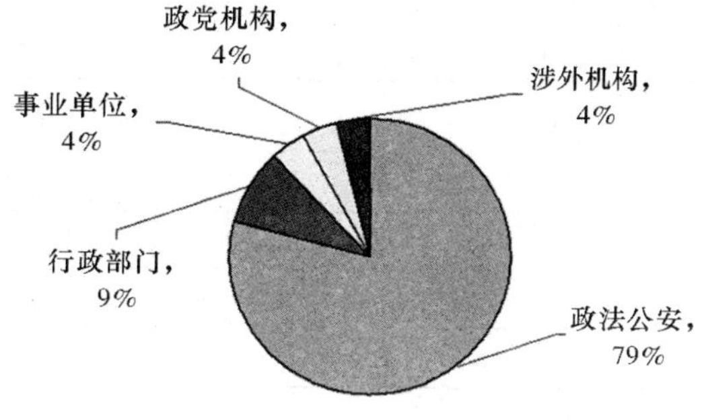

图 2　开通微博的公共机构类型

由于官员在微博注册信息中大多未提供其职务和级别，故仅对官员所在机构进行统计分析。241 个开通微博的官员，其所属机构基本上遍及所有公共机构类型，如图 3 所示：

官员微博一般声明仅代表个人立场，其微博用语相对于公共机构微博而

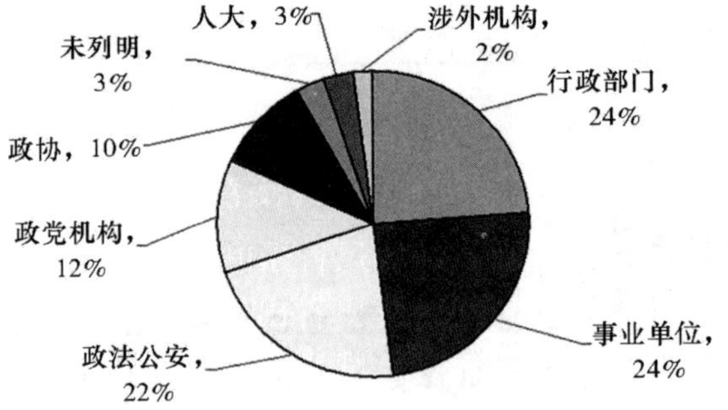

图 3　微博官员所属机构类型

言更平民、更友善，在政民互动中更显优势。然而，官员微博的数量少于公共机构微博，这很大可能是出于“言论责任追究到个人”的顾虑以及“网络恐惧”心理，绝大多数官员选择不开微博或不进行实名认证。

3.1.3　微博博龄与数量增长趋势

笔者利用新浪“微博分析家”工具对政务微博进行博龄（指开通微博的天数）和增长趋势分析，如表 2、图 4 所示：

表 2　政务微博博龄

博龄（天）	0 - 110	110 - 220	220 - 330	330 - 440	440 - 539
人数	62	272	113	104	73
比例（%）	9.79	43.66	18.14	16.69	11.72

注：数据截至 2011 年 2 月 17 日。

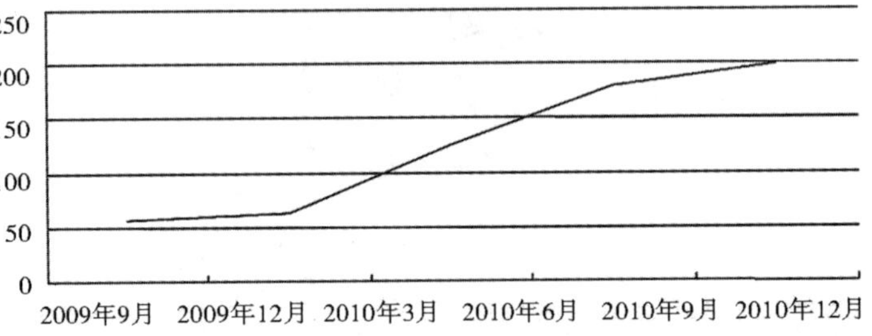

图 4　政务微博数量季度增长趋势

由表 2、图 4 可知，我国“微博问政”发展的大致时间脉络：①在新浪微博上线运营的前半年（2009 年 9 月至 2010 年 3 月），只有少量（不足 100）

乐于接受新生事物的公共机构和官员开通微博；②2010 年 1 月至 3 月“两会”期间，微博的增长速度明显加快，掀起了“微博问政”的热潮；③“两会”后（2010 年 4 月至 6 月），仍有部分公共机构和官员开通过微博，但增幅减缓；而到了 2010 年 9 月，部分政务微博更逐渐归于沉寂。政务微博似乎后劲不足，有学者将其原因归纳为“先天诚意不足，后天发育不良”，网络问政机制尚未形成[2]。

3.1.4 微博主页信息

微博主页信息是指博主在个人主页信息栏填写的公开信息。博主填写信息的完整度反映出博主开博的诚意度。笔者随机抽取约 10% 的样本即 60 个政务微博作为固定考察对象。首先统计这 60 个样本微博主页的信息完整度，如表 3 所示：

表 3 政务微博主页信息完整度

项目	实名昵称	实名认证原因	个人资料	博客链接	个人介绍	个性域名	自己的标签	关注的话题	加入的微群（平均）
总数（个）	49	60	18	23	25	17	31	0	36
比例（%）	81.67	100	30.00	38.33	41.67	28.33	51.67	0	0.6

表 4 反映出微博主页的信息完整度状况：①新浪网规定，实名认证的微博应“使用实名，且为最被公众熟知的姓名或称谓”。81.67% 的样本使用实名昵称，然仍有 18.33% 的微博使用“来至远方”、“瑟瑟琴音”等非实名昵称。②实名认证原因的填写率达到 100% 的比例，但其中不乏“政府工作人员”、“山东干部”、“旅游专家”等模糊称谓。③个人资料、博客链接、个人介绍、个性域名、自己的标签等内容填写率偏低。④没有一个样本通过“关注的话题”来了解网友的意见和建议，显示其对微博的基本功能了解不足。⑤在对微博新功能“微群”的使用上，每个样本平均仅加入0.6个微群，显然偏少。

3.2 政务微博的使用状况

3.2.1 微博活跃度

对 60 个样本所发的微博数量统计，共得 10 221 条，平均每人发博 170.35 条。但从分布来看，样本微博中，发文超过 500 条的只有 6 个，而超过半数微博发文不足 100 条，如图 5 所示：

新浪网根据微博用户的发文活跃度颁发不同级别的勋章。对 60 个样本进

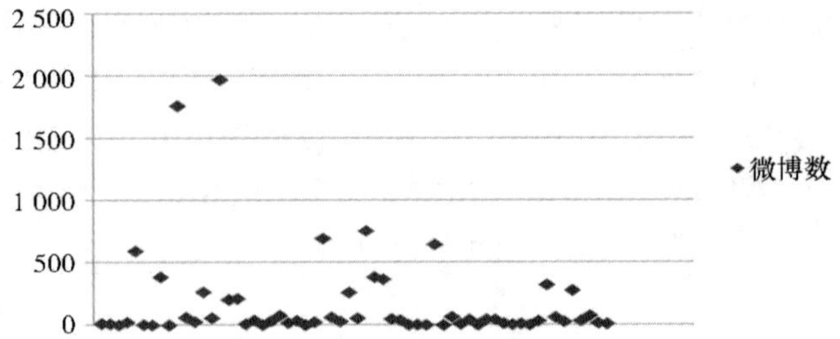

图 5　样本微博数量分布

行微博勋章统计，共有 17 个勋章，平均每人获得 0.28 个勋章。从数据结果看，高达 71.67% 的样本连 1 级微博控勋章的标准都达不到，如表 4 所示：

表 4　新浪各级微博勋章指标及 60 个样本微博所获勋章数

勋章级别	指标要求	60 个样本微博所获勋章	
		人数	比例（%）
1 级“微博控”	连续 3 天发原创微博	5	8.33
2 级“微博控”	连续 10 天发原创微博	4	6.67
3 级“微博控”	连续 20 天发原创微博	6	10
4 级“微博控”	连续 100 天发原创微博	2	3.33
5 级“微博控”	连续 500 天发原创微博	0	0
“最爱沙发”、“呼风唤雨”、“手机达人”	连续 1000 天发原创微博	0	0
	合计	17	28.33

3.2.2　微博更新频率和原创度

笔者在 2010 年 9 月对 624 个政务微博样本进行持续 30 天的观察。根据跟踪记录，在这 30 天内，624 个政务微博共发文 7 193 条，平均每天 239.77 条，每人日均 0.38 条，即平均每人每 2.63 天发 1 条微博。

微博原创度（原创微博的条数和所占比例）可反映公共机构和官员“微博问政”的主动性和努力度。在这 30 天中，每天随机选择时间点，把该时间点的首页微博（每页平均约 40 条）进行留存和分析，共收集微博样本 1 163 条，其中原创微博 950 条（占 81.7%），转发微博 199 条；平均每天原创微博 31.67 条，转发 6.63 条；平均每人每天原创微博 0.81 条，转发微博 0.17 条，说明政务微博的原创度还是相当高的。

3.2.3 多媒体扩展

多媒体拓展主要考察博主对微博技能的掌握程度。由于微博受 140 字的字数限制，博主需要懂得嵌入图片和视频、外连链接等技能才能对某个主题进行深入的讨论。笔者对 1 163 条样本微博分析发现：①链接微博共 135 条，占 11.61%，其中链接指向博主所在单位或当地政府网的有 84 条。②图片微博共 107 条，占 9.20%，但其中 29 条所配图片与微博内容无关。③视频微博共 3 条，仅占 0.26%，且均为转发微博，视频为原微博所附带。可见，大多数政务微博未掌握微博的多媒体扩展功能，只是简单停留在 140 字以内的文字描述。

3.3 问政互动状况

3.3.1 关注偏好

在新浪微博中，博主可以对其关注的他人微博进行收藏。笔者对 60 个样本进行"关注"统计，发现样本微博共关注 15 883 人，平均每个微博关注 264.7 人。考虑到关注人数较多，较难直接分析样本微博的关注偏好，本文假定：一般地，碰到自己关注的话题、感兴趣的内容、认为有必要分享给粉丝或加以评论的内容，博主会在其微博中进行转发。在此假设上，使用新浪微博"微博小分析"工具，对被样本微博转发的博友进行分析。结果发现，2011 年 2 月 9－27 日的 19 天内，在被转发次数最多的前 20 名博友中，17 人与博主在同一个行政部门或行政系统，2 个是大众媒体的微博，1 个是新闻资讯类微博，这在一定程度上反映了政务微博博主主要关注与其相类的群体。

3.3.2 博主对网友的回应度

新浪微博网站对回复网民的微博均标注"回复"二字。笔者以"回复"为关键词对 2010 年 9 月共 30 天的 7 193 条微博进行搜索，共得"回复" 509 条，即每 100 条微博中仅有 7 条是回复网友的。每人日均回复 0.027 条，即约每 40 日回复 1 条微博。

笔者还对微博数和回复数进行了相关性分析，以考察微博数与回复数之间的关系。在 Excel 中输入 2010 年 9 月每天的微博数和回复数，共 30 组 60 项数值。使用皮尔生（Pearson）乘积矩相关系数公式 $r = \frac{n(\sum XY) - (\sum X)(\sum Y)}{\sqrt{[n\sum X^2 - (\sum X)^2][n\sum Y^2 - (\sum Y)^2]}}$ 进行计算，得出 $r = 0.543\ 355$。这说明政务微博每天的微博数和回复数有微弱的正相关关系。

3.3.3　微博粉丝分析

对60个样本微博进行“粉丝”统计，共有粉丝835 004人，平均每个微博有粉丝13 916.7人，反映了网民对政务微博的关注度普遍较高。为进一步了解这些关注者，本文使用新浪微博“微分析”工具随机抽样了5 000个粉丝进行统计分析，结果如图6所示：

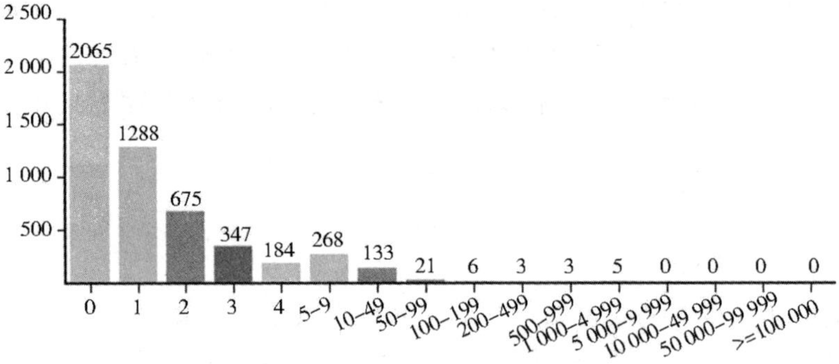

图6　样本微博粉丝数目

横轴为关注者的粉丝数，竖轴为该类关注者数量。从图6可以看出，粉丝数0－10个的关注者共有4 827人，占样本数的96.54%；其中粉丝数为0的关注者有2 065个，占样本数的41.3%；按照网络上“僵尸粉”① 的定义，本文推测政务微博的“僵尸粉”可能占其粉丝数的35%－90%。

3.3.4　网友对政务微博的响应度

微博被网友转发和评论的数量体现了微博的吸引力和网民的响应度，同时也是反映互动程度的一个重要指标。笔者所抽取的1 163条样本微博，被转发数为11 555次，日均转发385次，平均每条微博被转发10次；被评论数为9 890次，日均评论329次，平均每条微博被评论8次。由此可见，公众对于政务微博的关注度以及参与度均较高。

4　“微博问政”的广度、深度和效度分析

科恩在《论民主》一书中提出，衡量现代社会公民政治参与的尺度应当包括广度、深度与效度三个方面[3]。其中，广度是数量范畴，由公民是否普

① 所谓“僵尸粉”，是指微博上有名无实的虚假粉丝，其主要特征为无（或少）粉丝、无（或少）内容，它们通常是由系统自动产生的恶意注册用户。“僵尸粉”基本只关注经过实名认证的用户。

遍参与来确定；深度属于质量范畴，由公民参与是否充分来确定；效度是效能范畴，由公民参与解决问题的影响度来确定[4]。下面笔者对“微博问政”的广度、深度和效度进行分析和评价。

4.1 “微博问政”的广度

• 在参与数量上，在新浪微博中参与“微博问政”的政府机构仅383个，官员仅241个，这对于我国庞大的政府机构和官员数量来说，可谓沧海一粟。值得指出的是，官员微博的博主中有不少虽为人大代表、政协委员，但其主要身份是娱乐明星、企业家等非政治身份，其微博的主要内容也并非问政，而多是与政治无关的个人兴趣或其圈内新闻。

• 在参与层次上，政务微博主要集中在市、县两级政府机构。在地域上，东部沿海和中部相对发达地区的政务微博占70%以上，原因可能是这些地区的政府机构和官员思想相对较为开放，加上网民数量较多，足以在微博形成问政环境所致。

• 在参与时间上，政务微博的数量和活跃度与“两会”相关度较大。政务微博数量增长和活跃度的两个高峰期都是2010年和2011年“两会”前后。然而很多官员特别是人大代表、政协委员开通微博后仅在两会期间较为活跃，之后便逐渐停止更新，有的微博甚至未发布过一条博文。

• 在与网友的互动上，关注政务微博的网友呈现两个差异较大的特点：①“粉丝”总体数量较多；②活跃的“粉丝”不多。60个微博样本共有粉丝835 004人，平均每个微博有粉丝13 916.7人，最多的有222 265人，说明政务微博引起了网民的强烈关注。然而，如果以被关注者的粉丝数作为其在新浪微博的活跃度参考，则根据上文数据估计有将近40% –90%关注者的粉丝小于10人。原因有：①微博内容吸引力低，与网民互动不足，对网民意见回复率低，导致活跃粉丝越来越少；②微博网站出于商业运营需要，为实名认证的政务微博自动分配“僵尸粉丝”，造成关注人数虚高、“微博问政”火爆的假象，而实际上此类粉丝基本不关注不浏览。这也是在研究“微博问政”过程中值得注意的现象。

4.2 “微博问政”的深度

4.2.1 微博问政的诚意

政务微博基本信息的公开度和完整度体现了博主问政的诚意，也在很大程度上决定了网民对博主的了解程度和参与度。从样本数据统计看，除81.67%使用实名昵称、51.67%写有自己的标签外，其余的个人资料、博客（网站）链接、个人介绍、个性域名、关注的话题、加入的微群等6项的填写率相当低。这将不利于增进公众对官方机构和官员的了解，甚至使人怀疑“微博问政”的诚意。

4.2.2 政务微博的吸引力

政务微博的吸引力主要体现在：①微博的条数。微博条数越多，粉丝关注热情持续性就越高，参与问政就越深入、越充分。从样本数据来看，624个政务微博平均每天发布239.77条，每人日均0.38条。政务微博更新与发布频率不高，导致部分关注者逐渐失去关注兴趣甚至取消关注。②微博原创度。对样本微博的跟踪统计显示，624个政务微博平均每天发布原创微博31.67条，转发6.63条。政务微博原创比例较高，这将有利于吸引更多的关注者。③微博内容能否引起政民互动。从样本微博的内容看，现时公共机构微博的内容多属于“通告”而非“问政”，缺乏互动的条件。如所占比例较高的公安微博，内容多为警情警讯、安全警示、公安新闻、案情通报等。

4.2.3 问政互动深入程度

网民对每条政务微博的评论数平均为8条，转发量平均为10次，网民的响应度较高；然而，每100条政务微博中仅有7条是对网友评论的回复，回复率较低，这将很可能降低网民对政务微博的响应热情。

4.2.4 微博技巧的掌握程度

大部分政务微博使用者对微博的诸多功能不甚了解，例如不懂得使用“关注的话题”来关注潜在的感兴趣者，不懂得使用多媒体扩展功能让网友更深入地了解所要讨论的问题。

4.3 “微博问政”的效度

“微博问政”效度是指政民互动的有效沟通程度以及问政的实际效果。主要从三方面进行衡量：

- 是否为政府解决行政和社会问题提供了参考。例如，云南省委宣传部原副部长伍皓多次主动设置议题，就如何宣传云南、如何做好新闻宣传工作向网民征询意见，其中网民的部分建议在其后的工作中有所体现。然而现时大部分政务微博与网民互动不足，缺乏对网络民意的回复和督办，以致政务微博的形式意义大于其实质功能。
- 网民反映的问题是否得到解决。在微博问政中，网民反映的问题多是信息或程序咨询，基本上得到回复。例如，“平安肇庆”微博对网民咨询类问题的回复率据称达到100%。至于网民反映的关乎公民利益的重大问题，则回复率不高，笔者在研究中未看到处理结果。

• 是否促进官民关系。“微博问政”对加强官民交流、促进官民平等对话，确实可以起到明显的促进作用。公共机构或官员通过微博与广大网民直接接触，体现了其亲民的态度和理念，然而对网民回复率低、互动不足则会令网民怀疑问政只是政府或官员“作秀”，反而会降低网民对政府的信任感。

5 结 语

微博自 2009 年 9 月上线试运营至今，“微博问政”从无到有，逐步走进公共机构和官员的视野，取得了一定的成效和社会影响。有关调查数据显示，截至 2011 年底，中国互联网不重复的微博独立用户数将超过 1 亿。目前已有近 4 成微博用户用手机访问微博[5]，“微博问政”趋势正不断扩大。然而，“微博问政”重在问政，关键在互动；不互动，“问政”就无意义[6]。公众对“微博问政”的期待，主要集中在听取民意、回应质疑和政务公开上。而事实上，很多政务微博却主要是进行新闻发布和对外宣传，只是政府一个新的时尚电子公告栏，甚至只发布正面信息，对当地出现的负面新闻以及工作中的缺点和不足避而不谈或加以掩盖，由此引起了公众舆论对政务微博“涉嫌作秀”的质疑。

尽管“微博问政”存在一定的问题和局限性[7]，但其开启了一扇官民对话的新大门，对社会民主化和公民社会的形成具有促进作用。“微博在信息传播方面‘传播的偏向’会影响到甚至是改变人们关注政治事件的方式，进而影响到人们的心理和行为，从而达到重组权力话语谱系，重组政治权力结构的作用”[8]。正如有的学者所言，“微博问政”更新了公众参与的话语体系[9]；“微博使得我国政治生态的版图和力量对比发生变化，它为政府议程设置和公共决策等引入新的主体”[10]。“微博问政”已渐成政府信息公开和问政于民的新趋势，更推动了体制外与体制内民意表达机制前所未有的高度融合，促进了政府的公共政策与民众价值取向的趋同性。从这个角度而言，“微博问政”作为网络问政的一种新形式，对于改善政府治理结构，建立民治国家具有长远的意义。

复旦大学 2010 年 4 月发布的《中国政务微博研究报告》显示，我国目前已有 2 400 余个政务微博，“微博问政”已渐成政府信息公开新趋势。

参考文献：

[1] 占自华．微博研究评述［J］．济南大学学报（社会科学版），2011（1）：34－37.
[2] 黎福羽．“微博问政”的发展对策［J］．领导科学，2010（23）：25－26.
[3] 科恩．论民主［M］．聂崇信，朱秀贤，译．北京：商务印书馆，1988：12－29.

[4] 细雨骑驴．海量民间智慧服务政府——威客模式下网络执政新思路［EB/OL］．［2011-07-03］．http：//blog. sina. com. cn/.
[5] 汝信，陆学艺，李培林．中国社科院 2010 年中国社会形势分析与预测［M］．北京：社会科学文献出版社，2009：4-5.
[6] 邓遂．"微博问政"热潮的冷思考——当前政务微博发展存在的问题及对策分析［J］．对外传播，2011（8）：55-56.
[7] 孙光宁．公民参与理论视角下的"微博问政"［J］．社会主义研究，2011（3）：39-42.
[8] 付玉辉．互联网政治的新变化［J］．领导之友，2011（4）：24-25.
[9] 李少文，秦前红．论微博问政的规范化［J］．河南社会科学，2011（4）：100-105.
[10] 陈娟．微博暗战与政治趋向［J］．人民论坛，2010（34）：36-37.

作者简介

赵国洪，男，1971 年生，副教授，博士，发表论文 30 余篇；陈创前，男，1989 年生，本科。

突发公共事件中权威信息对微博内容的影响研究

——以柳州镉污染事件为例

罗潇潇　何　跃　熊　涛

（四川大学工商管理学院　成都 610064）

摘　要　搜集突发公共事件柳州镉污染事件的相关微博，根据其内容进行分类。利用 GMDH 算法建立各类微博的模型，并分析权威信息的发布对微博内容发展趋势的影响。最后利用新浪微博做实证研究。研究结果表明：随权威信息的发布，行动类和疑问类微博的比例减少，观点类和情绪类微博趋于平稳。因而，政府在处理突发公共事件时，需及时发布权威信息并建立畅通的信息沟通渠道，以正确控制和引导舆论。

关键词　突发公共事件　微博　权威信息　GMDH

分类号　G206.3

1　引　言

突发公共事件，一般指突然发生，对全国或部分地区的国家安全和法律制度、社会安全和公共秩序、公民的生命和财产安全已经或可能构成重大威胁和损害，造成巨大社会影响的，涉及公共安全的紧急公共事件[1]。微博便捷、迅速的传播特点和超过 2.5 亿的用户群[2]，使得突发事件可能在微博平台上短时间内大量传播。在微博成为众多传统媒体信息来源的同时，传统媒体以及政府机构所发布的微博，对微博上其他用户也有着广泛而深远的影响。

国外学者对突发公共事件中微博的研究开始得较早。早在 2008 年，J. Sutton 等人[3]就以南加州森林大火为背景研究了社会媒体在突发公共事件中的使用，此次研究开始注意到了微博在紧急情况中的作用。A. L. Hughes 等人[4]研究了在两个突发事件和两个国家会议中 Twitter 的应用，他们的研究表明这些特殊事件中发送 Twitter 消息的用户主要是为了实现信息共享。

T. Heverin 等人[5]研究了在一起暴力危机事件中公民对微博的使用，统计分析结果表明微博已经成为公民、新闻媒体机构和其他类型机构分享危机事件的重要信息平台。

国内学者也在对微博的研究中开始关注突发公共事件。袁毅[6]研究了微博客信息传播结构、路径及其影响因素。顾杨丽等人[7]的研究表明：微博改变了突发公共事件中的传播格局，微博对碎片化即时信息的整合使其有着巨大的传播价值。张文祥[8]的研究称微博为最快信息源和公共讨论的平台，更多公共事件在微博上发酵、扩散。罗朋[9]的研究表明：微博作为自媒体，在突发事件中能够发挥强大的信息传播和舆论功能。

上述研究主要分析了突发公共事件中微博的传播作用，但没有进一步研究微博中权威信息对其他微博的影响。因此，本文以柳州镉污染事件为例，采用内容分类方法把样本微博分为信息类、行动类、观点类、疑问类、情绪类和其他类，并进一步将信息类微博分为机构认证用户发布的信息类微博、个人认证用户发布的信息类微博、其他个人用户发布的信息类微博，最后，利用 GMDH 算法建立 4 种信息类微博对其他各类微博影响的关系模型，分析权威信息的公布对各类微博走势的影响。

2 研究设计

2.1 样本数据来源

本文研究样本来自新浪微博，利用新浪微博搜索引擎采集数据。通过实验前的准备工作，发现用“柳州水污染”或“柳州镉”或“龙江水污染”或“龙江镉”作关键词搜索到的微博具有较高的准确性和覆盖面。实验最终确立以“柳州水污染 | 柳州镉 | 龙江水污染 | 龙江镉”作为检索式。

在搜索到的每日微博总量小于 200 条的前 6 日，将当日搜索到的所有微博以及用户类型等信息都纳入样本集合中。在每日微博总量超过 600 条的后 10 日，针对按照时间顺序排列的微博采用以 10 为组距的等距抽样方法随机选择，用当日样本估计当日总体情况。实验总计从 19 946 条微博中提取了 2 057 位用户的2 352条微博作为实验样本。

2.2 内容分类方法

本文中运用的分类方案改进了 A. L. Hughes 等[4]的分类，根据微博内容制定了 6 种主要类别：信息类、行动类、观点类、疑问类、情绪类和其他类。具体分类标准见表 1。

表 1　内容分类方法

微博类型	描述	举例
信息类	对柳州镉污染事件事实的客观描述	最新柳州市自来水情：城中、城西水厂出厂水镉浓度均小于 0.000 60 mg/L。
行动类	因柳州镉污染事件已采取或将采取行动的说明	柳州水受污染，举家迁移。
观点类	对柳州镉污染事件发表的评论	#柳州镉污染#以牺牲环境为代价换取经济利益不可取。
疑问类	追问真相，求证信息真实性	柳州镉污染是真的吗?
情绪类	私人情绪的陈述，为柳州人民的祈祷，对朋友的提醒等	#柳州镉污染#忧虑了
其他类	不属于上述 5 种	#柳州镉污染#互粉

在实际的分类过程中，按照“排他性”分类原则，即一条微博只能属于一类，首先由本文的 3 位作者分别独立分类，再将各自分类结果比较。对于有不同意见的微博，经过一起讨论，最终达成一致的分类意见。

2.3　GMDH 算法

数据分组处理方法[10]（group method of data handling，GMDH）是由乌克兰控制论学家 A. G. Ivakhnenko 院士在 1967 年首次提出的。GMDH 具有较强的学习能力，适应样本量小、有噪声的数据，而且拟合能力强，预测效果好。

GMDH 算法的基本步骤：①将样本数据分为训练集 A 和检测集 B；②建立输入变量和输出变量的一般函数关系；③选择一个（或若干个）外准则作为目标函数；④在训练集上使用内准则（最小二乘法）进行参考估计，得到中间待选模型；⑤在测试集上使用外准则进行中间候选模型的选择；⑥重复④、⑤步，直至外准则值不能再改善，最终得到最优复杂度模型。

到目前为止，国内外已有许多学者将 GMDH 方法应用于各类研究中。针对某一突发公共事件可收集到的微博数据有限，因而本文的实验样本小，GMDH 能发挥出它的优势。

3　实证分析

查阅资料后发现：柳州镉污染事件最早可追溯到 1 月 15 日河池市发现死鱼，18 日通知柳州。但是直到 1 月 24 日，都属于有关方面信息的静默期。新浪微博上可查阅的由柳州官方明确发布的自来水可饮用消息最早出现在 1 月 24 日 23：14 分。

本文利用新浪微博搜索功能得到 2012 年 1 月 19 日至 2 月 13 日的 2 352 条微博样本数据，并将收集到的微博按照内容分类方法进行分类。根据样本比例推断每日各类微博的数量，得到信息类、行动类、观点类、疑问类、情绪类 5 组数据。以天作为单位，将截止到该日上述某类微博的累计量除以各类微博累计总量，得到该类微博累计比例。各类微博累计比例平滑后的变化趋势见图 1。

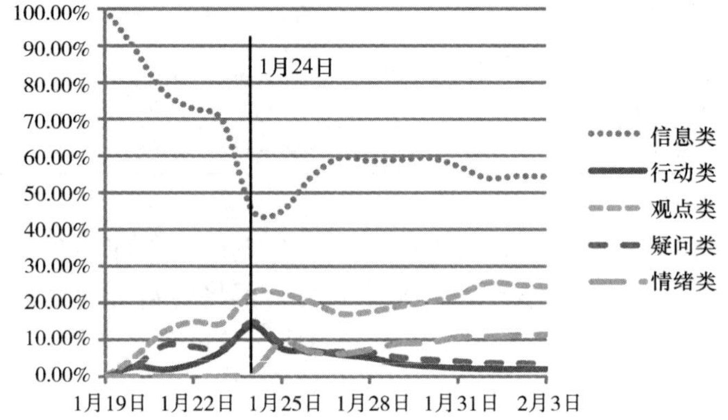

图 1　各类微博累计比例变化趋势

图 1 中 1 月 24 日前后的各类型微博的累计比例值得关注：1 月 24 日恰好是行动类和观点类微博累计比例的峰值点，分别达到了 13. 85% 和 14. 77%。而观点类和情绪类微博也在 1 月 24 日附近出现了小高峰。同时，信息类微博受其他 4 类微博的影响，呈现低迷状态。

3. 1　微博变化的相关因素

信息类微博是事件发生后出现的第一类微博，且为累计比例最大的一类微博。有学者从信息传播学角度出发，认为政府部门如果不及时向社会发布权威信息，非权威信息就会填补政府留下的“信息真空”，从而影响公民认知[11]。

基于此，本文研究了信息类微博发布对其他 4 类微博发展趋势的影响。将信息类微博分为 3 类：机构认证用户发布的信息类微博、个人认证用户发布的信息类微博、其他个人用户发布的信息类微博。机构认证用户包括了政府、媒体等官方机构，此类账号发布的信息具有权威性，在本文中被视为权威消息。个人认证用户则是各领域的知名人士，除此之外的用户称之为其他个人用户。将3种分类的累计比例作为影响其他4类微博变化的可能性因素。

3.2 微博变化的GMDH模型分析

本文利用Knowledge Miner软件建立模型，将上述3个可能的影响因素作为输入变量，各类微博每日累计比例作为输出变量，建立了4个GMDH模型。在4个模型中，$X_{行动}$、$X_{疑问}$、$X_{观点}$、$X_{情绪}$代表对应微博类型的累计比例，$X_{机构认证}$、$X_{个人认证}$、$X_{非认证}$代表对应用户发布信息类微博的累计比例。

将1月19日至2月1日的14个数据用于拟合模型；2月2日和2月3日的两个数据用于检验模型。通过不断调整max. time. lag、Model Type、Active Neurons、Network Layers等参数，结合R-squared、平均绝对百分比误差（MAPE）、预测误差平方和（PESS）进行综合分析，筛选出拟合效果最好的最优复杂模型。

3.2.1 行动类微博

行动类微博在5类微博中所占比例最小，2月3日的累计比例仅为2.02%。随着时间的推移，其累计比例出现先升后降的趋势，有一个明显的峰值。在权威信息公开前，抢购矿泉水、举家迁移的行动类微博一直呈上升状态。在24日晚官方辟谣之后，柳州方面仍坚持在微博上每两小时更新一次最新水情，此后行动类微博逐渐减少。如图2所示：

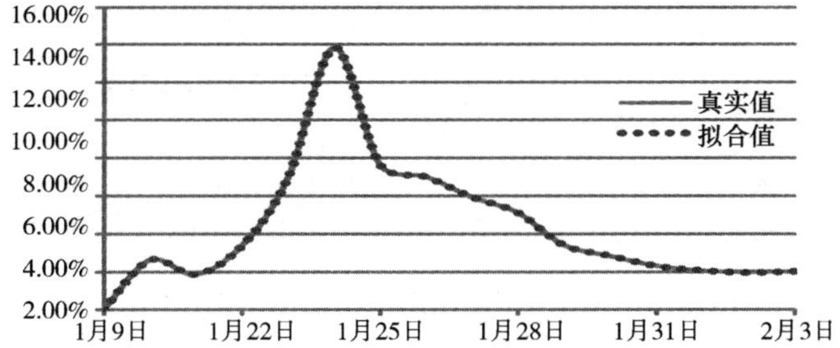

图2 行动类微博累计比例发展趋势

利用GMDH，经过调整，得到行动类微博的最优复杂模型如下：

$$X_{行动} = -4.76 + 0.28X_{行动}(t-1) + 0.13X_{行动}(t-2) - 0.03X_{机构认证} - 0.03X_{机构认证}(t-2) + 0.14X_{非认证} \quad (1)$$

通过图2和表2可以看到，模型（1）的拟合能力和预测能力都很好：

表 2　行动类微博模型拟合能力和预测能力情况

拟合	值	预测	2 月 2 日	2 月 3 日
R - squared	1.00	真实值（%）	2.00	2.02
MAPE	0.16	预测值（%）	1.96	2.02
PESS	0.00	相对误差（%）	2.19	0.08

由模型（1）可以看出，行动类微博受前两日自身累计比例的正面影响较大。这说明用户的行动类微博有较大惯性，不易改变。此外，机构认证用户发布的信息类微博能够降低行动类微博的比例，而其他个人用户提高了行动类微博的比例。

3.2.2　疑问类微博

疑问类微博所占比例较少，2 月 3 日的累计比例为 3.40%。与数量同样较少的行动类微博相似，疑问类微博的累计比例也呈现先上升后下降的趋势，其峰值达到 14.77%。在权威信息公布前，质疑消息真实性、追问事件真实情况的疑问类微博一直呈上升状态。在 24 日晚官方辟谣之后，政府与公民间信息沟通逐步顺畅，疑问类微博逐渐减少。如图 3 所示：

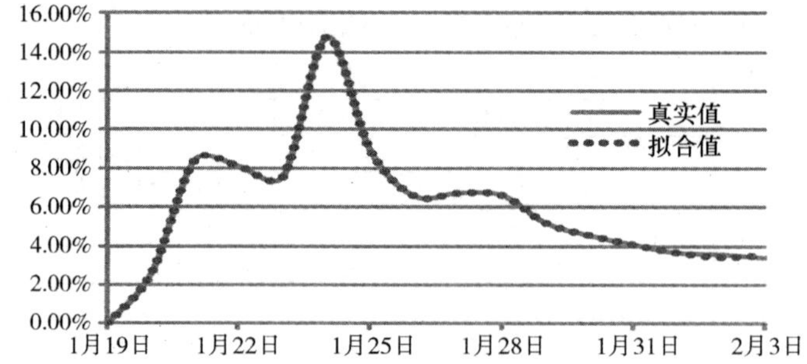

图 3　疑问类微博累计比例发展趋势

经调整后的疑问类微博最优复杂模型如下：

$$X_{疑问} = 3.02 + 0.40X_{疑问}(t-1) + 0.02X_{非认证}(t-1) - 0.26X_{机构认证}(t-2) - 0.03X_{机构认证}(t-3) \quad (2)$$

从图 3 和表 3 可以看出，模型（2）的拟合能力和预测能力令人满意：

表 3　疑问类微博模型拟合能力和预测能力情况

拟合	值	预测	2 月 2 日	2 月 3 日
R- squared	1.00	真实值（%）	3.58	3.40
MAPE	0.03	预测值（%）	3.43	3.49
PESS	0.00	相对误差（%）	3.94	2.75

由模型（2）可以看出，疑问类微博受前一日自身累计比例影响较大，疑问类微博也有较大的惯性。同时，疑问类微博与机构认证用户两天前发布的信息类微博累计比例有明显负相关性，即疑问类微博随机构认证用户信息类累计比例的上升而下降。这说明机构认证发布的相对权威信息能够很好地降低用户的疑虑。

3.2.3　观点类微博

观点类微博是除信息类以外的第二大微博，2 月 3 日的最终累计比例为 24.46%。和信息类微博截然不同的是，观点类微博的累计比例总体上呈上升状态。权威信息公布之前，由于缺乏官方的确切消息，公众的舆论表达带有较浓的个人主观色彩，言论呈现出多元化，观点类微博出现了小高峰，对于污染事实和饮用水安全众说纷纭。而随着相关方面与公民间信息沟通逐步顺畅，观点类微博呈现出稳定上升的趋势。如图 4 所示：

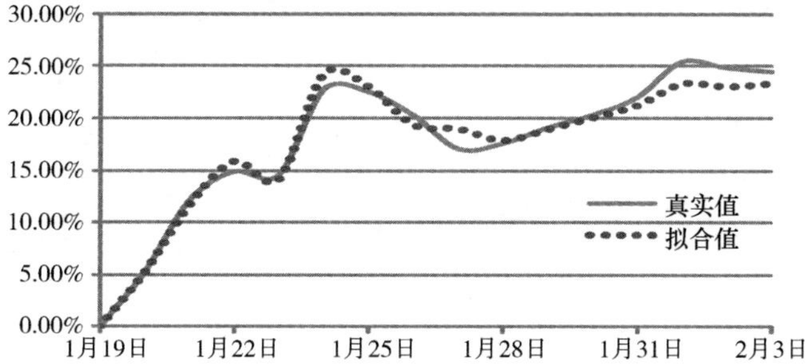

图 4　观点类微博累计比例发展趋势

观点类微博经调整后的最优复杂模型如下：

$$X_{观点} = 55.44 - 2.41X_{个人认证} - 1.35X_{个人认证}(t-1) - 0.59X_{非认证} + 0.40X_{机构认证} \quad (3)$$

在图 4 中可以看到，模型（3）的拟合能力不如前两个模型，但也能满足要求，这在表 4 中可以得到印证：

表 4　观点类微博模型拟合能力和预测能力情况

拟合	值	预测	2 月 2 日	2 月 3 日
R - squared	0.96	真实值（%）	24.81	24.46
MAPE	4.42	预测值（%）	23.03	23.40
PESS	0.06	相对误差（%）	7.19	4.36

由模型（3）可以看出，观点类微博与大部分信息类微博都是一种负相关，但是和同期机构认证用户发布的信息类微博成正相关性。这说明在微博环境中，各种信息越多，用户就越谨慎，发表自己观点的可能性就越小。但是公众对机构认证用户关注更多，考虑到信息的权威性，用户更愿意就机构认证用户的信息类微博发表自己的观点。

3.2.4　情绪类微博

情绪类微博的累计比例在 2 月 3 日达到 11.37%，在 5 类微博中排位居中。随着事件的发展，情绪类微博累计比例大体呈上升状态，权威信息公布前出现小高峰，在公布后则趋于平稳增长。如图 5 所示：

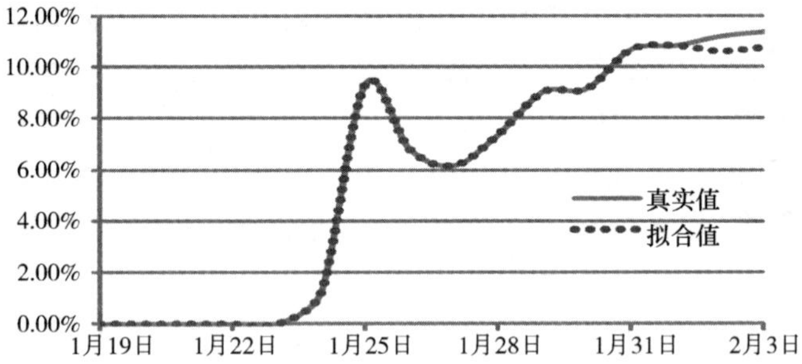

图 5　情绪类微博累计比例发展趋势

情绪类微博经调整后的最优复杂模型如下：

$$X_{情绪}=3.19+0.34X_{机构认证}(t-1)+0.30X_{机构认证}(t-2)+0.10X_{情绪}(t-4) \quad (4)$$

通过图 5 和表 5 可以发现，模型（4）的拟合能力较好，但是预测能力相对差一点，这与用户情绪本身易变化的特点有一定关系。

表 5　情绪类微博模型拟合能力和预测能力情况

拟合	值	预测	2 月 2 日	2 月 3 日
R- squared	1.00	真实值（%）	11.19	11.37
MAPE	0.04	预测值（%）	10.61	10.76
PESS	0.00	相对误差（%）	5.21	5.29

由模型（4）可看出，情绪类微博累计比例的变化受到前两日机构认证用户信息类微博累计比例的影响较大，具有明显的正相关性。这说明权威信息对情绪类微博数的影响相当大。进一步分析发现，情绪类微博的具体内容在权威信息公布前后有明显差异：权威信息发布前，大多与忧虑情绪相关；权威信息公布后，祈祷、提醒性质的微博占了绝大多数。因此，权威信息对用户情绪有很好的安抚作用。

在上面的分析中，我们发现信息类微博中个人认证类的影响很小，只有在观点类的模型中有所体现。这是因为信息类中个人认证用户所占比例很小（小于3%），被其他类信息所掩盖。

4　结　论

本文通过对微博内容进行分类，利用 GMDH 算法建立了各类微博累计比例的模型，就柳州镉污染事件中权威信息的发布对各类微博累计比例的影响进行研究，得出以下结论：①权威信息类微博能够降低行动类和疑问类微博的比例，它们成负相关关系。此外，权威信息还是影响情绪类微博最重要的因素，也是影响观点类微博的唯一正相关因素。②行动类和疑问类微博受自身累计比例的影响大于各种信息类微博对其造成的影响。公众发布的有关行动和疑问的微博，有较大的惯性。③权威信息对疑问类微博和情绪类微博的影响有一定的时滞性，一般在 1－2 天后才能表现出来。

研究表明：权威信息影响巨大且社会效应基本体现为正面，但是这样的影响有一定的滞后性。因此，政府在处理突发公共事件的过程中，需要快速做出反应，把握权威信息发布的最佳时机，建立畅通的信息沟通渠道，以此有效安抚公民情绪，降低民众过激行为的风险，控制和引导舆论。

本文在研究信息类微博对情绪类微博的影响时，只研究了二者之间的数量关系，而并未涉及到微博感情色彩的分析，这可以在后续研究中加以补充。

参考文献：

[1]　薛澜，钟开斌．突发公共事件分类、分级与分期：应急体制的管理基础［J］．中

国行政管理，2005（2）：102－107.
[2] 中国互联网络信息中心．第29次中国互联网络发展状况统计报告［R/OL］．［2012－02－05］．http：//www. cnnic. net. cn/dtygg/dtgg/201201/t20120116_23667. html.
[3] Sutton J, Palen L, Shklovski I. Backchannels on the front lines：Emergent uses of social media in the 2007 southern California wildfires［C］//Fiedrich F, Van de Walle B. Proceedings of the 5th International ISCRAM Conference. Washington, DC：George Washington University, 2008：624－632.
[4] Hughes A L, Palen L. Twitter adoption and use in mass convergence and emergency events［C］//Landgren J, Jul S. Proceedings of the 6th International ISCRAM Conference. Gothenburg：ISCARM, 2009.
[5] Heverin T, Zach L. Microblogging for crisis communication：Examination of twitter use in response to a 2009 violent crisis in the Seattle- Tacoma, Washington Area［C］//French S, Tomaszewski B, Zobel C. Proceedings of the 7th International ISCRAM Conference. Seattle：ISCARM, 2010：1－5.
[6] 袁毅．微博客信息传播结构、路径及其影响因素分析［J］．图书情报工作，2011，55（12）：26－30.
[7] 顾杨丽，吴飞．微博传播力的本质：碎片化即时信息的整合力——以温州“7·23”动车事故为例［J］．当代传播，2011（5）：49－51.
[8] 张文祥．微博传播与政府信息公开［J］．新世界，2011（8）：81－84.
[9] 罗朋．“微”力量下的舆论审判——微博舆论对“药家鑫案”审判影响辨析［J］．当代传播，2011（5）：46－48.
[10] 贺昌政．自组织数据挖掘与经济预测［M］．北京：科学出版社，2005.
[11] 薛澜，张强．SARS事件与中国危机管理体系建设［J］．清华大学学报（哲学社会科学版），2003（4）：1－6，18.

作者简介

罗潇潇，女，1991年生，本科生。

何　跃，男，1961年生，教授，博士，硕士生导师，发表论文100余篇，出版教材10余部。

熊　涛，男，1988年生，硕士研究生，发表论文4篇。

国内外图书馆微博研究综述

王　曼　张　秋

（清华大学图书馆　北京 100084）

摘　要　针对图书馆微博相关文献研究不足的现状，对目前国内外图书馆微博的研究文献进行全面的梳理、分析和评述，认为国内外图书馆微博研究尚处于初级阶段，未来应该进一步拓展研究空间，深化理论探索，加强对比研究，保持同行之间的交流和互动，以厘清文献的成就与不足，促进图书馆微博研究的拓展和深入，提升图书馆微博的服务水平。

关键词　图书馆　微博　综述

分类号　G252. 61

1　引　言

作为一种新型的网络技术应用平台，微博日益受到社会各界的关注，其用户数量呈现“爆发式”增长态势。身处转型过程之中的图书馆，正试图在传统的运作模式之外寻求一种新的发展方向，其中服务模式的变革和创新是图书馆转型的重要内容，而微博的应用正是拓展传统图书馆服务模式和服务内容的一种新途径，因此，越来越多的图书馆开始提供微博服务。

由于微博用户数量迅猛增长，微博研究日益受到学者的关注。近两年，继传播学、教育学、经济学等领域之后，图书情报领域也开始关注微博研究，有关图书馆微博的研究论文相继出现，并呈现出逐渐增多的趋势。这些研究成果的价值何在？有何不足？研究的脉络和方向是什么？要回答这些问题，就必须对已有的国内外相关文献进行梳理、分析和评述。目前这种评述性研究还不够充分，因此，进一步推进和深化这种研究，将有助于促进图书馆微博研究的发展，提升图书馆微博的服务水平。

2 国内外图书馆微博研究概述

2.1 国外图书馆微博的研究概况

为了解国外图书馆微博的研究情况，2012 年 5 月 13 日，笔者首先在 Web of Knowledge 上对微博相关文献进行了检索，所采用的检索式为：标题 = (micro-blog or microblog or twitter)，共检索到期刊论文 728 篇，这些论文主要分布在计算机科学、数学与计算生物学、商业与经济学、社会科学、行为科学等学科中。

其次，通过对研究领域进行限制，即采用检索式 [标题 = (micro-blog or microblog or twitter)] + [学科类别 = (information science & library science)] 进行精练，将检索结果限制在信息科学与图书馆科学的范围内，可检索到期刊论文 53 篇，其中，最早的论文发表于 2008 年。

表 1 国外微博研究文献学科分布

学科类别	论文数（篇）	占总数（728 篇）百分比
computer science（计算机科学）	331	45.47%
mathematical & computational biology（数学与计算生物学）	79	10.85%
business & economics（商业与经济学）	72	9.89%
social sciences- other topics（社会科学 – 其他主题）	68	9.34%
behavioral sciences（行为科学）	56	7.69%
information science & library science（信息科学与图书馆科学）	53	7.28%
communication（通讯）	42	5.77%
engineering（工程学）	27	3.70%

从表 1 可以看出，在国外的微博研究文献之中，信息科学和图书馆科学领域的微博研究文献仅占7.28%。而且，在这 7.28% 的文献中，以图书馆微博为直接研究对象的文献所占比例不到三分之一（17 篇），换言之，在这 8 种学科的研究文献总量中，以图书馆微博为直接研究对象的文献所占比例不到 2.43%。

从每年发表论文的数量来看，2008 年发表 4 篇，2009 年发表 12 篇，2010 年发表 17 篇，2011 年发表 15 篇，2012 年年初至今已发表 5 篇。

从被引次数来看，在这 53 篇论文中，被引次数最高的为 *B. J. Jansen*、*Zhang Mimi*、*K. Sobel* 等人于 2009 年发表在 *Journal of the American Society for*

Information Science and Technology 上的 *Twitter Power*：*Tweets as Electronic Word of Mouth* 一文，被引 22 次；被引次数为 3、4 次的各有 1 篇，被引次数为 1 次的有 9 篇，被引次数为 0 的有 41 篇。

从研究内容看，根据 Web of Knowledge 检索出的以微博为直接研究对象的 17 篇全文文献的内容以及其他相关文献的摘要总结得出，国外图书馆微博研究的内容主要包括图书馆微博兴起的原因、特点和优势、发布的内容、技术支持、作用与效果、图书馆运用微博的方式方法等。虽然国外的研究已经涉及到图书馆微博的多个侧面和不同层次，但是，有关这些问题的研究往往分散在不同的文章之中，集中系统地讨论某一问题的论文十分鲜见。

从论文发表的期刊来看，前面检出的 53 篇论文中，只有 2 篇发表在 *Library Journal* 上，1 篇发表在 *Law Library Journal* 上，其余大多发表在计算机科学类、医学类等期刊杂志上。

从上述研究可以看出，国外的图书馆微博研究具有如下三个特点：

- 总体来看，有关图书馆微博的论文数量有逐年增加的趋势，这说明国外图书馆界对于微博研究的关注度越来越高；
- 到目前为止，国外图书馆界关于微博的研究仍然处于初步发展的阶段，具体表现在论文总体数量不多，在微博研究文献总量中所占比重较低，被引用的频次较低，论文的渗透力和影响力尚有待提高；
- 国外图书馆界关于微博的研究缺乏系统性和全面性，具体表现在对图书馆微博的发展历史缺乏系统的梳理，对某些问题的研究缺乏统计与实证方面的有力支持。

2.2 国内图书馆微博的研究概况

国内图书馆微博研究文献调研所选取的平台是清华同方的中国期刊全文数据库。2012 年 5 月 13 日，笔者在中国知网上对相关文献进行了检索，所采用的检索式为：[题名 = 微博 or 题名 = twitter] and [题名 = 图书馆]，共检索到相关文献 99 篇，最早的论文发表于 2009 年，稍晚于国外。

从每年发表论文的数量来看，2009 年发表 5 篇，2010 年发表 12 篇，2011 年发表 59 篇，2012 年初至 2012 年 5 月 13 日已经发表了 15 篇。从图 1 可以看出，大多数论文的被引频次较低，这是因为，一方面，国内图书馆微博研究的兴起时间短，尚处于起步阶段，论文的关注度和影响力有待提高；另一方面，高质量的论文数量少，权威研究成果缺乏。尽管如此，仍然有少量论文获得了较高的被引频次，这说明在为期 3 年的较短时间内，图书馆微博的研究已经小有成绩，其研究成果已受到一定程度的关注。

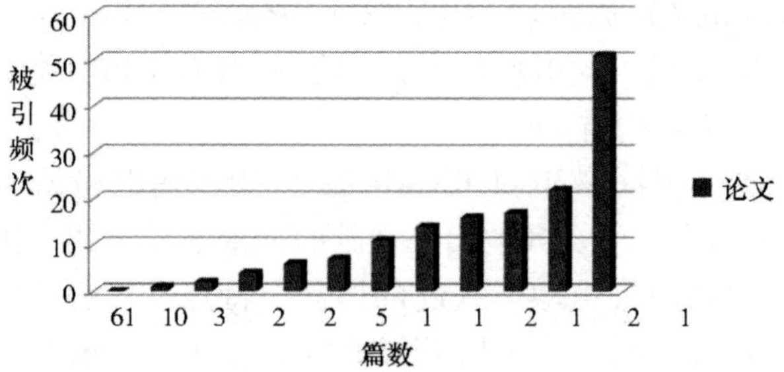

图 1　国内图书馆微博相关论文篇数与被引频次

从论文数量在国内微博研究文献总数中所占的比例来看，图书情报与数字图书馆学科的微博研究成果所占比例较低。在中国期刊全文数据库中，以“篇名 = 微博 or 篇名 = twitter”为检索式进行检索，检索结果为 7 362 篇。如表 2 所示，这些论文大都分布在新闻与传媒、信息经济与邮政经济、行政学与国家行政管理、企业经济等学科内，其中图书情报与数字图书馆学科有关微博研究的论文数量仅占其中的 1.48%。

表 2　国内微博研究文献学科分布

学科类别	论文数（篇）	占总数（6 702 篇）的百分比
新闻与传媒	2 007	29.95%
信息经济与邮政经济	1 527	22.78%
行政学及国家行政管理	471	7.03%
企业经济	432	6.45%
公安	374	5.54%
中国政治与国际政治	337	5.03%
工业经济	223	3.33%
互联网技术	202	3.01%
高等教育	184	2.75%
投资	179	2.67%
金融	161	2.40%
贸易经济	151	2.25%
宏观经济管理与可持续发展	130	1.94%
证券	121	1.81%
计算机软件与计算机应用	104	1.55%
图书情报与数字图书馆	99	1.48%

从论文发表的刊物级别来看，发表在图书情报领域核心期刊上的论文有26篇，占论文总篇数的29.7%。从论文的内容来看，图书馆微博的概念、特征、优势、作用、发布内容、现状分析与发展策略、存在问题与解决途径等都是备受关注的问题。

从上述研究可以看出，国内图书馆微博的研究具有如下特点：①从2009年至今，相关研究论文的数量迅速增加，国内的图书馆微博研究越来越成为一个热点；②近1/3的论文发表在图情领域核心期刊上，个别论文的被引频次达到50次以上，表明国内图书馆微博的研究取得了一定的成就；③国内图书馆微博的研究同样处于初步发展的阶段，表现在论文总体数量不多，在国内微博研究文献总量中所占比重较低，大多数论文被引用的频次较低，论文的渗透力和影响力有待提高，缺乏权威的研究成果等；④国内图书馆微博的研究尚未达到全面、系统、深入的程度，尚未有相关的著作和学位论文出现。

综上所述，无论在国外还是国内，有关图书馆微博的研究都还处于初步发展但正在不断深入的阶段。随着民众对微博熟悉程度和依赖程度的提高，微博应用和研究必然会越来越“热”。

3 国内外图书馆微博研究的主要内容

3.1 微博的概念

在Libsuccess网站（http：//www.libsuccess.org，是一个建立Wiki以聚集图书馆员集体智慧的网站）上，microblogging（发微博）一词被界定为“运用一种特殊的博客软件来创造简短的帖子”，“Twitter”一词被界定为“一种发微博的免费服务器，这种服务器允许人们发布140个字符之内的帖子。”在*Implementing Twitter in Health Sciences Library*一文中，C. Cuddy等人将Twitter定义为“一种允许注册用户发布微博的社交网络平台。”[1]

在国内，有关微博的定义也不尽相同。其中，李华和赵文伟认为，微博客是一种非正式的迷你型博客，是Web 2.0的一种表现形式，是一种可以即时发布消息的类似博客的系统[2]；刘晓艳认为，微博即微博客的简称，是一种基于用户关系的信息分享、传播以及获取平台，用户可以通过Web、Wap以及各种客户端组建个人社区，以140字左右的文字更新信息，并实现即时分享[3]；毛海燕、王梅认为，微博是微型博客、微博客的简称，是一种允许用户及时更新简短文本并可以公开发布的博客形式[4]，等等。

虽然上述定义在文字表述上有所差别，但在含义上没有本质的不同，大多数定义都强调了微博的简洁性、即时性和互动性等特征。

3.2 微博的特点和优势

国内外研究图书馆微博的很多论文都提及微博的特点和优势，各家观点不尽相同。总体来看，可以概括为 8 种：

- 技术门槛较低，便于用户掌握使用方法。刘晓艳、于长福等人持此观点[3,5]。

- 多平台及便捷性。贾爱娟指出，手机短信、手机无线网络、电子邮件、MSN 等即时通讯工具都可以成为上传与接收微博信息的途径[6]。

- 信息交互性强。刘晓艳认为，微博上的“关注”、“转发”、“评论”、“回复”、“私信”等技术功能为用户之间的信息交互提供了保证[3]。D. Mayo-Smith 将微博形容为“促销的好工具，典型群众反馈信息的好渠道，查询相关有用内容的过滤器”[7]。

- 简单便捷。K. M. Devoe 认为，与Web 2.0的其他产品相比，微博更加“敏捷”和“灵活”，它能够把我们提供的资源与服务更加完美地结合起来[8]。张敏霞认为，微博的主要特点在于一个“微”字，可以把微博理解为“一句话博客”，字数一般不能超过 140 个字；微博的突出优势在于聚合了众多网络产品的优点：它像 QQ 签名一样可以随时传递心情，像迷你型的博客一样可以随时发布日志，像论坛和聊天室一样可以与全世界进行互动，像手机短信一样能够用简短的语句表达所感所想[9]。

- 裂变式传播方式。刘晓艳认为，由于裂变式的传播方式，微博信息的传播速度和传播广度高于之前任何一种媒介产品[3]。马飞杰也持同样的观点[10]。

- 即时通讯能力。刘晓艳指出，运用微博，用户可以随时随地接收和发送信息[3]。

- 平民化，亲和力强。刘晓艳认为，人们在微博上只要想跟别人对话，就可以尽情交流，不受个人身份、地位、才能、学识等的影响[3]。C. Cuddy 等人认为，在图书馆领域，微博比博客更受欢迎，一方面因为微博更简洁，另一方面因为微博更具亲和力[11]。

- 具有实效感和现场感。袁纳宇[11]、贾爱娟[6]持此观点。

3.3 图书馆微博的发布内容与运用方式

图书馆是如何运用微博的，其发布的内容有哪些？针对这一问题，E. Fields 研究发现，在所有类型的图书馆中，44%的图书馆正在运用 Twitter“传播图书馆的新闻或消息”。其中，公共图书馆倾向于运用 Twitter 来强调服务项目和开馆时间；院校图书馆倾向于关注服务、讲座通知和新上线的资源；专业图书馆倾向于发布新的馆藏文献信息。同时，图书馆也运用 Twitter 与其他图书馆进行交流与合作，从而提高自身受关注的程度[12]。C. Cuddy 等人指出，美国纽约大学卫生科学图书馆的微博上所讨论的内容包括有关设备、资源、故障时间、事件和职员等方面的新闻和信息，比如，图书馆附近建筑施工产生噪音的通知、图书馆服务的用户提醒等[1]。

在国内关于图书馆微博的研究中，图书馆微博的发布内容与运用方式受到了更多的关注，相关的观点可以概括为以下 6 点：

- 发布公共信息。所有的相关文献都认为，公共信息发布是图书馆微博的一项重要内容。王妙娅通过统计分析得出结论：几乎所有图书馆微博的内容都是以公告信息为主[13]。

- 提供多方互动的信息交流平台。杨亮认为，通过运用微博进行交互式数字参考咨询服务，能够实时解答用户提问，随时随地与用户进行沟通交流[14]。张文彦、王清润认为，在微博上，不仅馆员和读者之间可以实时互动交流，而且，国内外图书馆工作人员和专家学者之间也可以进行实时的互动交流[15]。

- 快速处理读者意见，有效提高读者服务效率。

- 提供一种有效的资源推送工具。

- 进行读者舆情监测。利用微博来追踪用户对图书馆的评价情况，有助于迅速摸清读者心理及最新需求，为图书馆及时制定正确的决策提供依据。

- 开展图书馆用户教育，以文字、图像、视频等形式将用户教育资料发布在微博上，以扩大用户教育的效果。

关于图书馆微博发布内容与运用方式方面的不足，国家图书馆的张艳霞认为，图书馆微博偏重信息发布平台之功用，而非互动平台。大多数微博与用户的互动不多，博文的转发量也不高。此外，目前的图书馆官方微博缺少个性，吸引力与影响力不足[16]。

图书馆如何运用微博才能更好地发挥微博的作用？周燕妮等人给出如下建议：①微博内容要丰富，要综合运用文字、图片、视频等资料；②微博的编写要留有空间，以引发读者的思考与参与，如适当发布提问的博文和引发悬念的博文等；③要善于生活化营销，在发布图书馆信息之外，适当发布博主个人的生活趣事，从而增加微博的丰满度和亲切感；④要有规律地更新微博内容，既不能太少，每天都要更新，也不能太多，一小时内不能连发几条；⑤要注意发布微博的最佳时间，研究显示，公共图书馆在工作日下班后的时间段（18 点至 21 点）和周末的时间发微薄最能吸引读者，校图书馆则在下午以后的时间段，尤其是 20 点至 24 点之间在线的用户最多；⑥要积极与读者互动，要善于回复、评论和转发用户的微博；⑦要常用站内搜索，及时了解和回复读者的反馈信息与问题；⑧要适当设计活动，与粉丝互动，如设计投票活动、辩论活动、有奖竞猜活动等；⑨要积极寻找精准读者，多用“@”实现信息推送；⑩要关注相关微群等[17]。

3.4 图书馆微博的作用与效果评价

对于图书馆来说，微博的运用能够起到什么作用？会产生何种效果？目前，国内外已经有一些学者发表了自己的观点。

在国外，C. Cuddy 等人曾对微博带给图书馆的效益给出了高度评价：“微博在图书馆环境下的运用不仅起到了预想之中的作用，而且还带来了意料之外的效益”。在 C. Cuddy 等人看来 Twitter 最具吸引力的地方在于其应用成本，即它是免费的，并且容易使用，馆员们不需要经过培训就可以掌握它的使用技巧。重要的是，在微博上发帖子也不会占用工作人员太多的时间。C. Cuddy 等人认为，图书馆 Twitter 的作用与效果至少包含如下三点：首先，它已经成为收集用户反馈信息的一种完美途径；其次，在微博上，来自不同图书馆的工作人员之间能够共享知识与经验；再次，微博的应用提高了图书馆的声望，它表明图书馆正在努力将服务推广到图书馆围墙之外，并且愿意在传统的图书馆之外与其用户们打成一片[1]。

在国内，袁纳宇认为，微博的应用能给图书馆带来很多潜在价值。比如，运用微博这个平台，图书馆员之间以及馆员与用户之间可以实现知识共享，减少资源浪费，此外，微博还增加了馆员之间的交流机会，方便馆员参与管理，提高工作效率[11]。蒋萍则认为，图书馆开通微博有助于吸引读者关注，帮助图书馆树立新形象；能够开辟宣传新渠道，扩大服务群体；此外，图书馆还可以运用微博主动推送服务，提高服务效率[18]。

上述情况表明，图书馆微博的作用与效果评价问题已为部分研究者所关注，但是，其关注度并不高，研究成果停留于理论思辨，缺乏实证研究的有力支撑。

3.5 图书馆微博的现状与发展策略

2011 年 7 月，周燕妮等人通过调查得出结论：“国内图书馆微博应用相对还处于初级阶段”[17]。到 2012 年年初，杨洋、李恩科就指出，2012 年微博的数量和质量均比 2011 年有了较大提高[19]。张楠则认为，微博作为新型的网络技术应用平台，在 2012 年，其影响力日益受到图书馆界的关注，国内图书馆的微博应用已从起步阶段进入到发展阶段[20]。

尽管如此，图书馆微博的应用依然存在各种各样的问题。比如，张楠认为，虽然国内图书馆微博发展势头迅猛，但其服务内容仍有待深入，主要表现为信息咨询服务提供率较低，知识推送服务学科性不强[20]。周燕妮等人则认为，图书馆微博依然是囿于一个较小的交流圈[17]。王妙娅通过统计分析认为，国内图书馆微博的不足在于：图书馆微博用户少，发布内容以公告信息为主，信息更新不及时，信息发布频率较低，粉丝普遍不多等[13]。周燕妮等人认为，造成这些不足的原因在于，图书馆的微博应用意识不强，开设目标不明确，维护意识缺乏，提供的内容不丰富，缺乏吸引力等[17]。

针对上述问题和不足，图书馆微博研究者们开出了多种“药方”。黄淑敏建议，图书馆要明确微博的定位，建立图书馆微博管理团队，制定图书馆微博内容规范，倡导图书馆微博经营理念，即微博的使用可以借鉴当下比较流行的“微博营销”的做法[21]。张楠提出，要进一步推动国内图书馆微博的发展，就要深化图书馆微博服务内容，具体来说，包括加强基于微博的信息咨询服务和建立图书馆微博学科服务体系[20]。陈丽纳认为，微博是一个交流平台，而不是图书馆的公告板；微博的登陆要规律、频繁，而不是只在需要的时候才登陆，此外，对微博上的粉丝提问要及时予以回应[22]。杨洋、李恩科建议，图书馆可以在多个微博平台建立账户，从而满足更多读者的需求[19]。

除了上述主要研究内容之外，国内外图书馆微博研究还涉及图书馆微博的技术支撑、价值分析等内容。总体来看，国内外图书馆微博研究已经取得了一定的成果，但依然亟需拓展和深入。这是因为：①国内外微博的研究内容虽然已经涉及诸多方面，但各家观点之间的交流与碰撞不够充分。②图书馆微博的研究领域有待拓展。有些问题的研究不够充分，比如，作用与效果评价缺乏充分的实证支持，发展策略的研究缺乏有力的论证说明等；有些问题的研究仍是一片空白，比如图书馆微博现状的成因分析、阶段性研究成果的总结评价、图书馆微博与其他行业微博的比较研究等。

4 国内外图书馆微博研究的总结与展望

4.1 国内外图书馆微博研究总结

根据2012年1月发布的《第29次中国互联网络发展状况统计报告》，截至2011年12月底，我国微博用户数达到2.5亿，使用率达到48.7%，如何利用和驾驭好这一技术平台已成为各行各业深思的问题，集教育功能和服务功能为一体的图书馆自然也不例外。因此，加强图书馆微博的研究，并使这些研究成果真正具有指导图书馆微博应用的现实参考意义，是图书馆领域工作者的一个重要使命。

从上述研究我们可以看出，国内外图书馆微博的研究情况可以概括为如下 7 点：

- 国内外图书馆微博的研究体系正在逐步形成，主要表现为一定数量的期刊论文的发表。

- 国内外图书馆微博的研究尚处于初步发展并不断加强的阶段。一方面，目前的图书馆微博研究并不十分发达，主要表现为相关论文总体数量不多，在微博研究文献总数中所占比重较低；论文被引频次普遍较低，影响力和渗透力有待提高；权威的研究成果十分缺乏；在内容上尚未达到全面、系统、深入的程度，几乎未有相关的著作和学位论文出现。另一方面，图书馆微博的研究正在不断得到加强，主要表现为发表的论文数量逐年增加，图书馆界对于微博研究的关注度越来越高。

- 国内外图书馆微博的研究领域过于集中，大部分的研究成果都是关于图书馆微博的概念、特点与优势，发布内容与运用方式，作用与效果评价，现状与发展策略等，这一方面推动了相关方面的研究进展，另一方面也造成了图书馆微博的研究视野过于狭隘。

- 国内外图书馆微博的研究缺乏权威成果，发表在权威期刊上的论文不多，不足以形成图书馆微博研究的理论支撑体系。

- 国内外图书馆微博的应用研究薄弱。一方面，研究文献中缺乏充分的实证支持，理论的提出多囿于思辨的范围，可应用性不高；另一方面，有关发展策略的研究缺乏有力的论证，其说服力和可行性不足。

- 国内外图书馆微博的文献研究不足，主要表现为相关文献中几乎没有对本领域文献的梳理与评述，个体研究行为基本处于单独实验的初级阶段，观点之间鲜有交流与碰撞。

- 国内外图书馆微博与其他行业微博应用的比较研究不足。与图书馆领域相比，微博在传播领域、商业领域等的研究更加充分和成熟，因此，将图书馆微博应用情况与这些领域的微博应用情况进行对比研究，取其可资借鉴之处为我所用，对于推动图书馆微博的研究颇为有益。

4.2 国内外图书馆微博研究展望

首先，图书馆微博的研究空间需要进一步拓展。当前的国内外图书馆微博研究领域过于狭窄，研究内容过于集中，一些问题的研究不够深入，还有一些需要研究的领域尚未有人涉足。因此，深化现有成果与进一步拓展研究空间是推动图书馆微博研究进程的两个助力方向。

其次，图书馆微博相关理论需要进一步探索与深化。目前，有关图书馆微博的研究比较散碎，体系化的研究成果尚未出现，既有的研究成果有待深入，权威性、可应用性强的成果相对匮乏，难以为图书馆微博应用的实践提供有力的理论支持和指导。因此，进一步深化图书馆微博理论研究，形成高质量的研究成果，应是图书馆微博研究的方向之一。

再次，开展对比研究可以作为弥补图书馆微博研究空白的一种新思路。在社会各界中，微博在图书馆界的应用并不是最早的，也不是最有成效的，相应地，在有关微博的研究中，图书馆界的研究并不是最早的，也不是最充分的。因此，将图书馆的微博应用与其他领域的微博应用进行比较研究，将国内的图书馆微博应用与国外的图书馆微博应用进行比较研究，有助于发现自身的不足，从而拓展微博在图书馆界的应用与研究空间。

最后，同行之间的交流与讨论是保持图书馆微博研究活力的一个重要因素。图书馆微博研究者之间的交流不足，是制约图书馆微博研究发展的一个重要原因，因此，加强图书馆微博研究者之间、甚至图书馆微博研究者与其他行业微博研究者之间的交流和沟通，也是推动图书馆微博研究的一个重要因素。

总之，图书馆微博研究尚处于初步发展并不断加强的阶段，具有很大的纵向深入与横向拓展的空间，进一步深化与拓展这种研究空间，并使研究成果真正具有指导图书馆微博实践的现实意义，应成为图书馆微博研究未来发展的方向与目标。

参考文献：

[1] Cuddy C, Graham J, Morton-Owens E G. Implementing Twitter in a health sciences library [J]. Medical Reference Services Quarterly, 2010, 29 (4): 320-330.

[2] 李华，赵文伟. 微博客：图书馆的下一个网络新贵工具 [J]. 图书与情报，2009 (4): 78-82.

[3] 刘晓艳. 图书馆微博服务调查与思考 [J]. 图书馆学研究，2011 (9): 74-75.

[4] 毛海燕，王梅. 微博与图书情报服务空间的新拓展 [J]. 高校图书馆工作，2012 (1): 85-87.

[5] 于长福. 微博在公共图书馆中的应用 [J]. 图书馆学刊，2011 (9): 106-107.

[6] 贾爱娟. 微博客：可应用于图书馆的新型交互工具 [J]. 图书馆学刊，2011 (6): 91-92.

[7] Mayo-Smith D. Could you retweet that please? [J]. NZ Business, 2010, 24 (2): 54.

[8] Devoe K M. Bursts of information: Microblogging [J]. The Reference Librarian, 2009, 50 (2): 212-214.

[9] 张敏霞. 微博客及其在图书馆中的应用 [J]. 图书馆学研究，2010 (5): 55-58.

[10] 马飞杰. 微博在公共图书馆中的应用探索 [J]. 图书馆研究与工作, 2012 (1): 38-40.
[11] 袁纳宇. 图书馆应用微博客的价值分析 [J]. 图书与情报, 2010 (3): 104-106.
[12] Fields E. A unique Twitter use for reference services [J]. Hi Tech News, 2010, 27 (6/7): 14-15.
[13] 王妙娅. 国内图书馆微博应用现状及建议 [J]. 图书馆学研究, 2010 (12): 39-41.
[14] 杨亮. 浅议微博客与图书馆的发展 [J]. 中国科技信息, 2010 (10): 202-203.
[15] 张文彦, 王清润. 微博在图书馆推广服务中的应用 [J]. 内蒙古科技与经济, 2011 (9): 138-139.
[16] 张艳霞. 图书馆官方微博应该更个性化些 [N]. 中国图书商报, 2011-11-29 (4).
[17] 周燕妮, 周琳达, 尹帅君, 等. 图书馆界如何玩转微博营销 [N]. 中国图书商报, 2011-07-01 (1).
[18] 蒋萍. 微博在高校图书馆中的应用探究 [J]. 上海高校图书情报工作研究, 2011 (4): 18-19.
[19] 杨洋, 李恩科. 微博在图书馆的应用现状分析 [J]. 图书馆建设, 2012 (2): 87-89.
[20] 张楠. 微博在国内图书馆中应用状况调查及相应发展对策 [J]. 情报资料工作, 2012 (1): 102-104.
[21] 黄淑敏. 图书馆微博使用特征及发展策略研究 [J]. 大学图书馆学报, 2012 (1): 81-83.
[22] 陈丽纳. 微博客 (micro-blog) 在图书馆中的应用研究 [J]. 四川图书馆学报, 2010 (4): 32-36.

作者简介

王　曼，女，1982 年生，馆员，博士，发表论文 10 篇。

张　秋，女，1978 年生，副研究馆员，副馆长，博士，发表论文 20 余篇。

论高校图书馆微博定位及功能

蔡　屏

（华东政法大学图书馆　上海 200042）

摘　要　指出高校图书馆微博存在定位不明确、内容主题混乱、实质内容缺乏等问题，若要从根本上解决上述问题，需确保高校图书馆微博具备信息服务、自我宣传、相互学习、建立联系四项基本功能。最后，对如何更好地发挥微博的各项功能提出自己的见解。

关键词　微博　信息服务　自我宣传　相互学习　建立联系

分类号　G250. 7

近两年，微博成为图书馆人探讨的热门话题。2012 年 4 月 24 日，笔者以“图书馆”与“微博”为关键词，在 CNKI 中共检索出 73 篇论文，其中发表于 2011 年的论文数为 53 篇，约占总数的 73%，但仅有 5 篇被 CSSCI 来源版期刊收录，约占总数的 9. 4%；发表于 2012 年的论文已有 9 篇，有 7 篇被 CSSCI 来源版期刊收录，约占总数的 78%。从论文主题来看，2011 年主要以“图书馆微博的现状与意义”为主要研究方向，而 2012 年则主要研究“微博发展策略”。依此可见，图书馆人已高度重视微博对图书馆服务的良好促进作用，同时研究内容也从较为肤浅的理论探讨转向实践操作。在实践研究中，很多同行已认识到现今图书馆微博存在的不足，且提出了相应的改善策略，但所述策略较为宽泛，缺乏可操作的、有效的实施建议，特别是在图书馆微博功能定位问题上，一般均采取一笔带过的方式，并没有予以较多的关注与思考。笔者认为，图书馆微博主题内容混乱、实质内容缺乏，甚至有充当聊天工具的现状，主要是因图书馆微博功能定位不够明确，导致微博无法发挥其应有的作用[1]。高校图书馆无论怎样定位微博，明确微博在图书馆服务中的各项功能、功能之间的关系以及它们所包含的具体内容等是关键。

本文指出微博定位需明确三个方面的内容，即用户类型、微博功能（信息服务、自我宣传、相互学习与建立联系）和图书馆现实条件，在此基础上，对如何更好地发挥微博的各项功能给出建议。

1　图书馆微博定位内容

在微博定位过程中，首先需深刻认识用户范围以及他们对高校图书馆微博的期许，在充分了解用户真正需求的条件下，明确微博各项功能，并根据现有人员的素质、专业背景提供相应的服务功能。

1.1　认知用户

1.1.1　界定用户范围

在涉及图书馆微博主题的论文中，很多对高校图书馆微博用户的界定比较模糊，往往仅以图书馆服务对象作为用户。笔者认为，这样界定不够全面。高校图书馆微博用户不仅包括高校图书馆所服务的用户，还包括高校图书馆的所有工作人员。

1.1.2　用户需求界定

包括：①服务对象需求。高校图书馆服务对象主要是学生和教师，但主要是学生使用微博，他们借助微博获取信息的需求与他们在成长发展过程中获取知识信息（认知需要），倾诉自我、表达心理感受（情感需要），寻求友谊、进行社会参与（整合需要）以及放松心情、舒缓压力（减压需要）等方面的精神追求和心理需要有关[2]。②图书馆工作人员需求。图书馆工作人员的需求主要是认知需求和整合需求。因为对于工作人员而言，工作与生活分得相对较为清晰，生活中的情感需求和减压需求一般则是通过自己的个人微博或其他途径予以满足。

黄淑敏在谈到明确图书馆微博定位时认为，图书馆微博可定位为：基于图书馆文化与品牌宣传的“自媒体新闻中心”、基于公众服务的“公众互动中心”、基于资源咨询的“信息服务中心”、基于文化传播的“文化活动中心”、基于读者舆情的“舆情监测中心”，等等[3]。作为高校图书馆，其所服务的用户一般为学习、研究型读者，而不是广大的社会公众，因此在用户特征上具有一定的特殊性。高校图书馆微博用户不仅包括读者，而且也包括图书馆工作人员。为此，黄淑敏所倡导的图书馆微博规划定位并不能完全适用于高校图书馆微博定位。高校图书馆需根据上述两种不同类型用户需求定位微博。

1.2　微博功能类型及内容

笔者将图书馆微博可实现的功能概况分为 4 个方面：信息服务、自我宣传、相互学习与建立联系。笔者认为，高校图书馆微博无论是针对读者用户还是图书馆工作人员，均需体现出以上 4 项功能。它们之间的关系是：“信息服务”是图书馆微博发挥的基础功能，“自我宣传”促进了“信息服务”的有效发挥，“信息服务”的目的是促进用户学习，用户借助微博“建立联系”并实现“相互学习”，两者相互促进与影响；同时，“建立联系”促进了“自我宣传”。4 项功能之关系如图 1 所示：

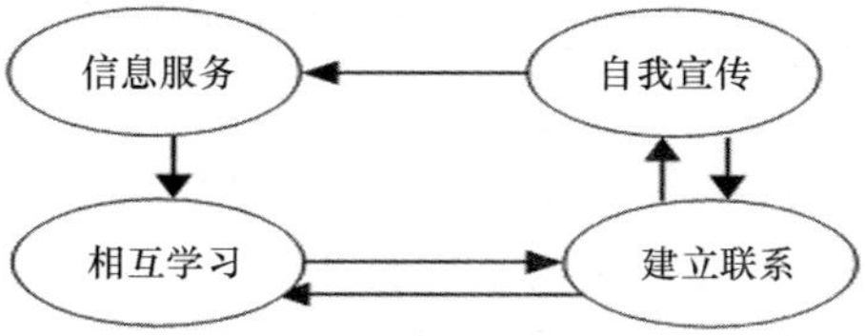

图1　功能关系

1.2.1　“信息服务”

• 图书推荐、数据库培训、新闻通告及其他服务内容介绍。图书馆提供良好信息服务的关键是让读者尽可能地了解并能充分利用图书馆的资源。因此，图书馆可以借助微博及时地向读者提供新到书目信息与简介，及时发布数据库培训日期安排以及图书馆其他工作日程安排与变动等，以便读者能方便地利用图书馆资源。

• 开设特定兴趣主题。这不仅可以拉近图书馆与读者的距离，促进有共同兴趣的读者之间的交流，同时也有利于主题知识的积累。

• 提供各类问题咨询。及时性、便捷性是微博实现实时咨询的良好平台，读者遇到的任何与图书馆相关的问题，都可以借助微博与图书馆进行沟通。

1.2.2　“自我宣传”

高校图书馆一直致力于“自我宣传”，途径很多。但笔者认为，微博是较好的宣传途径，它集文字、图像与视频于一体，能够便捷地将图书馆发生的任何活动实时地、声形并茂地呈现给读者，为读者创造身临其境的感受。微博“自我宣传”功能主要包括：①提供链接，例如发布图书馆网站链接、图书商网站链接等与读者息息相关的各类网站链接。②上传视频，如各类热门播客视频；发布或自制同一主题图书介绍视频等，使读者能突破枯燥文字的局限，生动而有趣地获取信息。③上传图片，例如，上传一些图书馆内外部优美景色的图片或者图书馆开展活动的各类图片等。④举办各类微博活动。互动是增进图书馆与读者之间联系的不可缺少的环节，只有互动才能真正达到自我宣传的目的，因此图书馆可以借助微博与读者开展各类互动活动，如有奖征文、有奖竞赛等。

1.2.3 “相互学习”

微博提供“相互学习”的机会不仅限于读者，也包括图书馆工作人员。

• 面向读者。主要通过以下三个途径予以实现：①建立主题资源库，实现资源共享。对资源分门别类，建立相应的主题资源库，不仅可以方便读者有针对性地获取资源，同时读者也可以将自己拥有的相关主题资源上传，提供他人使用，实现资源共享。②建立主题微群，实现实时交流。微群可以将不同专业读者因共同爱好聚集在一起，而且能够实现实时交流，在解惑的同时，拉近与读者之间的距离。③发布每日小贴士或富有人生哲理、舒缓压力的语录、温馨提示等。高校读者面临的心理压力非常大，图书馆可以借助微博，发布一些人生哲理、名人名言、“心理鸡汤”语句等，使学生通过阅读消除负面心理，舒缓心情，受到启发或产生共鸣。

• 面向图书馆工作人员。面向图书馆工作人员的微博，其“相互学习”功能主要体现在：①向有共同兴趣爱好的其他馆员推荐相关书籍、数据库或分享新信息。图书馆工作人员由于工作内容不同，不同部门之间缺乏足够的交流，新旧校区图书馆人员之间的交流更少。图书馆可以借助微博，向具有共同兴趣爱好的人员提供信息与交流的机会，增进其工作友谊和归属感。②图书馆工作人员生活在知识的海洋里，对阅读的热爱可想而知；他们作为生活的主体同样有着喜、怒、哀、乐，有着各种旅游经历。因此，图书馆可借助微博发布每日小贴士、每日一书、旅游小记等，舒缓工作人员的心情，并提供相应阅读指导。③发布与工作人员生活或工作相关的事件或活动信息等。这不仅可以让工作人员了解相关信息，而且也可以从这些事件中吸取经验甚至教训。④转发与图书馆工作相关的有用信息。为了提升图书馆的服务能力和满足实际工作需要，图书馆不仅可以通过微博凝聚全馆人的智慧，同时也可以借助微博关注其他兄弟院校图书馆发布的各种信息和活动，以便借鉴他馆较好的运作经验，实现“相互学习”。

1.2.4 “建立联系”

微博诞生之初的目的就是实现社交功能，将世界各地的人通过微博联系在一起，因此，“建立联系”是图书馆微博之不容忽视的功能。

• 面向读者。主要体现在：①关注对图书馆有一定想法的读者微博。图书馆可以利用微博将那些经常上图书馆微博或向图书馆提过建议的读者加为“关注”，了解这部分读者微博有利于图书馆改进工作，提高服务质量。②积极转发读者在微博中提到的与图书馆有关的内容。很多读者喜欢将自己在图书馆遇到的问题、事情或者场景的相关信息发到自己的微博上，图书馆看到这些微博内容时，应及时采取相对应的措施，如：及时解决读者所遇问题或困难；转发读者相关评价等。③分享发生在读者中的人和事。这可以让更多的读者了解图书馆。

- 面向图书馆工作人员。"建立联系"的关键是要在彼此之间形成互动，微博互动的方式有多种，一般有以下三种途径：①及时回复并感谢转发本图书馆微博内容或者在微博上提到本图书馆的个人或组织；②回答他人提出的问题；③积极对同行或业内机构发布的内容发表评论。

1.3 明确图书馆现实条件

因图书馆微博揽括的内容和所涉部门很多，有些内容还可能需要专业技术人员或其他领域的馆内外专家给予支持，这就需要图书馆根据现实人员的条件来定位微博功能，对不同功能内容予以一定差别性的对待。例如，图书馆若想突出微博的"建立联系"功能，以缓解大学生所面临的来自生活、学习、就业等方面的压力，满足他们的减压需求，可以提供阅读疗法，但图书馆若安排有心理学专业背景的馆员负责此工作，将能更好地实现该功能；同样，若微博强调的是馆员之间的"相互学习"功能，则馆员自身是否具有危机意识、积极向上的工作态度以及刻苦钻研的专业精神等成为其能否发挥该功能的基石。

只有明确了上述三个方面的内容以后，图书馆微博才有可能实现合理定位。当高校图书馆明确了用户类型和自身现实条件以后，即可初步定位微博的服务特色，但无论其服务类型如何，都需体现上述 4 项功能。因此，笔者下文将着重介绍如何发挥微博功能。

2 促进微博功能发挥的建议

张楠对国内 44 个图书馆微博应用状况的调查显示，国内图书馆利用微博提供的服务内容主要集中在"新闻公告"、"信息咨询"、"书刊推荐"、"资源介绍"以及"知识推送"几类。其中"新闻公告"的利用率最高，达到 100%；"信息咨询"为 61.36%；"书刊推荐"为 56.81%；"资源介绍"和"知识推送"为40.91%[4]。从张楠的调查结果可看出，仅"新闻公告"被图书馆完全接受以外，其他服务都有很大的提升空间，且这些服务内容只满足了用户的认知需求，即仅实现了上述 4 项功能中的第一项——"信息服务"功能。而"自我宣传"、"相互学习"和"建立联系"等方面相对比较弱，这从各个高校图书馆的"关注"和"粉丝"数量即可看出。高校图书馆粉丝数量超过 1 000 的少于 50%，在 4 000 以上的更少，仅有广东外语外贸大学图书馆、厦门大学图书馆和中国矿业大学图书馆三家图书馆。因此，高校图书馆微博需要兼顾后三项功能的开发与利用。

笔者选择了关注度较高，始终坚持图书馆微博建设并已形成了一定特色的图书馆微博，如：清华大学图书馆、上海图书馆、杭州图书馆、重庆大学图书馆等进行了研究，从它们微博已实现的功能入手，详述高校图书馆微博需采取哪些措施以更好地发挥其功能。

2.1 信息服务功能

高校图书馆微博一般都具备了部分信息服务功能，所开设的栏目包括阅读推荐、新闻公告、服务咨询等，但该信息服务功能并未得到充分发挥且受众数量较少。笔者认为，这归因于三个方面，①信息服务内容与用户的信息需求不符；②自我宣传力度不够（对这方面的论述见“自我宣传”）；③内容更新不及时。笔者对上述几个成功的图书馆微博进行调查发现，这些微博功能之所以发挥得较好，有一个共性，即主题选择独特，并且每天在相对固定的时间段发布信息，例如上海图书馆，每天都会发布“晨读上图”、“读书这点事”、“365 时光胶囊”等主题信息。以“365 时光胶囊”为例，该主题每天都会发布历史上今日所发生的重大事件，并提供与此事件相关的书籍链接。如 5 月 3 日，该主题的内容是：1946 年的今天，远东国际军事法庭开庭审判东条英机等日本战犯。同年 11 月 12 日法庭宣布判处东条英机、广田弘毅、土肥原贤二、板垣征四郎、松井石根、武藤章、木村兵太郎绞刑，木户幸一等 16 人判处无期徒刑，东乡茂德判处 20 年徒刑，重光葵判处 7 年徒刑。相关馆藏：http：//t. cn/zOYaqh4 [5]。对历史事件感兴趣的读者，借助该主题即可便捷地获取相关的馆藏，从而达到了知识推送的目的。

2.2 自我宣传功能

图书馆微博实现自我宣传的目的是吸引更多的微博用户予以关注，从而更好地实现图书馆的信息服务功能，因此，采取何种有效途径实现自我宣传是当下高校图书馆需要着重考虑的问题。

很多图书馆也意识到了自我宣传的重要性，但往往只是“一厢情愿”地宣传，并未找到与用户产生良好互动与共鸣的途径。笔者在调查中发现，有部分高校图书馆经常举办一些活动，如在“世界读书日”举办与阅读相关的有奖互动活动等，虽能产生互动，但因活动是在现实环境里举行，只是简单地通过微博发布该活动的举办时间与地点信息，而未能吸引用户运用微博与现实活动产生互动，因此未对微博产生自我宣传的作用。笔者认为，高校图书馆所举办的活动最好能通过微博同步实现报道。例如，清华大学图书馆所拍摄的系列宣传短片“爱上图书馆”，不仅完全由学生参与拍摄，而且将视频放在微博上，供微博用户观看与评价，得到了很大的反响，宣传效果良好，该系列视频获得了2012年度IFLA营销第一名大奖。这不仅宣传了实体图书馆，而且也发挥了微博的“自我宣传”功能。

2.3 相互学习功能

微博的相互学习功能不仅包括图书馆服务对象之间的相互学习，同时也包括图书馆工作人员之间的相互学习。微博的移动性为用户提供了随时随地“相互学习”的可能。微博可以容易地与视频、音频、图片等多媒体技术相结合，使用户学习更有效。在用户微博的博文里可以轻松地附加上图片信息、声音和视频的超链接，通过140字的描述，使其他用户能清楚地了解到多媒体资料的信息，供学习者筛选，进行媒体整合，提高学习效率[6]。例如通过微博实现微直播：参加学术报告会的听众可以利用自己的手机将演讲者的精彩观点和思想火花传播出去；研讨会上随时报道会议实况等，使那些没有机会参加会议但同样关注该学术活动的微博用户能身临其境般地获取及时信息。

以图书馆工作人员相互学习为例，很多图书馆微博均将我国较知名的图书馆专家学者加为关注，如书蠹精、老槐、超平、彭老图、书骨精、图林老姜等，由于他们所拥有的资源要比普通图书馆员要多很多，所以通过他们即可了解和学习到与图书馆相关的内容。如书蠹精通过微博现场跟踪报道了《第四届全国文献采访工作研讨会》，并上传了各个专家所作会议报告的视频，这为所有未能参加会议的图书馆采访人员提供了一次难得的学习机会，同时也增加了他人对其微博的关注度，其微博的“建立联系”、“相互学习”功能得到了进一步的强化。

2.4 建立联系功能

在建立广泛交际圈的有效性上，其他技术是无法与微博相比拟的。微博可以通过@我、评论、私信、实时聊天等方式，将具有相同理念的人紧密联系起来，促进他们原有知识结构的重新的建构[6]。但遗憾的是，虽然高校图书馆一般在自己的微博上都会“关注”他们感兴趣的人，但无论在关注数量上，还是专业相关性上离理想状态存在一定的差距，大多数图书馆微博主要关注的人是本校教师和领导，忽视了对学生读者的“关注”。另外，对同行的关注也不多，这使得微博的“建立联系”功能大打折扣。在这方面做得较好的是重庆大学图书馆微博，它特别重视对其他兄弟院校图书馆微博的关注，这样可以获取其他高校或公共图书馆发布的公告信息，了解他们的动态，及时学习好的经验。同样，也关注普通读者（成为读者的粉丝），了解他们的阅读状况和需求，根据读者的需要对图书馆的服务和资源建设进行改进，真正做到以人为本，读者至上[7]。

这里需要特别指出的一点是，图书馆微博所运用的语言需要平民化，让用户有种亲近感，而不是一副冷冰冰的"官方机构"的腔调，这样才能有效地建立联系。例如，清华大学图书馆时常运用网络语言（如：亲、肿么、孩纸、神马、浮云、给力等）与用户交流，这是一个较好的建立联系的沟通方式，聚合能力更加强大。

3 结 语

总之，高校图书馆如何定位微博是充分利用好微博的首要且关键一步。无论微博如何定位都需体现出基本的4项功能，即：信息服务、自我宣传、相互学习与建立联系。这4项功能不是孤立存在的，而是相互影响、相互促进的。信息服务功能的良好实现需要自我宣传功能的发挥，同时又能促进用户的相互学习；用户的相互学习依赖于联系的建立，同时，广泛建立的联系又能极大地促进相互学习。

参考文献：

[1] 杨帅，吴卫娟．我国图书馆微博现状调查分析［J］．图书馆学研究（应用版），2011（8）：12－15.

[2] 赵文．青年使用"微博"的现状与思考［J］．当代青年研究，2011（10）：1－6.

[3] 黄淑敏．图书馆微博使用特征及发展策略研究［J］．大学图书馆学报，2012（1）：78－83.

[4] 张楠．微博在国内图书馆中应用状况调查及相应发展对策［J］．情报资料工作，2012（1）：102－104.

[5] 上海图书馆信使［EB/OL］．［2012－05－04］．http：//weibo.com/shlibrary？topnav＝1&topsug＝1.

[6] 张豪锋，杨绪辉．基于微博的移动学习实例研究［J］．继续教育研究，2012（3）：75－77.

[7] 刘静．我国高校图书馆认证用户微博调查分析：以新浪微博为平台［J］．图书馆学研究，2012（1）：90－95.

作者简介

蔡 屏，女，1976年生，馆员，发表论文25篇。

图书馆科学文化微博传播模式研究*

——中国科学院国家科学图书馆的探索和思考

杨 琳[1] 龚惠玲[1] 陈朝晖[1] 李 武[2] 田 蕊[1]

（1. 中国科学院国家科学图书馆 北京 100190；2. 上海交通大学媒体与设计学院 上海 200240）

摘 要 指出微博已经成为图书馆宣介图书馆特色文化资源、推送综合文化服务，提升公共文化服务职能的有效平台；介绍中国科学院国家科学图书馆所构建的集微博信息发布、微博活动直播、微博大屏幕、微访谈等多种微博服务应用于一体的“微博传播云”模式，认为其能使图书馆的品牌营销有效提升、图书馆与公众之间的“最后一英里”问题得以缓解、图书馆的科学传播模式从“缺失模型”向“语境模型”演进转变。

关键词 微博 图书馆 科学文化传播

分类号 G206 TP393

基于 Web 2.0 的互联网新型应用——微博，已经成为社会公众进行信息分享、信息传播的重要平台。根据 2012 年 1 月 16 日中国互联网络信息中心（CNNIC）发布的《第 29 次中国互联网络发展状况统计报告》，截至 2011 年 12 月底，我国微博用户数达到 2.5 亿，较上一年底增长了296.0%，网民使用率为 48.7%。微博用一年时间发展成为近一半中国网民使用的重要互联网应用[1]。微博的迅速普及，为图书馆开展特色公共文化服务开拓出新的发展空间。

* 本文系中国科学院国家科学图书馆 2010 年度自选项目“创意文化案例分析及实证研究”（项目编号：10zx031001）和青年人才领域前沿项目“基于新媒体环境的国家科学图书馆科学文化传播发展模式研究”（项目编号：Q110181001）研究成果之一。

1　微博在国内外图书馆文化传播服务中的应用

根据为图书馆员服务的维基 LibrarySuccess、NFI（Net Future Institute）研究所和佛罗里达州立大学信息学院 Lindy Brown 的统计，国外已有超过 700 家图书馆在使用微博为读者进行服务，例如向读者发布新书通告、馆讯、展览等信息，可以说，微博在国外图书馆中的应用已经相当盛行。图书馆微博的粉丝队伍也日益壮大，根据 NFI 的“公共图书馆 Twitter 人气排名”，排名第一的纽约公共图书馆的粉丝（followers）达到了205 447人（截至 2012 年 5 月 28 日），非常活跃。还有很多美国图书馆利用微博开展文化传播服务，如爱达荷州艾达（Ada）图书馆和俄亥俄州克利夫兰公共图书馆利用微博发布展览通知，密苏里河区域图书馆发布青少年活动信息等[2]。

笔者通过使用美国国会图书馆 Ask A Librarian 系统，以邮件问答的方式获得其馆员发来的国会图书馆开展文化传播活动的 Twitter 截图以及馆员对于相关业务的简要介绍，了解到 Twitter 已经成为该馆宣传展示文化传播资源的有效平台。据 Twitter 截图显示，截止到 2012 年 5 月 25 日，国会图书馆在 Twitter（Library of Congress@ librarycongress）的 followers 达到了 376 323 人，社会公众通过微博与国会图书馆的互动十分活跃。在其微博上，我们可以看到国会图书馆与社会各界合作开展了形式多样的文化传播活动，如 2012 年 9 月该馆将在其自 2001 年起主办的国家图书节（National Book Festival）上与美国新闻协会联合举办“哈珀·李文学奖颁奖仪式”；又如该馆结合美国社会发展历史，曾在 2004 年推出纪念犹太民族移居美国 350 周年的“从避难所到家园”专题展览。国会图书馆微博的特色之一就是与国会图书馆博客紧密关联，对于一些图书馆的重点文化活动或者文化传播资源通过微博迅捷揭示之余，在博客中提供更为完整的描述，并将博客地址明确标注于对应微博之后，方便感兴趣的公众深入了解活动或资源内容。

鉴于微博对图书馆的运营环境带来如此巨大的变革，美国国会图书馆于 2010 年 4 月 14 日宣布，将收藏美国社交网络及微博服务网站 Twitter 上的所有历史记录。其收藏起始年限将追溯到 2006 年 Twitter 诞生时。此举旨在让后世的人们能够以此为线索了解目前人们的想法。报道称，保存对象不仅限于美国总统奥巴马等著名人物，还包括普通人的发言记录。目前每天会有 5 千万条以上的信息上传到 Twitter 上，此次收藏的记录总数累计将达数十亿条[3]。可以说，这些保存起来的微博信息已经成为国会图书馆独特的文化传播资源。

在我国图书馆界，已经有越来越多的图书馆意识到 Web 2.0 环境下微博在图书馆信息服务中的作用，并纷纷地开通微博，杭州图书馆、国家图书馆、上海图书馆、深圳图书馆等均已建立特色各异的微博，不断拓展利用微博开展文化传播活动的发展空间。

2 中国科学院国家科学图书馆微博文化传播服务模式构建

借鉴国内外图书馆微博服务的先进经验，中国科学院国家科学图书馆（以下简称“国科图”）利用新浪微博平台设立官方微博“科学人讲坛”（http：//weibo.com/u/1988489567），宣介图书馆特色资源、推送综合文化服务，提升公共文化职能，逐步建立起集多种功能于一体的科学文化“微博传播云”模式。微博信息发布、微博活动直播、微博大屏幕、微访谈、微话题、微公益、微视频、微相册、同城微博等诸多微博应用作为“微博传播云”的有机构成，随着微博平台功能的持续开发和拓展而不断演变和完善，使图书馆的综合文化传播资源能够通过“微博传播云”与更广泛的社会公众实现链接和沟通，如图1所示：

图1　图书馆科学文化微博传播云模式

在诸多的微博传播应用中，微博信息发布、微博活动直播、微博大屏幕、微访谈是目前国科图微博文化传播云中的主要模式。

2.1　微博信息发布：迅捷揭示图书馆文化资源

微博较其他互联网工具最大的优势在于能够更为快速地传播信息，其原因除了发送方式的多样化以外，一个非常重要的因素是它具有转发功能——当某一原创帖发布后，它通常被原创作者的粉丝发现并可能转发，转发帖又可能被粉丝的粉丝发现和转发，以此层层传播扩散，形成了一个典型的级联传播网络[4]。根据微博的这一特性，国科图首先将微博作为向社会公众发布信息，揭示展览、讲座、科学对话、新书推介等图书馆综合文化传播服务资源的便捷渠道。通过关注微博、关注国科图的粉丝、博友等的浏览、反馈、转发等行为，实现实时“点对面”的传播效果。为了阐释科学技术发展与文化的紧密关联，国科图“科学人讲坛”微博曾于2011年7月14日16点33分发布博文“7月16日上午9：30至11：30于中科院国家科学图书馆（中关村北一街）多功能厅举办讲座《开放、包容与本土化——遗产修复的文化内涵》，著名遗产修复专家詹长法研究员向您解读文化背景如何影响遗产修复技术与形式”。该博文发出后，网友“田不野”、“万恶的星期二”等进行了转发，并就博文内容发表评论和参与讲座活动倡议——“田不野：//@科学人讲坛：文化竟然能影响遗产修复的技术和形式??? 来听科学人讲坛吧!! @万恶的星期二@田不野（2011－7－14 17：08）”[5]。

2.2 微博活动直播：图书馆担任@时代话题领袖

微博比以往的传播渠道更大程度地提高了用户体验的现场感，成为图书馆记录文化传播活动过程、宣传活动精华亮点的有效渠道。“2011年杭州图书馆微博事件”[6]等许多社会热点事件都是通过微博第一时间予以报道的。微博传播的即时性大大缩短了事件发生与信息发布之间的时间差，再辅以图片、视频的运用，使网民能够虚拟“亲临现场”，并实时通过微博发表评论，反馈自己的意见、看法，与信息发布者进行互动，围绕特定主题事件形成社交网络，使图书馆有机会担当这些特定网络的“话题领袖”，完成既定的传播活动议程。立意宣传生物多样性保护的环保理念，国科图曾于2011年10－12月与国际著名环保非政府组织（NGO）大自然保护协会联合主办“长江保护系列论坛”，并由“科学人讲坛”微博进行活动直播，通过“生态环境研究中心马军老师用一幅幅生动的图片向大家说明：我国目前在长江保护中的现状和政策”、“渔民说：二十年前我在这湖里洗澡，二十年后我在这湖里捞藻。走的太快了，我们必须慢下来，在经济发展的同时谨记保护大自然!”[7]等博文对主讲专家及其演讲内容进行简要介绍，实时传播环保的科学知识和科学理念。

2.3 微博大屏幕：线上线下同步互动

伴随着网络技术的不断升级，微博传播渠道也不断创新，微博大屏幕就是其中一种利于图书馆创新服务模式、提升服务水平、提高服务影响的有效途径。微博大屏幕又称微博墙，是在物理活动场所展示特定主题微博的大屏幕，它可以同步显示现场参与者发送的短信和网友发送的微博，使场内外观众能够第一时间传递和获取现场信息。现场参与者与网络参与者形成互动的文字、图片直播，现场只需通过短信或者客户端发布微博就能在微博墙和网络上同时呈现，而场外的网络用户根据本活动主题发送的微博也会同步显示在微博墙和网络上。通过“上墙”，现场参与者可对大会现场环境直接反馈，网友则可对现场的新闻进行实时捕捉和评论。

国科图在2011年12月18日举办的“伟大的爱国者 杰出的科学家——纪念钱学森诞辰100周年科学家与中学生面对面对话”活动中，联合新浪微博首次引入微博大屏幕直播模式，更为迅捷直观地展现对话嘉宾与网友的互动交流，活动现场大屏幕上有来自现场观众和网友的319条微博信息参与互动，精彩的提问、精妙的回答，不时将活动推向高潮，例如，“手机用户2538594853：#钱学森诞辰百年#什么是震撼？今天听了、看了关于钱老的事迹，终于真正体会到了这种感觉。向钱老致以崇高的敬意!! 八一中学初二十三班李W清＊^o^＊”；“北京龙城小官人：#钱学森诞辰百年#一代科学巨匠，他的人品光辉会照耀我们继续前行，希望中国出现更多这样的学者!”[8]。可以说，微博大屏幕不仅提升了图书馆文化传播活动的时尚性和亲和力，更通过网友在微博上的真实感受实时传播了科学精神和科学文化，扩大了图书馆的社会影响。

2.4 微访谈：图书馆资源集成新平台

对于图书馆的文化传播服务而言，经常面临的发展瓶颈是主讲专家、活动场所、实体展览等资源因地域分散、“档期”冲突等原因而难以实现优化组合，进而满足公众的服务需求。“微访谈”则为图书馆提供了集成各种优势资源的新平台，它是建立在微博基础上的访谈类服务新产品。与传统访谈不同的是，“微访谈”的所有问题都来自于普通网友，并且由访谈嘉宾直接进行回答，真正做到了不同地域、不同专业、不同文化背景的嘉宾与网友之间的零距离交流。而且微访谈采取事先征集网友提问的方式，让访谈嘉宾能够对网友感兴趣的话题有针对性更强、思考更全面的反馈，从而提高了网友与专家互动的质量。图书馆开展“微访谈”，可以借用新浪、搜狐、人民网等公共媒体平台，利用其提供的开放编辑管理后台界面，将事先约定好的访谈嘉宾、访谈话题、背景资料等资源集成呈现，并根据网络用户需要和图书馆文化传播服务目标对活动流程进行“把关”控制，有利于为公众提供科学、理性、有文化内涵的服务资源。在微访谈的实际运作方面，复旦大学图书馆进行了成功的先期探索。

2012年5月3日19：00－20：30，复旦大学图书馆利用其新浪认证的官方微博“复旦图书馆官方微博V”和葛剑雄馆长的认证微博“葛剑雄V”，推出“对话葛馆长—复旦师生畅谈图书馆——2012年图书馆宣传推广系列活动之馆长微访谈”活动，在新浪微访谈平台上呈现出的活动简介清晰地展示出微访谈的意义所在："复旦大学图书馆历来很注重和读者的互动和沟通。留言薄、日月光华 bbs、新浪认证官方微博等渠道的读者反映葛馆长都会回复。2010 年、2011 年图书馆宣传推广活动中都举办了葛馆长与读者互动的活动。2012 图书馆宣传推广活动中，葛馆长将在线与复旦师生进行交流。非复旦图书馆用户或者与复旦图书馆无关的问题，由于时间关系，可能不会得到答复，请网友们理解。关于我们复旦师生大家的图书馆，您的困惑、期待和心愿，欢迎发言"。在活动期间，网友共提出 107 个问题，葛剑雄馆长给出了 51 个回复，其中既有对图书馆图书借阅规定的制度问答，也有对图书馆发展前景的探讨，如"顾乱千：向@ 葛剑雄提问：葛馆长你好，请问您对建立华东地区的高校图书馆资源共享体系或者说全国高校的共享体系有什么建议吗？最近清华大学图书馆获得了 IFLA 的营销奖，请问您如何看待图书馆自身营销的问题?"葛剑雄馆长给出了求真务实的回答——"葛剑雄 V：高校间已有一些共享的项目，并行之有效。如我今天上午在杭州参加的 CASHL 走进浙江。此项目已向全国 600 多高校提供 60 万篇文献。资料共享是既定目标，但如何做得从实际出发，不必拘泥于什么范围，目前尚无华东的具体计划。图书馆需要自我营销，基础是服务"[9]。

3 "微博传播云"模式与图书馆公共文化服务能力提升

美国高校图书馆与研究图书馆联合会（ACRL）前主席 Linke 认为 Facebook、Twitter 以及其他基于网络的社会环境给了高校图书馆第二次生命，可喜的是图书馆也把握住了这个机会，如今图书馆作为高校生活的宝贵基石，正利用"第二生命"全力提高学生信息素养，拓展他们的研究技能并帮助他们了解如何评估电子和印刷文献的价值[10]。微博传播云模式在图书馆文化传播、资源揭示、参考咨询等综合业务中的广泛应用，积极推动了图书馆公共文化服务能力的提升。

3.1 微博传播模式成为 Web 2.0 时代图书馆品牌营销的有效途径

图书馆引入微博等新媒体传播平台和技术，并且根据需要量身定制微传播模式，可以实现图书馆综合文化资源的个性化宣传，进而增强图书馆文化传播活动的互动性和时尚感，进一步扩大网络公众覆盖面，构建起提升图书馆服务开放性的社交网络，有利于打造科学、理性、权威公信又具有亲和力的机构形象，拓展网络互动社区服务阵地，提高图书馆文化传播品牌知名度，是 Web 2.0 时代图书馆营销的有效途径。开展微博综合信息及文化传播服务，首先有助于降低图书馆营销成本——图书馆在新浪微博等公共媒体服务平台上开通微博账号即可免费发布服务信息内容，发起不同“话题”，吸引一定量粉丝的关注，并通过“粉丝”社交网络的转发实现更广泛的信息传播，从而对图书馆的综合文化信息服务资源进行有效的免费推广；其次，微博是图书馆了解读者需求的有效平台——微博记录了图书馆用户及其他网络公众的需求、感受、爱好、计划等，包括对图书馆及其资源和服务的需求及反馈，有助于图书馆深度了解读者，并不断优化和完善服务策略和营销策略，从而不断提高图书馆用户的满意度；第三，微博有助于提升图书馆的品牌凝聚力——微博可以把对图书馆资源和服务具有相同兴趣的人聚集在一起，并在自由讨论的过程中自发产生“话题领袖”（或称“意见领袖”），这些意见领袖有可能是著名图书馆的负责人、图书馆学研究者，还有可能是使用过图书馆资源和服务的知名科学家、文化名人或有独到见解的草根公众。这些意见领袖对图书馆的看法通过微博展示出来，会吸引其自身的粉丝和对图书馆相关话题感兴趣的网友，这两部分博友都有可能转化为图书馆的固定粉丝，从而通过其微博传播活动提升图书馆的品牌凝聚力和影响力。

3.2 微博传播模式有助于拉近图书馆与公众之间的“最后一英里”

图书馆作为我国公共文化服务基础设施中的重要组成部分，在面向社会公众提供文化传播服务的过程中，“最后一英里”问题十分突出：一方面，图书馆在投入巨大的资金、人力、时间、设备等成本的基础上，为社会用户汇集了大量的文献、数据库、讲座、展览等多媒体文化资源和服务产品；另一方面，由于受图书馆宣传方式以及用户文化程度、思想观念、信息能力等综合条件的影响，相当数量的公众群体并没有享受到图书馆的资源和服务。在这种情形下，以微博为基础的“微传播”作为一种新型文化传播模式，成为提升资源揭示程度、主动推送服务，从而拉近图书馆与社会公众之间“最后一英里”的有效途径。微博操作简易方便，难度系数不大，大部分网民只要进行简单的注册，即能成为微博用户；而且随着手机终端的普及，几乎所有的微博都提供了手机绑定服务，因此，只要拥有一部手机就可以随时随地更新微博，无须依托电脑设备。此外，网民可以通过手机短信、IM 软件（Gtalk、MSN、QQ、Skype）和外部 API 接口在线页面、手机短信、即时通讯工具、桌面客户端、电子邮件，甚至输入法等途径发送微博、浏览微博，达到了节省时间的最高境界，进而使图书馆的资源与服务与用户之间达到“无缝链接”（seamless user experience）的状态。

3.3 微博传播模式促进图书馆科学文化传播模式变革

微博传播模式有助于图书馆和用户结合图书馆的各种资源与服务，相对自由地发起各种话题，展开开放讨论，形成不同的意见群组，推动构建以知识平等利用为中心的氛围和理念，引发公众对知识信息的意识和兴趣，自发地参与知识传播的进程，并提升自身的信息素养、科学素养和文化素养，从而促进科学知识、科学方法、科学思想、科学精神在公众中的有效传播[11]。

微博传播模式在图书馆科学文化传播服务中的应用，折射出科学传播模式从“缺失模型”（deficit mode）到“语境模型”（contextual mode）的演进转变。所谓“缺失模型”，是指科学传播者假定公众缺乏某些应具备的科学素养，进而为他们提供这些知识，但这只是一个单向的线性灌输、填充模型，忽视了公众的反馈，忽略了对科学方法、科学思想和科学精神的传播。鉴于科学传播与社会的密切关系，研究者们将转变思路，充分考虑社会语境，把科学传播的对象视为具有不同文化背景的多样化的受众，把新媒体传播纳入模型，形成一种根据不同语境向公众传播科学信息的多主题、多渠道、双向互动的模型，即“语境模型”[12]。如图 2 所示：

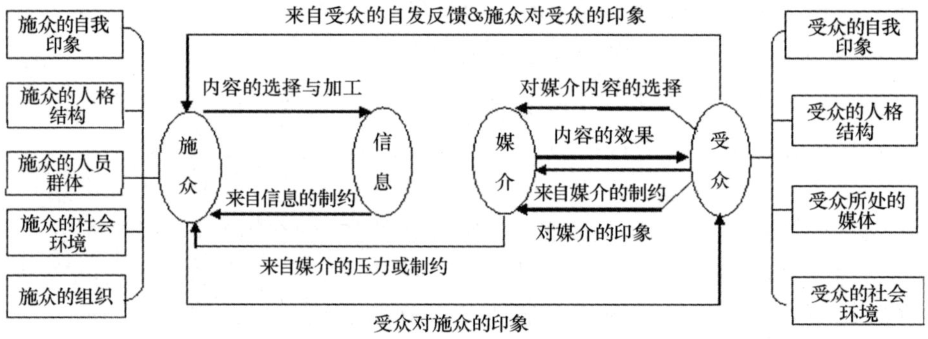

图 2　科学传播的语境模型[10]

4　结　语

国际图联（IFLA）前主席 Allen Tise 在 IFLA 2011 年年会开幕讲话中曾指出：“21 世纪的图书馆将不仅仅是‘图书馆所在空间范围内的资料、资源、服务以及建筑物的集合’，而是成为一个更加强大的信息采集、组织以及传播的机构”[13]。微博等新媒体与公众生活的结合日益紧密，使图书馆的公共文化传播服务进入新的发展阶段。一方面，新媒体环境中的海量信息极大地拓展了社会公众的文化视野，使他们能够通过自觉学习和自由获取，对信息的知识内涵和文化内涵有更为深入的理解和把握；另一方面，网络传播的互动属性，使公众能够零距离地接触信息，并实时地传递反馈意见，为公众真正参与文化传播事业的发展提供了可能。在这一发展趋势下，中国科学院国家科学图书馆充分利用微博等新媒体拓展传播空间，不断地延伸和扩大公共文化服务功能，形成以提供文献信息服务为主、兼容其他社会文化服务的新型服务格局，超越传统图书馆的功能定位和服务模式，日益成为公共文化传播服务事业的重要一环。

参考文献：

[1] 中国互联网络信息中心. 第29次中国互联网络发展状况统计报告［OL］.［2012-03-12］. http：//www. cnnic. cn.

[2] 李金波. 国外图书馆微博客建设及其启示［J］. 图书与情报，2011（1）：70-71.

[3] 美国国会图书馆将收藏Twitter上所有历史记录［OL］.［2012-03-12］. http：//www. chinanews. com/gj/gj-sjkj/news/2010/04-15/2228340. shtml.

[4] 袁毅. 微博客信息传播结构、路径及其影响因素分析［J］. 图书情报工作，2011，55（6）：26-30.

[5] 科学人讲坛微博［OL］.［2012-03-12］. http：//weibo. com/1988489567/eDV9DSpbyCf? type=repost.

[6] 褚树青. 人类文明最后一个避难所就是图书馆［OL］.［2012-03-10］. http：//www. cq. xinhuanet. com/news/2011-01/26/content_ 21953193. htm.

[7] 科学人讲坛微博［OL］.［2012-03-12］. http：//weibo. com/1988489567/profile? leftnav=1&wvr=3. 6#! /1988489567/profile? leftnav=1&wvr=3. 6&page=3&pre_ page=4&end_ id=3449268108661174&max_ msign=-1.

[8] “钱学森诞辰百年”的相关微博［OL］.［2012-03-12］. http：//s. weibo. com/weibo/%2523%25E9%2592%25B1%25E5%25AD%25A6%25E6%25A3%25AE%25E8%25AF%259E%25E8%25BE%25B0%25E7%2599%25BE%25E5%25B9%25B4%2523&b=1&rd=MTEwO&page=1.

[9] 对话葛馆长-复旦师生畅谈图书馆［OL］.［2012-05-22］. http：//talk. weibo. com/ft/201205035214? page=1.

[10] Google、Facebook、Twitter时代，高校图书馆依然蓬勃发展［J］. 现代图书情报技术，2009（5）：96.

[11] 李武. 开放存取的两种实现途径研究：OA期刊和OA知识库［M］. 上海：上海交通大学出版社，2012：257-259.

[12] 张婷. 科学传播研究热点的演进——基于科学知识图谱的可视化研究［J］. 科普研究，2010（1）：24-27.

[13] Tise E R. The president’s page［OL］.［2012-03-12］. http：//www. ifla. org/files/hq/publications/ifla-journal/ifla-journal-36-2_ 2010. pdf.

作者简介

杨　琳，女，1975 年生，馆员，博士，发表论文 10 余篇，参编著作 5 部。

龚惠玲，女，1962 年生，馆长助理，发表论文多篇。

陈朝晖，男，1969 年生，研究馆员，硕士生导师，发表论文 20 余篇。

李　武，男，1980 年生，讲师，博士，发表论文 20 余篇，参编著作 5 部。

田　蕊，女，1989 年生，硕士研究生，发表论文 4 篇。

综　合　篇

微博的情报学意义探讨

余　波

（西南科技大学经济管理学院　绵阳 621010）

摘　要　微博（Microblog）是目前继博客之后最为流行的网络信息交流平台，与传统信息交流平台相比，微博具备多种新的传播特点和信息服务功能。从微博的信息传播属性、信息公平获取，微博空间的信息服务整合，微博的人际关系网络、竞争情报价值，微博中的信息污染、空间生态等多个方面，分别探讨它所包含的情报学意义。

关键词　微博　信息传播　信息获取　情报学 意义

分类号　G354

微博（Microblog），也称微博客，又被网友昵称为“围脖”，是目前网络上最为流行的基于用户关系的信息分享、传播以及获取平台，包括图、文、链接、视频等信息内容。微博以其注册开放、简单自由、受众群聚、交流互动（follow）、传播及时等特点，从预热、慢热到火热的状态进入了上网主流人群的视野，成为 Web2.0 时代网络技术的又一次突破和创新。这其中所包括的情报学意义值得探讨。

以新浪微博为例，微博的框架结构及信息组织方式见图 1[1]。

图 1 展示了 Web2.0 下微博以用户为中心和关注度聚合（人气）的网络社区特点。微博信息的传播、搜集和利用都要有效适应这一信息组织方式的变化。

1　信息传播：微博信息的公平与开放获取

微博实现了信息的即时分享。博友可以将看到的、听到的、想到的事情，微缩成一句话、一张图片，随时通过电脑或者手机发表到自己的微博上面，让朋友们在第一时间知道这些信息，和自己一起分享、讨论。目前许多突发信息都是微博在第一时间内传播出去的。

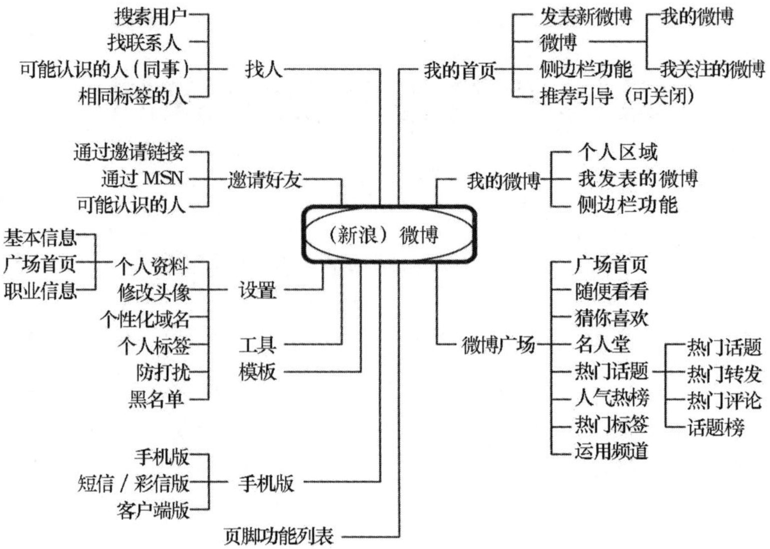

图 1　微博的基本框架结构及信息组织方式示意

1.1　信息传播性是微博的基本属性

信息是表征人类社会生活的属性的基本内容，信息只有被传播才能被有效利用。同传统信息相比，Web2.0 下的信息是自下而上的微内容，传播也是从“人机对话”转向了“人人对话”的人际交往方式[2]，微博较好地体现了当今信息传播的这种基本属性。

- 实时交互性。传统大众传媒的重要特点之一是信息传播的单向性，这一特征导致受众对媒介信息的反馈大部分是事后的、延时的。而微博作为一种即时信息的交流平台，有着传统媒体无法比拟的优势，它利用计算机网络或移动通信网络实时地与受众交互，受众可以应答，也可以不应答，受个人兴趣支持，或是关注，或是转发（分享），或是收藏，或是评论，或是找人，或只是随便看看而已。

- 离散传播性。微博作为新兴传媒工具具有阅读便捷、不受时空限制的特征，特别是互联网与手机绑定后，人们可以随意将一条信息同步发送给众多接受者，打破了信息传播在地域、时间和终端设备上的限制。这种对离散时空的利用体现了微博传播的离散属性。移动互联、漂移交流将是未来微博信息传播的重要方式。

- 服务分众化。在数字网络时代，信息传播活动呈现出一种整合的形态，常常聚类为趣味相投或者利害相关的“小众”方式，来对抗传统大众传播中整齐划一的声音，从而舒张个人的意愿。微博的服务分众性是显而易见的，简短的内容对于任何一个受众都是以其自身的个性需求而吸纳和传播的，若按相关的“小众”圈子都能够实现快速聚合。比如股民可以只关注股评师们所发的微博，不但可以听到实时解盘以及最新政策，而且可以聚类成群相互交流炒股信息，认识更多的股民朋友。

1.2　草根特性保障了微博信息传播的公平性和原创性

人人享有自由的话语权利和平等获取公众信息的权利是民主社会的重要标志，体现了对信息弱势群体的人文关怀。微博同其他 Web2.0 应用技术一样，参与者始终以一种开放、自由的方式，以一种草根心态，以一种平民情节，以匿名或趣名的符号形式来随时更新自己的签名，信息（或“话题”）的创立和转发很少是经过深思熟虑或刻意加工的[3]，保障了日常交流传播的公平性和原创属性。原创性符合情报学中二次信息的提取原则。

2　信息共享空间：微博信息的整合服务模式

微博中的信息主要来自个体、传统媒介和互联网、手机等新媒体渠道，凡是参与微博信息交流的用户都可通过 Web、WAP、E－mail 以及其他 IM 客户端的方式（如与 MSN、Gtalk、QQ 等绑定）来即时发布、更新、分享短消息，就各自不同的需求来构建完美的信息共享空间（Information Commons，简称 IC），如图 2 所示：

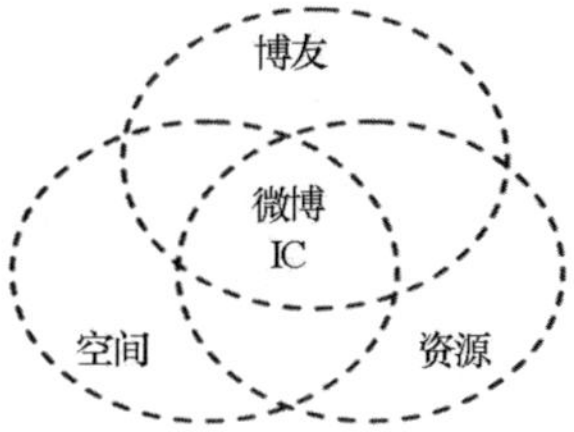

图 2　微博 IC

IC 是一种集信息资源、网络环境和服务（人）过程于一体的学习方式，它可以为用户提供学习、休闲、交友的“一站式”服务，让读者在轻松愉快的环境下获得广泛的信息摄入。

2.1　微博作为理想 IC 的基本要素

- 微博具备独立的交流空间。互联网上的交流是自由随意的，都是即时信息的有感而发或快速通报，加之手机上微博本身就是一件个性化的行为，信息的聚合、人气社区、传播对象的分众特性等自动地形成，因而微博的交流空间不论对信息发布者还是阅读者都是个性非常突出的虚拟场所。

- 集成性是微博信息的最大特点。将一些孤立的信息元素通过某种方式集中在一起，产生联系，从而构成一个有机信息全景的过程，这就是集成。微博中的信息聚合和受众聚类是动态集中在一起的，相同的信息特征和共同的个体偏好常常形成分众社区，大家协同传播共同学习，支言片语的即时表述（140 字左右）汇集成了信息的海洋。

- 博友间的理念平等、权利平等凸显其平民化风尚。微博中的个体是熟悉的也是陌生的，名字是符号也是个性，是假的也可能是真的，是类聚的也可能是推荐的，是高调的也可能是隐身的，但有一点可以肯定，大家是平等的、放松的。这里可以把名人当草根，把刻板的人当成有趣的朋友。

- 自由是微博的生命要素。人们追求自由就是在寻求自我行为与自我意识的一致，充分表达出自己的意志、权利、道德和爱的倾向性。微博空间是显露自我意识的舞台，这种意识总是游走在个性自由与自由矛盾、自由危机的边缘，既兴奋刺激又不惧个体欲望的展示。博友们的信息取向有时尖锐，有时盲目，他们的空间发言、评论和学习总是自由随意而又自觉充满着道德的调节。

2.2 微博 IC 是未来信息服务的新潮流

微博是信息服务的新型 IC，与手机互连拓展了共享的空间领域，方便而简洁。就其社会性而言，它具有交流工具的协同互联性、满足个性的适应性、技术上的先进性、信息合作的群体性等 IC 特性，能较好地将用户个性需求、先进工具的应用和友好平和的环境营造，从空间、内容、流程等方面来达到微博的资源、空间、服务（人）和功能的充分整合，未来具有较大价值的发展趋势。我们应充分重视对这类虚拟层面 IC 的动态评估。

3 人际关系网络：微博是获取竞争情报的重要平台

人际交往是微博客的最重要功能之一。博友们大多来自于事实的生活圈子，在相同空间环境下晾晒心情、记录思想、共享信息，不但建立和维系了社会关系网络，而且还优化了相互之间的沟通渠道，如图 3 所示：

3.1 自组织网络社区是一种重要的人际关系网络

人际网络又称社会网络（Social Network），是为了达到特定目的，人与人之间进行信息交流和资源利用的关系网，谁拥有较好的人际关系圈，都会成

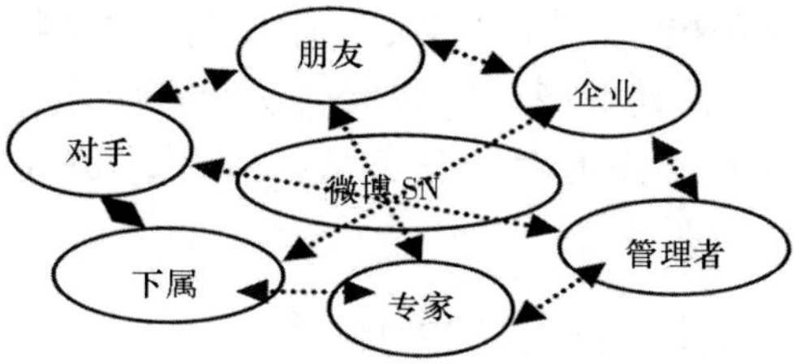

图3　微博的人际关系网络

为个人或组织的无形资产，成为社会尊重的对象。包昌火先生认为，建立内紧外松的网络模型是一种人际关系网络的最佳结构模式[4]，微博中的博友们总是在一种宽松、和谐、有趣的关系中寻求思想和行为上的一致性，自组织形成人情味浓郁的网络社区，这既是一种人际资源，更是一种重要的社会资本。

微博中人际网络的建立和维持并不容易，需要具备相应的才能、经验、真诚、勤奋、耐心、兴趣点和沟通能力等，其核心是个人与社区的亲和力，如果没有人站出来应和你的所言所感，那么这个动态的人际网络你就难以进入。而网络一旦建立，人气的马太效应（Matthew Effect）愈发明显，社区往往成为可以获得最直接最深入问题信息的来源。

3.2　微博圈是竞争情报获取的重要场所

竞争情报是情报研究的重要内容，除了传统的竞争情报方法外，最为重要的是隐性情报的挖掘，这种关注和响应不是来自传统的文献领域或社会调查，而是更多来自于人际关系网络中的数据挖掘。微博中存在各种强弱“连带”关系，开发和利用人际社会资源，获取企业生产经营和管理决策的竞争情报，微博是一个重要的网络信息平台。

- 微博是获取隐性知识的重要途径。我们知道，隐性知识是无法用社会逻辑工具来明确表达和分类的知识，只存在于人的大脑中，因而更具预见能力和创造价值。但它常常是通过隐喻、模型、象征性语言等形式被演示领悟或表达出来，只能通过与此拥有者的直接接触或语言交流才能实现知识的共享[5]。微博充分利用了虚拟或移动平台来进行直接真实的对话，人们总是在不断的话语更新中进行信息的梳理，因此微博是获取隐性知识的重要途径。
- 微博的商业价值期待挖掘。微博不只是唠叨，也不是一种浪费时间的东西，自它一出生就显示出较强的商业应用价值。隐性知识就是一种竞争情报，从微博中获取隐性知识也就主宰了竞争情报的特有商业价值，因此必须充分挖掘微博中的商业机会。可以预测，微博将会在网络直销、广告营销、新闻宣传、电信营运、移动业务、网络展会、教育应用、强化个人声望、对传统媒体的影响等方面发挥更大的竞争情报作用，必将显露出企业更大的商机。

4 生态治理：微博空间关注的焦点

字数的限制并未局限人们表达的欲望，微博鼓励人们不是更多地写，而是更频繁地写，因而即时、快捷、简短是微博交流的最大优势。这一优势带来的问题是：人们被淹没在过于琐碎庞大的信息海洋中，形成了较为严重的信息污染（或称信息障碍），如图 4 所示：

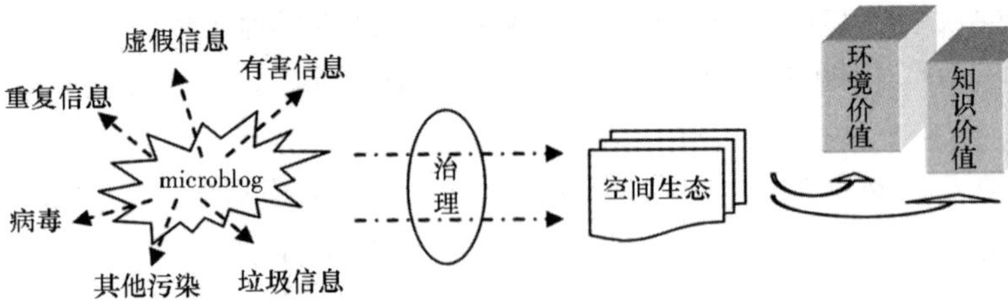

图 4 微博中的信息污染与治理

4.1 信息治理成为空间生态建设的常态

空间生态关注的核心是信息与空间内外的有机平衡，信息环境的污染必然造成信息与人、信息与社会、信息与信息的不和谐，造成人与信息环境、知识环境的不可持续发展。因此，要治理好高度自由个性的微博空间的信息污染，必须加强以下几个方面的建设：

• 严格把好信息准入的空间“入口”。由于微博的切入方式非常灵活，移动电脑或手机都可随时随地读写，导致信息在“入口”处呈现出生动、个性、快速的流动特点，对信息的分辨、监控和跟踪难以达到同传统信息一样得心应手。因而，每一个博友和网站管理者一定要从思想上高度重视、从技术上严格过滤、从机制上认真监督，不发布、不放入、不传播虚假、黄色、重复等垃圾信息，做到“源头活水，涓涓清流”。

• 加强对微博空间的建设和管理。从竞争情报的角度看，大多数企业都要借助空间信息来支持经营管理和商业决策，虚假的信息不但会导致企业危机预警的失误，而且也会给企业的经营决策带来重大风险。微博既是一个交流空间，实质上也是一个营销平台，微博生态理应成为企业和个人关注的焦点。用户应有规则有道德有分寸地进行信息活动，让信息参与者同爱护自然生态一样来爱护微博空间。

- 牢牢掌控信息的“排放”出口。垃圾信息的产生很大部分是由于信息“排放口”松懈所致，微博信息的传播是堆积式和滚雪球式的，无序的信息组织，必然带来传播和利用上的蝴蝶效应。所以，一方面要用“有序”抑制“无序”，用信息精华（知识）对抗杂乱无章，实现垃圾信息的“零排放”；另一方面，要坚持实现内容服务分众化，突出“精确”、“聚合”、“实用”的效果，不出现信息资源的浪费。

4.2 用信息甄别（Information discriminate）助推微博知识发现，提升空间价值

信息只有经过甄别才能涤清污染，才能使微博的空间生态具有知识价值，因而信息甄别是与生态建设相互呼应的重要手段。甄别是一个信息过滤、数据挖掘和知识发现的过程。从情报检索的角度来说，信息甄别为用户提供了更准确的情报，减轻了二次检索的负担。

4.2.1 人的主观甄别

主要是通过人的感观、思想、认识、技能、科学研究等自然智能来对各种信息进行辨识。一般分别从信息的来源、信息的价值取向、信息的时效性、信息的情感成分以及信息的实用性等几方面，通过对比、归纳、推理、溯源、佐证等方法来对信息的价值进行判断，按简单聚类法（按主题）和知识树法（按分类）两个主要标准来对网络信息源进行整序。

4.2.2 从机器过滤（filter）到知识发现

垃圾信息并不完全是虚假信息，它只是信息与受体不适应现象的反映。微博中的信息多数属于原创信息，形式上是客观的，但内容上则可能不可靠。使用机器识别的办法来过滤信息比较复杂，当前国内外针对各种不良网页的过滤软件主要有四种技术，即基于文本内容理解或图像内容分析的网页内容分级平台（PICS）过滤、网址库过滤（IP 库、URL 库）、关键字过滤以及智能内容理解过滤等[6]。有专家认为，信息甄别是微博中知识发现的“数据矿工”[7]。通过技术甄别后，将机器自动过滤后的信息推入数据挖掘阶段（这一过程本身就包含对信息进行智能甄别和判断），促成知识发现，将序化后的知识存入动态知识库中，最后完成知识的呈现和传播。单纯的信息交流完全升华到一个知识创新的高度，微博的空间生态得到充分地净化和提升。

5 结 语

目前全球最著名的微博 twitter 注册用户已经突破 1 亿大关，国内也有新浪微博、搜狐微博、网易微博、腾讯微博、人民微博、嘀咕、百度 i 贴吧等相继推出。开设微博的既有草根、粉丝，也有名人、精英，还有各类组织机构，微博成为了“所有人的新闻发布会”[8]。微博对 Web2.0 的影响、对用户行为的影响、对信息计量学的影响、对搜索引擎的影响、对知识组织的影响、微博的中国化路径等，一方面提示我们微博还有许多问题值得去关注，另一方面也说明对微博的研究仍方兴未艾。

参考文献：

[1] 新浪微博结构图．［2010 - 06 - 28］．http：//susan88426. blog. 163. com/pre-vPhDownload. do？ host = susan88426&albumId = 131370740&photoId = 5981208840.

[2] 沈固朝．Web2.0 能为建立竞争情报人际网络做些什么．中国图书馆学报，2007（1）：52 - 56.

[3] Holotescu C，Grosseck G. Using microblogging to deliver online courses. Procedia - Social and Behavioral Sciences，2009，1（1）：495 - 501.

[4] 包昌火．人际网络开发与竞争情报发展．情报杂志，2008（3）：3 - 4.

[5] 来玲．网络环境下情报学研究的知识化．［2010 - 05 - 22］．http：//www. gzu521. com/paper/article/sociology/200607/21865. htm.

[6] 彭昱忠，元昌安，王艳，等．基于内容理解的不良信息过滤技术研究．计算机应用研究，2009（2）：433 - 434.

[7] 曾鸿，张利华，张任斌．信息甄别——信息时代的数据矿工．统计与信息论坛，2003（5）：19 - 21.

[8] 北京网评会：把微博客建好用好．［2010 - 04 - 02］．report. qianlong. com/33378/2010/04/02/4222@5624193. htm.

作者简介

余 波，男，1966 年生，副教授，发表论文 20 余篇。

微博信息生态链构成要素与形成机理*

马　捷[1,2]　孙梦瑶[1]　尹　爽[1]　韩　朝[1]

（1. 吉林大学管理学院　长春 130022；2. 吉林大学信息资源研究中心　长春 130022）

摘　要　指出微博信息生态链的构成要素包括信息内容、信息人和传播路径。认为信息人分为信息生产者、信息传播者、信息组织者、信息消费者和信息分解者。信息人角色在微博信息生态链中频繁转换，并构成节点之间强关系、弱关系。论述微博信息生态链的形成受主观因素与客观因素的影响，构建微博信息生态链的形成机理图。

关键词　微博　信息生态链　信息人　节点　构成要素　形成机理

分类号　G350

1　引　言

据 CNNIC 发布的《第 29 次中国互联网络发展状况调查统计报告》，截至 2011 年 12 月底，我国微博用户数达到 2.5 亿，占网民总数的 48.7%，较上一年底增长了 296.00%，每天发布和转发信息超过 1.5 亿条[1]。微博成为增长速度最快的互联网应用，用户覆盖面进一步扩大。

由于用户可以更加简短、快速、随性地发布信息，微博带来的信息冗余问题令人担忧。除了正常发布、转发产生的信息外，近来还有买卖转发的所谓“微博营销”服务，如淘宝网上便有 12 元千次转发的商品出售，而这些转发很多都是机器完成的[2]。将来的微博用户是否会对这些冗余、重复的信息产生厌倦甚至排斥的心理？此外，微博中负面信息所占比重很大，以中国传媒大学网络舆情（口碑）研究所监测数据为例，2011 年上半年舆情指数排名前 80 位的事件中，有 15 个系微博首发，其中一半以上是负面信息，而网民对负面信息的偏听偏信和对正面信息的强烈质疑也非常突出。据美国尼尔森

* 本文系国家社会科学基金重大项目“网络信息生态链形成机理与演进规律研究（项目编号 11&ZD180）”之子课题“社会网络信息生态链运行机制与优化策略研究”的阶段性研究成果和吉林大学“985”工程：工程仿生科技创新平台项目“ 信息管理生态仿生研究方向”研究成果之一。

公司报告指出，在整个亚太地区，我国网民最喜欢发布负面评论，且其发布负面评论的意愿超过正面评论[3]。

信息生态学是一种以生态学的观点和理论，研究信息构建、信息组织、信息系统等信息管理问题的科学，为解析人与信息环境之间的复杂关系提供了全新的方法。网络信息环境、信息人、信息共同构成了网络信息生态系统[4]。微博的出现给网络信息生态系统带来新的变化，已经成为不容忽视的一个元素。微博信息的发布、转发、评论、关注等机制独具特点，并已形成微博信息生态链。研究微博信息生态链的构成要素与形成机理，有利于揭示上述微博运作过程中存在的种种现象的原因和提出有效优化的方案；有助于解析社会信息传播问题，进行微博应用创新，营造平衡、开放、动态的网络信息环境。

2　微博信息生态链的构成要素解析

2.1　信息生态链的构成

信息生态链是信息生态系统中信息流转的基本依存方式。信息生态系统是在一定的信息空间中由于信息交流关系而形成的人、人类组织、社区同其信息环境之间的统一整体[5]，而信息生态链表达了信息生态系统中不同种类信息人之间信息流转的链式依存关系[6]，由信息、信息人、传播路径共同构成。根据当前的研究，笔者认为信息人种类分为5种：信息生产者、信息组织者、信息传递者、信息分解者、信息消费者。5种角色对信息进行处理，并相互作用，形成一般状况下的信息生态链，如图1所示[7]：

信息生态链结构揭示了各种信息人在信息运动中的角色和作用。一般来说，信息消费者的需求是驱动信息生态链运转的动力；信息组织者起到调整信息流量和方向并调整能量流动的作用；信息分解者分解冗余、垃圾信息，对于信息生态系统的平衡分外重要；信息组织者可以起到一定的自动分解作用。信息人在不同情境下会转换角色，信息传播者和信息组织者专业指向性更强。

2.2　微博信息生态链的构成要素

微博信息生态链是诸多信息生态链中的一种，其构成要素包括微博信息生产者、组织者、传播者、消费者、分解者5种信息人和信息内容、传播路径。微博信息人发布信息目的的多样性和传播方式的裂解性，使微博信息生态链的构成要素具有某些独特的特征。

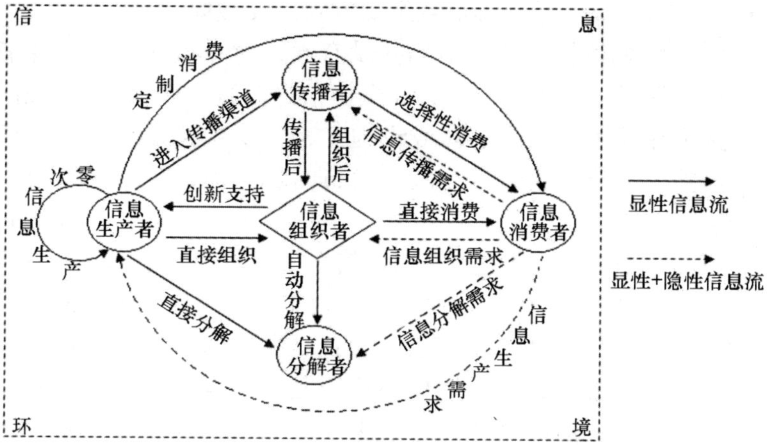

图1　信息生态链

2.2.1　信息内容

考察微博的信息内容应从两方面入手：一是信息主题；二是信息的形式。当前一项以新浪微博为对象的调查显示，微博信息主题所指涉的内容可以被区分为7 种类型：新闻（30.6%）；工作生活实录或感言（28.1%）；名人名言、格言或语录(9.8%)；人物或内容推介（5.5%）；段子或冷笑话(19.4%)；舆论监督（2.7%）；其他（3.9%）。其中所占比例最大的为新闻、生活感言和冷笑话。这表明，微博的主要社会功能集中在两方面：一是新闻传播；二是网民情感宣泄。从信息的形式看，基于微博的特点，夏雨禾将其分为主帖（信息人直接发布）、帖出（信息人对主帖的评论）、跟帖（信息人对主帖的评论的评论）和转帖（对主帖的转发）[8]。各种信息形式组合交替应用，形成了微博独特的传播路径。

2.2.2　信息人

理论上说，微博信息人的角色仍可以分为信息的生产者、传播者、组织者、消费者和分解者。①微博信息生产者是指写作并发布微博信息的个人或组织，可以分为非认证个人、经认证的个人、经认证的官方机构或媒体等三种类型。②微博信息传播者由两部分组成，即基础平台和微博用户。前者是指提供传播平台的运营网站或技术公司；后者是实施微博高速、大范围转播的主要力量。③微博信息组织者是用户本身或微博网站。目前微博支持用户用“#”号标引自然语言，使其成为话题进行信息组织。此外，一些微博服务网站提供热点话题、关注排行等信息组织方式。④微博信息消费者是“关注”或“收听”了他人的微博用户，他们并没有通过付费形式完成信息消费，但其关注活动已经促成了巨大的商机。⑤微博信息分解者是指对信息进行加工、选择、整序并剔除无用信息的个体或机构[9]，主要功能是对微博进行加工选择、剔除、删除、屏蔽无用信息。微博发布的随意性和转发的频繁性，造成微博信息分解存在巨大的难度，只有加强微博信息组织者和分解者的作用才能有一个健康的微博信息生态链。在微博信息生态链中，信息人在各种角色之间的频繁转换很常见。信息组织者和分解者的角色专业性比较强，但随着大众分类法的运用，网民也可作为信息组织者。由于网民有删除自己所发帖子的权限，在信息分解方面，每个网民亦可以起到一定的作用。因此，在微博信息生态链中，不能从网民个体的角度来区分其信息人属性，而只能从信息人在特定时间内从事的活动的角度来区分其属性。

2.2.3 传播路径

目前，微博已经成为网民获取新闻的主要渠道，通过关注和转发迅速传播信息，可以是个人—个人，也可以是个人—群体，这种传播模式是它的一大亮点。对于拥有数以百万计粉丝的“微博达人”来说，微博无异于一个个人—群体传播消息的巨大平台。微博信息的传播路径有 4 种：①信息生产者—信息传播者—信息消费者—信息分解者；②信息生产者—信息组织者—信息传播者—信息消费者—信息分解者；③信息生产者—信息分解者；④信息生产者—信息组织者—信息分解者。

2.2.4 微博信息生态链结构

通过以上分析，结合信息生态链的结构，可以得出微博信息生态链结构，如图 2 所示：

在普通网络信息生态链中，信息组织者位于核心位置（见图 1），因为没有信息的组织，用户就无法完成信息检索与获取。微博的主要功能是信息的生产和广泛传播，因此信息生产和传播是关键，随着微博信息的高速增加，信息组织的地位会逐步上升。从目前的状况看，信息生产者和信息传播者居于核心位置，驱动整个信息生态链的运转，这也是微博信息生态链的特点所在。

图 2 所示为信息生态链的一个完整循环，信息生产者和信息传播者之间建立了单向或双向的关注关系，通过关注和转发传递信息内容；此时信息传播者也兼具消费者的身份。当没有转发行为发生而只有关注时，微博用户的身份就是信息消费者，即信息生产者和信息消费者之间通过关注完成信息推

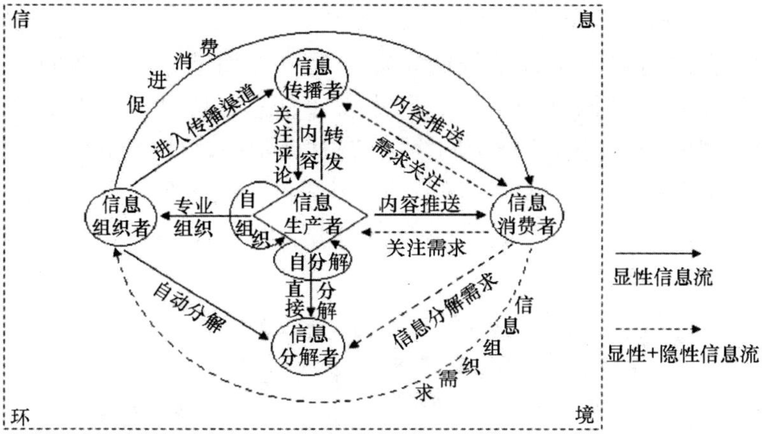

图 2 微博信息生态链

送。信息分解者通过直接分解活动对信息生产者产生的信息进行净化，其分解依据之一是信息消费者的分解需求。信息组织者可以通过信息组织活动，将生产出来的信息在一定程度上序化后送入传播渠道，如果信息消费者通过微博信息组织系统搜寻信息，则会自动屏蔽掉一些无关信息，从这个角度来说，信息组织者即促进了信息消费，又完成了一定的信息分解作用。信息组织者和信息分解者在整个信息生态链中起到平衡和净化的作用，信息生产者自身也能完成信息的自组织和自分解。信息传播者和信息消费者之间可以建立关注关系完成信息传播，而且两者在下一个信息生产和传递过程中，有可能转变身份成为信息生产者。在整个生态链中，存在显性和隐性两种信息流，隐性信息流是显性信息流形成的内在推动力量。

3 微博信息生态链的形成机理

微博信息生态链的形成包括节点的形成和传播路径及网络的形成。形成机理揭示了信息生态链得以形成的原因和方式，需要对构成要素之间的关系和影响因素的作用方式进行解析。

3.1 微博信息生态链的节点分析

节点是微博信息生态链中信息产生和传播的地点，表现为各种传播路径的交叉点。每个信息人就形成一个节点。节点是连接微博信息传播网络的支点，分析节点的形成及其属性，是剖析微博信息生态链形成机理的前提。

3.1.1 节点的社会网络属性

微博平台的传播不是像传统网站那样的自上而下、点对面的发布平台，人们更多地是在某些网络的“节点”中发布信息，这些节点上信息的扩散，很多时候依赖的是人们的“社会网络”。在社会学中，社会网络指的是社会行动者及其间关系的集合。也可以说，一个社会网络是多个节点（社会行动者）和各节点之间的连线（行动者之间关系）组成的集合。社会网络形式如图3所示：

图3 社会网络分析示意

每一个社会网络上的个体，都是一个“节点”。任何节点之间都有可能通过某个路径连接起来。但是，节点之间的关系并不是同等重要的，有“强关系”和“弱关系”两种。从图3可以看出，有直接的线连接起来的节点之间具有直接联系，是强关系；没有直接的线连接起来的节点之间具有间接联系，是弱关系。

3.1.2 强关系的形成与影响

强关系主要由两种方式形成。第一种是现实中的关系，如将朋友、同事关系转化为网络联系；第二种是在某种层面上有认同关系的人，不一定有频繁的交往，如众多“粉丝”对社会名人的关注关系。强关系需要付出代价去维护，否则直接联系的关系会逐渐变弱，连接的链条会渐渐消失。

节点拥有的强关系越多，其传播能力越强，影响力越大。而关注强节点的用户对强节点信息的转发和评论，有时是出于对信息价值的认可，有时则是出于维护关系的需要。可以说，人际关系的因素在强关系节点信息传播方面起着较为重要的作用。

3.1.3 弱关系的形成与影响

“弱关系”节点与信息发布者的关系不那么紧密，故在信息的初次传播中不起作用。但是，如果一条信息能够激起很多弱关系节点的响应，那么，信息传播的效果才会真正得到提高，如果这些弱关系节点中的“权力中心”或“意见领袖”能够起作用，即新的拥有众多强关系的节点参与进来，那么效果会进一步加强。对于弱关系节点来说，是否转发某一信息，完全是基于对信息本身的判断，而没有人际关系的因素起作用[10]，因此弱关系节点对于信息传播的范围起着更重要的作用，是公共热点凸显出来的关键。

3.2 微博信息生态链构成要素之间的关系

微博信息生态链的构成要素包括信息人、信息内容、传播路径。每个信息人都是一个信息节点，5 种信息人角色随时会发生转化。信息人在信息传播过程中起主导作用，将信息内容沿不同的传播路径进行传播。信息生产者被动地受到其他信息人的关注，不能决定信息将传向何方；信息传播者可以将他人的微博信息内容定向转发到自己的微博，引入自己的社会网络，因此可以从个人角度完成定向传播。信息人可以通过加标签将自己的话题归到相同的话题大类，在信息组织的同时完成一定的信息定向功能。信息内容在信息人（即节点）之间传播，即形成传播路径。

3.3 微博信息生态链形成的影响因素

3.3.1 微博信息生态链形成的主观影响因素

微博信息生态链得以形成，施动方是信息人。只有信息人进行活跃的信息发布、信息转发，才能使整个信息链顺畅运转。信息人是否施动，直接受到其自身主观因素的影响。从当前微博信息内容的分析看，新闻、个人工作生活实录或感言、冷笑话占主要成分。由此透视出信息人发布和转发信息主要有以下几种主观因素：①宣泄情感。当今社会人们生活工作节奏快、压力大，人们在主观上选择网络微博大量发布情绪感言。②维护地位。经过实名认证的“名人”拥有数量巨大的“粉丝”，是信息传播的重要节点。“名人”通过发布微博关注社会热点，提出观点见解，来维持较高的关注度，维护个人地位。③针砭时弊。微博是网民揭露社会不公、表达不满的一个途径，这种主观意识催生了富含讽刺意味的段子、冷笑话类信息。④社会责任感。大量微博用户出于社会责任感关注社会问题，针对突发事件发布微博并促成大量转发，形成公共热点。如著名的微博打拐、抵制归真堂上市等微博关注热点的形成。

3.3.2 微博信息生态链的客观影响因素

微博信息生态链的客观影响因素和主观因素具有潜在的联系，可以归纳为以下 4 点：①转型期社会问题的普遍存在。有学者指出，我国社会正在发生的社会转型是“社会有机体走向自我和谐的变革，既体现为向逐步明确的目标逐步逼近的过程，又体现为问题越来越复杂、矛盾越来越积聚甚至尖锐化的过程[11]。社会问题的复杂化使网民心里产生对政府、社会的不信任感、不安全感和空虚感，促使大量负面信息的发布节点、传播节点和传播路径的形成。②现实社会关系网络的数字化将现实社会中的人际关系在网络中表现出来。数字化的人际关系推动微群和关注关系的建立，进而促进微博信息生态链强弱关系节点的形成。③微博信息技术的支撑。信息技术是信息生态链正常运转的基础，微博信息技术的进一步创新和运用对于信息生态链的扩展和信息量的丰富具有重要的支撑作用。④信息组织技术的影响。微博信息组织技术与方法可以促进微博信息分享、信息挖掘、舆情分析等，对微博信息生态链动态生成以及生成之后的平衡和净化都具有重要影响。

3.4 影响因素驱动下的微博信息生态链形成机理

3.4.1 微博信息生态链形成的核心环节

微博信息生态链的链状结构，表达了微博信息产生和传播的路径和形式。这一链状结构的形成，必须依赖三个核心环节，缺一不可。第一个环节是信息生产者的信息生产。这是信息产生的源头，没有丰富、高质量的微博信息，就不可能有微博信息生态链和信息生态系统的形成。第二个环节是微博关注关系网络的形成。关注关系建立起来之后，才有自动的类似信息推送形式的微博信息传播，微博用户会自动收到感兴趣的信息生产者生产的信息。这种自动信息推送形式，极大地提高了微博信息的传播速度和覆盖面。微博关注关系的网状结构，是微博信息生态链的基础。第三个环节是评论与转发的发生。评论与转发是建立了关注的用户以类似“接力”的形式，主动完成信息的二次传播。只有具备了这三个基本条件，微博信息生态链才能够基本成型。

3.4.2 影响因素对微博信息生态链形成的驱动形式

探究微博信息生态链的形成机理，关键是研究三个核心条件形成的环境和方式。显然，微博信息生态链的主客观影响因素是促成三个核心条件形成的关键，它们均可以起到直接的促进作用；同时，部分客观因素可以激发主观因素，起到间接的促进作用。

首先，主观因素中的四大方面——宣泄情感、维护地位、针砭时弊、社会责任感，是信息生产者生产信息的动机来源，即直接促成了第一个关键环节的产生。客观因素中的“转型期社会问题的普遍存在”可以激发主观因素中宣泄情感、针砭时弊行为的产生，间接促进第一个关键环节的产生。

其次，客观因素中的“现实社会关系网络的数字化”，直接激发第二个关键环节——微博关注关系网络的形成。现实社会关系已经成为网络社会中网民关系中的重要部分，而且具有紧密性、信任性等特点，属于高质量的网络关系，是微博用户建立关注关系的基础。

再者，主观因素中的针砭时弊、社会责任感和宣泄情感，在激发评论和转发行为方面起主要作用。客观因素中的“现实社会关系网络的数字化”促进了信息生态链中强节点的生成，足够的强节点保证了微博信息得到充分阅读与转发，形成丰富的传播路径。

最后，客观因素中的“微博信息技术的支撑”和“信息组织技术”为微博信息生态链提供了基础和支撑，使三个关键环节在技术上得以实现和正常运行。目前微博信息技术支持网页、手机客户端、第三方软件等多种形式参与微博互动，我国的大部分用户习惯于使用网页来发布微博（超过 80%），而从国外的情况看，大部分用户可惯使用辅助工具来发布微博，如超过一半（55%）的 Twitter 用户使用工具发布信息[12]。

3.4.3 微博信息生态链形成机理结构图

根据上文分析，可以描绘出微博信息生态链形成机理（见图 4）。

为了清晰阐明微博信息生态链的形成机理，首先将微博信息生态链（见图 2）的简化形式变换一个角度展示出来，即图 4 中心由信息生产者、信息组织者、信息传播者、信息消费者、信息分解者共同构成的菱形部分。这个简化形式表达的是嵌套、交叉的生态链中一个完整的微博信息生产、传播、分解单元。多个单元连接起来，就由链而网，形成微博信息生态系统。

由于每个微博用户的首要身份是信息生产者，所以主观因素对每一个信息人的信息发布、信息转发和评论都产生内在的、决定性的影响，即主观因素激发信息生产和传播。主观因素虽然由客观因素中的社会问题因素催生，但形成的内在原因是信息人自身社会地位、自我满足感、自我价值实现等心理要求的自我满足。此外，主观因素也作用于信息传播者，促进微博信息的大量转发。社会关系数字化促使信息人之间建立关注关系，在不同的信息流程中扮演不同的角色。图 4 表达了主观因素和客观因素激发和形成三个关键环节，促使微博信息生态链中一个完整单元形成的作用模式。节点 1、节点 2、节点 3 是生态链形成的关键节点，它们之间的实线代表着显性信息流，虚

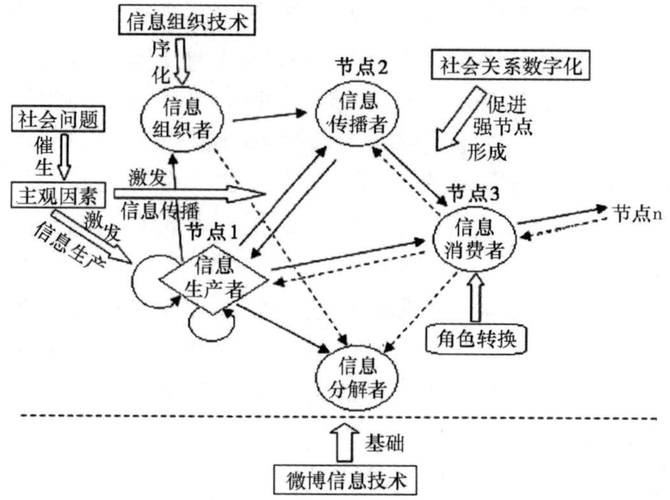

图4　微博信息生态链形成机理

线代表隐性信息流，表达出信息人之间的角色转换；粗箭头代表着影响因素驱动信息生态链形成的方式，揭示了微博信息生态链的形成机理。从节点3指向节点n的虚实线表达了由当前单元到下一个微博信息生态链单元的信息流动和信息人角色的转换。多个单元之间联系的建立，促进了完整、动态、立体网状微博信息生态链的形成。

4　结　语

微博是近两年来蓬勃发展的网络应用，其影响力不容小觑。本文对微博信息生态链的构成要素与形成机理进行了揭示，以期发现规律，为进一步发挥微博的社会效用打下一定的理论基础。目前微博信息生态链运行中潜在的问题正在逐步显现，如信息冗余、信息批量发布与转发、负面信息、谣言生成与快速传播等。令人欣慰的是，微博信息生态链亦显示出一定的自净功能，如负面消息的核实、谣言的快速粉碎等。作为一种新鲜的、被社会广为接受的网络信息生产和传播模式，微博的信息生态问题需要更多的关注。

参考文献：

[1]　中国互联网络信息中心．第29次中国互联网络发展状况调查统计报告［R/OL］．［2012-02-15］．http：//www.cnnic.net.cn/dtygg/dtgg/201201/t20120116_ 23667.html.
[2]　李冲．微博虚假繁荣，12块钱买千次转发［EB/OL］．［2012-02-25］．http：//

scitech. people. com. cn/h/2012/0223/c227887-754454711. html.

[3] 翟杉．微博患上“坏消息综合症”［J］．新闻实践，2011（12）：4－7.

[4] 冷晓彦，马捷．网络信息生态环境评价与优化研究［J］．情报理论与实践，2011，34（5）：10－14.

[5] 蒋录全．信息生态与社会可持续发展［M］．北京：北京图书馆出版社，2003：140.

[6] 娄策群，周承聪．信息生态链概念本质和类型［J］．图书情报工作，2007，51（9）：29－32.

[7] 马捷，靖继鹏，张向先．信息生态系统的信息组织模式研究［J］．图书情报工作，2010，54（10）：15－19.

[8] 夏雨禾．微博互动的结构与机制——基于对新浪微博的实证研究［J］．新闻与传播研究，2010（4）：60－69.

[9] 胡运清．信息生态环境问题研究［J］．图书馆工作与研究，2007（4）：48－51.

[10] 彭兰．微博客的信息传播机制分析［EB/OL］．［2012－01－06］．http：//blog. sina. com. cn/s/blog_ 4a6a28460100mb7i. html.

[11] 李庆钧．霍布斯的秩序解说与转型期社会秩序的构建［J］．江海学刊，2003（6）：108－114.

[12] 王晓光．微博客用户行为特征与关系特征实证分析——以新浪微博为例［J］．图书情报工作，2010，54（14）：66－70.

作者简介

马　捷，女，1973 年生，副教授，博士，发表论文 20 篇；孙梦瑶，女，1987 年生，硕士研究生，发表论文 2 篇；尹　爽，女，1985 年生，博士研究生，发表论文 3 篇；韩　朝，男，1988 年生，硕士研究生。

用户满意度视角下微博客服务质量评价模型研究*

严炜炜

（武汉大学信息资源研究中心　武汉 430072）

摘　要　认为作为一种便捷的微内容分享方式，微博客已得到互联网用户的广泛使用。为提升微博客服务质量，在归纳微博客服务内容与组织的基础上，依据网络服务满意度研究成果和微博客的特色，从用户满意度角度出发，设计微博客服务质量评价模型，验证影响微博客服务质量评价的关键因素，并依据实证研究结果提出微博客服务质量改进策略。

关键词　微博客　服务质量　用户满意度

分类号　G203

微内容是网络媒体的核心竞争力所在，不仅具有去中心化、原创性、可重用性和质量芜杂等特点，还实现了用户的多向互动[1-2]。微博客是时下最为流行的微内容分享方式之一，它满足了互联网用户即时分享简短博文的交互需求，目前已广泛应用于新闻、传播、娱乐以及互动交流等领域。本文根据用户对微博客服务质量的满意度调查结果，归纳总结出影响微博客服务质量的关键因素，以对微博客服务的完善提供重要参考依据。

1　微博客服务内容与组织

微博客是一种非正式的迷你型博客，可以通过网络、手机短信、IM 软件或外部接口 API 等即时发布信息或更新最新动态。以 Twitter 为代表的微博客服务从最初仅提供简单的社交信息交流功能，到搜索、账号绑定、RSS 订阅等功能的拓展，加之其服务迎合了互联网用户的社交需求，能被便捷地用于各种社交目的，迅速获得了用户的青睐[3]。

* 本文系教育部人文社科项目“不准确性需求环境下信息服务质量管理机制与测评模型研究”（项目编号：09YJC870022）研究成果之一。

1.1 微博客服务内容

微博客的信息通常限定于140字（两则短信息的长度），这使得其本身具备了特有的短小、简洁的特征。最初用户主要利用微博客将生活中感兴趣的点滴与关注自己的人分享，随着公众人物、公共媒体、企业等的加入，微博客用户群不断扩充，微博客服务内容也发生了质的变化。除去生活中的琐碎信息以外，微博客的内容主要包括以下几个方面：①实时资讯，新闻媒体开始利用微博客发布并跟踪报道新闻事件，普通用户也将生活中发生的新闻资讯在微博客中分享，加速了新闻传播过程；②广告宣传，企业正利用微博客的群集效应和低廉的宣传成本，逐渐开通自己的官方微博客，宣传企业最新产品和文化；③互动交流，微博客能使用户发现并关注与自己兴趣相似的用户，并提供给用户进行探讨、推荐、投票等互动的平台，使社会的舆论效应在微博客上面得到了较为全面的呈现；④知识传递，用户可以通过微博客进行头脑风暴，将隐性知识、经验精简为微博进而与他人分享，在传递知识的同时实现了便捷的E-learning。

1.2 微博客服务组织

微博客服务除了有丰富的内容作为基础，还需要得到合理的组织作为支撑。微博客服务组织可以从用户、服务终端和服务功能三个层面来进行阐述。

1.2.1 从用户层面上看

微博客服务的用户之间主要通过“关注”建立关系，不同于一般SNS中的好友关系，这种弱连接关系使得关注一个用户不需要得到该用户的同意，而可以随时接收该用户的广播信息。这意味着，增加关注对象是利用微博客获取信息的必由之路，而微博客的服务也是紧紧围绕用户之间形成的关注、被关注关系而开展的。

1.2.2 从服务终端层面上看

微博客服务可以分为网页式和移动式。网页式是用户通过PC终端访问微博客网页，进而完整地利用微博客服务提供商为用户所设计的各种服务功能与应用；移动式是用户通过手机、PDA等移动终端，利用微博客软件程序或直接访问微博客的WAP站点以获取相对简单的移动微博服务。

1.2.3 从服务功能层面上看

微博客服务可以分为消息服务和个性化服务两大类。消息服务主要包括广播、转播、私信、互动等，提供用户分享微内容以及实时或延时互动的交流平台；个性化服务则主要实现围绕用户个人兴趣，由用户定制话题、标签及其他各种应用等功能。

2 基于用户满意度的微博客服务质量评价模型设计

为了完善微博客服务，确保微博客服务适应公众的需求变化，本文从用户角度出发，设计微博客服务质量评价模型，用以定位提升服务满意度的关键要素。

在众多服务满意度评价方法中，Parasurman 等提出的 SERVQUAL 模型[4]得到了广泛的应用与认可，在此基础上 Zeithaml 等提出的 E – SERVQUAL 模型[5]则主要用于网络环境下的服务质量评估。而近年来互联网服务不论种类还是数量都迅猛增长，互联网服务质量的评判标准也处于不断变化之中。卢涛等将网络信息服务质量评价指标进一步整合为有用性、易用性、有形性、可信性和回应性五个决定因素[6]。焦玉英等则基于用户满意度通过实证得出影响网络信息服务质量用户满意度的因素主要包括便捷性、信息服务质量、个性化、站点美学和帮助支持[7]。微博客服务虽然属于网络服务，但其服务质量并不能通过以上用于网络服务整体评价指标进行完整诠释，尤其是微博客的特色服务所依赖的因素将对微博客整体服务质量评价指标体系造成关键性影响。

本文综合借鉴网络信息服务质量评价因素研究成果，结合微博客这一网络新媒介本身所特有的性质，假设因变量用户整体满意度受便捷性、时效性、个性化、扩展性、交互性、有用性、隐私保障和帮助支持 8 个自变量影响。其中，便捷性衡量微博客服务便捷程度；时效性衡量微博客服务的即时程度；个性化衡量微博客针对不同用户需求提供特定服务的能力；扩展性衡量微博客为用户提供的开放接口的应用情况；交互性衡量微博客用户之间的沟通交流状况；有用性衡量用户利用微博客所得到的效益；隐私保障衡量微博客根据用户需要而设定的隐私保护能力；帮助支持即衡量用户在使用微博客服务过程中遇到困难所得到的帮助情况；用户整体满意度则是用户从总体角度对微博客服务的肯定程度。其具体指标体系如表 1 所示：

表 1　微博客服务质量评价指标体系

变量	指标	指标内容
便捷性（CON）	CON1	服务载体
	CON2	导航功能
	CON3	页面加载速度
	CON4	功能操作简便
时效性（TIM）	TIM1	信息内容
	TIM2	信息发布
	TIM3	信息获取
个性化（PER）	PER1	使用界面
	PER2	信息展示形式
	PER3	好友推荐方式
扩展性（EXP）	EXP1	应用种类
	EXP2	应用兼容性
	EXP3	应用开发

变量	指标	指标内容
交互性（INT）	INT1	发现并参与话题讨论
	INT2	对话功能
有用性（USE）	USE1	生活信息
	USE2	新闻资讯
	USE3	经验与知识
	USE4	结识好友
隐私保障（PRI）	PRI1	个人资料
	PRI2	隐私级别设置
帮助支持（HEL）	HEL1	使用说明
	HEL2	答疑解惑
	HEL3	问题反馈
满意度（SAT）	SAT1	服务肯定

3　实证研究

笔者利用调查研究法，针对微博客服务质量评价模型中 9 个维度 25 个指标设计相应调查问卷进行测定，各指标采用 Likert 五分法来衡量。问卷发放对象主要是大学生群体和青年上班族，这些群体对微博客使用较为频繁，接受并使用新型网络服务速度较快，作为调查样本具有较好的代表性。本调查历时一个月，共收回 169 份有效问卷。

3.1　信度与效度检验

信度检验通常用 Cronbach α 系数进行衡量，Cronbach α 系数值越高说明问卷内各问项的结果越趋于一致，一般认为，可接受的信度系数不应低于 0.7。本次调查的 α 值为 0.901，大于 0.7。计算各个问项与总体的相关系数（item total correlation），除了 CON3、USE4、HEL3 之外，其余全大于 0.4，因此删除这三项。而删除各问项（Alpha if item delete）导致的 α 值下降情况表明问项区分性较好，该模型具有较高的可靠性和稳定性。

效度包括内容效度和建构效度，效度分析是反映测量内容与测量目标之间的适合性和逻辑性[8]。在信度分析中对问项进行了精简，确保了内容效度。建构效度方面，KMO 值为 0.836，表明很适合进行因子分析。此外，Bartlett

球体检验显著性水平为0.000，即高度显著。

3.2　因子分析

为了验证研究中的各因素划分是否合理，本文采用主成分分析法，利用Varimax正交旋转法进行旋转，因子数目按照特征值大于1的原则进行验证性因子分析。在因子分析过程中筛选变量可依照以下三个准则：①一个问项自成一个因子时，则删除；②该问项在所属因子的负荷量必须大于0.5，否则删除；③每一问项其所对应的因子负荷必须接近于1，但在其他因子的负荷必须接近于0[9]。表2显示了旋转后生成的五个因子，其中指标PER2、USE1、USE2因在所有因子中的负荷量都小于0.5，故删除。

表2　旋转后的因子负荷

指标	因子					Cronbach's Alpha
	1	2	3	4	5	
CON1	.737	.197	.137	-.022	-.035	.700
CON2	.623	.040	.200	.066	.233	
CON4	.568	.199	.056	.297	.179	
TIM1	.515	.494	.118	.156	-.158	
HEL1	.540	.016	.142	-.049	.488	
TIM2	.065	.755	.088	.230	.276	.660
TIM3	.221	.778	.068	.103	.044	
PER1	.192	.426	.503	.199	.0242	.787
PER3	.048	.354	.680	.012	.193	
EXP1	.065	.106	.731	.167	.270	
EXP2	.163	-.160	.668	.174	.194	
EXP3	.264	.035	.660	.300	.067	
INT1	.108	.071	.114	.777	-.065	.663
INT2	-.098	.155	.135	.741	.151	
USE3	.167	.121	.328	.591	.058	
PRI1	.085	.160	.227	-.069	.692	.661
PRI2	.025	.126	.225	.160	.741	
HEL2	.400	-.165	.121	.365	.569	

表2中五个因子可以归纳为：

• 便捷性（CON），从服务载体、导航功能、功能操作简便、信息内容和使用说明角度衡量。TIM1 和 HEL1 指标的并入表明，从用户角度看，微博客即时发布的信息内容，形成了微博客特有的热点信息便捷推送渠道；而详尽的使用说明更减轻了用户使用微博客的难度，均是微博客便捷性的体现。

• 时效性（TIM），从信息发布和信息获取角度衡量。即用户所关注的微博客时效性特点主要在于能够利用微博客实时进行信息发布和获取，而不受时空的约束。

• 个性扩展（PEE），从使用界面、好友推荐方式、应用种类、应用兼容性以及应用开发角度衡量。该因子将微博客服务的个性化和扩展性综合在一起，可见这两方面联系紧密。个性化是应用扩展的基础，而应用扩展则是个性化的体现。

• 交互性（INT），从发现并参与话题讨论、对话功能以及经验与知识角度衡量。将 USE3 指标的引入，意味着利用微博客获取经验与知识，与微博客交互性的关系更为密切，即通过微博客实现经验与知识的积累同样是微博客良好交互性的体现。

• 保障性（SUP），从个人资料、隐私级别设置和答疑解惑角度衡量。该因子由隐私保障因素的 PRI1 和 PRI2 以及帮助支持因素的 HEL2 组成。与帮助支持因素相比，微博客提供的详细的答疑解惑过程被视为与用户隐私保障相关程度较高的因素，因此，可以综合考虑为微博客服务的保障性因素。

3.3 回归分析

为了研究便捷性、时效性、个性扩展、交互性和保障性五个因子对用户整体满意度的影响，本文采用解释型多元线性回归分析。回归结果显示模型拟合优度为 0.317，DW 值为 2.212，F 统计值为 15.110，相应的 Sig. 值为 0.000，说明回归线性关系显著。除了 TIM 的 Sig. 值为 0.080 以外，其余因子的置信度都在 95% 以下，具有显著性，各因子标准化 Beta 系数分别为：PEE（0.231），INT（0.310），CON（0.363），SUP（0.150），TIM（0.114），如表 3 所示：

表 3　回归系数

指标	PEE	INT	CON	SUP	TIM
标准化 Beta 系数	.231	.310	.363	.150	.114
t 值	3.562	4.789	5.610	2.313	1.761
Sig.	.000	.000	.000	.022	.080

因此，便捷性、交互性、个性扩展和保障性对用户满意度存在显著的正向影响，并且其影响程度呈递减关系。

4 微博客服务质量提升策略

基于实证研究所发现的影响微博客服务质量用户满意度的四个显著影响因素，可以归纳出微博客服务质量提升的策略，进而有效地以用户为中心改进微博客服务质量。

4.1 突显便捷特色，扩展用户群

为了突显微博客服务的便捷性特色，可从载体、内容、操作三方面着手：①载体，即充分开发可应用于个人计算机、移动终端等的功能，保证微博客服务不受载体所局限，用户可以随时随地收发微博，与好友互动；②内容，即利用微博客服务为用户掌握时事提供便捷渠道，使用户习惯利用微博客方便获取和分享一手信息，从而吸引更多媒体和机构用户进驻；③操作，为用户提供便捷的功能导航，减少用户定位需求的时间，加上简便的操作配合详尽易懂的使用说明，能促使用户快速上手微博客，是扩展用户群的重要策略。

4.2 改进交互体验，提升忠诚度

交互性同样是影响微博客服务质量的重要影响因素之一。作为一种社交工具，微博客为用户带来的帮助主要体现在促进用户间的沟通互动上。因此，保证用户能够在微博客中充分互动是微博客提升服务满意度的另一重要方向。借助不同节日、明星效应、舆论焦点等开辟话题供用户参与讨论，可以在积攒高人气的同时，扩大微博客的社会影响和知名度。此外，用户间充分的交互还可以体现在经验与知识的分享上，以形成一个互动学习的平台，提升用户的整体素质。有价值的经历也进一步提升了用户的忠诚度。

4.3 个性扩展，改善用户体验

互联网服务都旨在以用户为中心，提供个性化的定制服务。虽然个性扩展相较于便捷性和交互性而言，对微博客服务满意度的影响一般，但微博客服务质量的提升也必须重视用户的个性化需求。用户根据个人的喜好和兴趣，对微博客使用界面进行个性化设置和设计，选择不同的好友推荐方式以迅速找到自己所关注的人以及获取他们的动态，同时应用签名档、好友评价、微博小说、团购、游戏等扩展插件，让微博客不再只是单调地发布信息，而是能丰富用户的个性化体验。

4.4 服务保障与时效性不可或缺

在微博客服务质量影响因素中，微博客的保障性和时效性的影响程度较

小，并且时效性的影响还不够显著，但这并不意味着这两个因素可以被忽视。相反，正是因为微博客服务还处于被广大互联网用户所逐渐熟悉的过程之中，各微博客服务提供商在诸如用户隐私保障和答疑解惑方面以及微博客发布和获取的时效性等方面所提供的技术和服务基本同质化，而且满足了用户的基本需求，微博客保障性与时效性并未受到重视。因此，为提升微博客服务质量，在保障性方面还需关注用户比较关心的微博客收听权限问题，提供更多元化的隐私保障手段；时效性方面则需要维持目前微博客所呈现的良好态势，逐步利用新的网络技术进行适当改进。

参考文献：

[1] 刘兰，徐树维．微内容及微内容环境下未来图书馆发展．图书情报工作，2009，53（2）：34－37.

[2] 邓顺国，宗乾进，杨黎星．微内容：网络信息服务模式的变革．图书馆理论与实践，2009（10）：36－38，53.

[3] Zhao D，Rosson M B. How and why people twitter：The role that micro- blogging plays in informal communication at work//Proceedings of the ACM 2009 International Conference on Supporting Group Work. New York：ACM，2009：243－252.

[4] Parasurman A，Zeithaml V，Berry L. Servqual：A multiple－item scale for measuring consumer perceptions of service quality. Journal of Retailing，1988，64（1）：12－40.

[5] Zeithaml V，Parasurman A，Malhotra A. E－S－QUAL：A multiple－item scale for assessing electronic service quality. Journal of Service Research，2005，7（3）：213－233.

[6] 卢涛，雷雪．网络信息服务质量评价及其实证研究．图书情报知识，2008（1）：35－40.

[7] 焦玉英，雷雪．基于用户满意度的网络信息服务质量评价模型及调查分析．图书情报工作，2008，52（2）：81－84.

[8] 裴雷，马费成．社会网络分析在情报学中的应用和发展．图书馆论坛，2006（6）：40－45.

[9] 刘兴波．电子服务质量与顾客满意关系研究——以深圳公共交通电子服务为例［学位论文］．杭州：浙江大学管理学院，2008.

作者简介

严炜炜，男，1987 年生，博士研究生，发表论文 5 篇。

新浪微博与腾讯微博的竞争态势比较分析

罗颖瑶　邬锦雯

（华南师范大学经济与管理学院　广州 510631）

摘　要　以微博作为分析主体，采用竞争对手分析方法与竞争态势矩阵对其进行竞争态势比较分析。在确立新浪微博与腾讯微博为竞争对手之后，通过对竞争对手目标、竞争对手现行战略进行比较，同时结合微博软实力、微博硬实力与微博关注度，形成竞争态势矩阵，全面而充分地揭示现行微博竞争态势，并做出发展展望，以示启发。

关键词　微博　竞争态势　比较分析　新浪微博　腾讯微博

分类号　G350

1　引　言

自 2007 年饭否网首先推出微博服务以来，国内微博发展已经历接近 5 年的时间。在发展初期，微博的成长速度一直相当缓慢，直到 2009 年 8 月新浪网推出新浪微博，微博市场自此实现爆发式的增长，各大门户网站和独立微博运营商都争相推出自身的微博产品，以求在新兴市场中分一杯羹。2012 年，微博的发展已逐渐由高速成长期过渡到平稳发展期，整个微博的市场格局也有所定型。总体而言，目前国内微博市场为新浪与腾讯的双雄之争，其他门户的微博产品如搜狐和网易在用户数量和市场份额上都已难成威胁，独立微博运营商如嘀咕网等依然坚守小众市场，并进行网站转型，错开了微博之争的锋芒。

除了自身的快速发展，微博也引起了学术界的广泛关注，研究文献数量在近两年呈指数式增长。其中主要的研究方向有微博的传播机制[1-2]、微博的个人用户使用研究[3-4]、微博的商业应用[5-6]、微博的技术研究[7-8]等；而在情报学上对微博进行探讨的，则主要集中于微博信息的竞争情报挖掘[9-10]，以中山大学黄晓斌的“基于网络内容分析与挖掘的企业竞争情报方法研究”

体系最为完善。对于微博市场的竞争态势研究，目前的文献论述都较为浅显，缺乏系统的理论分析，更没有从情报学角度切入的文章。竞争对手分析方法作为竞争情报研究的核心[11]，可有效地了解竞争对手间的战略态势。竞争态势矩阵（competitive profile matrix，CPM）作为定量的SWOT分析方法[12]，则能直观地表现出竞争关键因素的优劣差异与竞争状态。结合两种方法，可从定性到定量对微博的竞争态势进行系统分析，呈现直观多元的比较结果，实现对微博市场主要竞争者的充分了解与认识。

在上述市场背景下，新浪微博与腾讯微博互为竞争对手之势已非常明了。本文将直接设定两者作为竞争对手，利用竞争情报的研究思想，以竞争对手分析方法为框架，逐层分析比较，同时收集相关产品及服务数据作为支撑，进行定量化研究，并最终形成竞争态势矩阵，以期为微博发展决策提供借鉴，并作出发展展望。

2 竞争对手目标分析

作为竞争对手分析要素的第一点，未来目标分析有助于预测竞争对手对其目标内外部环境的满意程度[12]，同时预测各自战略动向及可能反应。

新浪微博：SOLOMO平台。新浪是国内领先的门户网站，一直以其独到的新闻视野、犀利的评论和名人聚集而著称，新浪微博也因此拥有较强媒体特征以及深度化内容组成，但相对而言，其欠缺社交的弱关系链形态却并不足以支撑自身迅猛的发展。因此，新浪微博的未来目标战略将会以SOLOMO为导向，即社交化（social）、本地化（local）和移动终端化（moblie），致力于建立一个关系链更强的社会化平台，并融入微博可能实现的六大盈利方式，探索核心商业模式。

腾讯微博：全平台战略。腾讯本身已经拥有目前国内最大的网络通讯用户群，提升腾讯微博的用户量并不难，并且其基于QQ的深关系链形态让腾讯微博拥有了更强的社区性。结合其本身拥有的优势，腾讯微博的未来发展将会推行全平台战略，打造全产业开放平台，将原有的腾讯产品融入微博，如对QQ客户端、手机腾讯网、Qzone、QQMail等15个产品平台与微博进行整合，实现利益最大化和整体性能最优。

3 竞争对手现行战略

现行战略，也就是竞争对手当前参与竞争的方式。这里主要从宣传应用、系统及界面设计、战略商业行为三方面进行比较分析。

3.1 宣传应用方面

新浪微博在2011年4月正式推出weibo. com的新域名，一系列上线广告造势明显。而腾讯微博则以春晚微博广告为标志，强势推出微博广告，意图挽回落后态势。

在搜索引擎应用中，由表1可知，新浪微博一直采取百度、Google双管齐下的策略，除了没有在百度实现框发微博的开放合作外，总体宣传比较公平完善；而腾讯微博则主要与百度进行深度合作，在Google只依靠网站自身权重排名。表1中的百度品牌推广与Google- AdSense一样同属网站广告联盟，而Google- Sitelink则为Google专用的全站链接，用于对最权威来源进行4行两列共8个内链结构的附加说明。

表1 新浪微博与腾讯微博搜索引擎宣传比较

企业	微博网址	百度品牌推广	品牌词 Google- Sitelink	“微博” Google- Sitelink	Google- AdSense	触发百度框发微博
新浪	weibo. com	有	有	有	有	无
腾讯	t. qq. com	有	有	无	无	有

从以上的宣传策略看来，腾讯微博的春晚广告以及百度主阵地，都表现了其对中国市场的偏重，而新浪微博则侧重于宏观布控，有兼顾内外市场的野心。

3.2 系统及界面设计方面

新浪微博：社交性转型。新浪微博在2011年8月首次进行了社交化的三栏页面布局改造，并逐步增加了即时通讯、群组、相册、游戏、微盘等新应用，社区平台属性更强，人机操作与人际互动功能更优化。同时，其还为第三方应用提供了更多的推荐位置和入口，系统开放性增强。以上的战略改版行为，说明新浪微博已开始偏离微博原型Twitter，而向类似Facebook的SNS方向发展。

腾讯微博：平台系统对接。腾讯微博的界面版式改动不多，主要偏重于与腾讯其他产品的系统整合，其中早已在腾讯TM2009 Beta 3. 2版就增加了“腾讯微博”模块，而QQ空间也实现与微博的打通对接。腾讯同时也利用“Q +”开放平台，依托于QQ和其他业务的巨大流量分享，带动腾讯微博的发展。

用户体验是任何互联网产品赖以立足的关键要素，新浪微博与腾讯微博在这方面都有其充分的认识与战略眼光，并且根据自身的目标规划做出了不同的改进措施。总体而言，双方在系统及界面设计方面显得态势持平，各有千秋。

3.3 战略商业行为方面

新浪微博：SOMOLO 导向下的多方合作。2011 年 3 月新浪微博正式入股服装饰品网络平台运营商麦考林，同年 8 月入股视频网站土豆网，随后分别与 MSN 中国、奇虎 360、中网（knet. com）、热点联盟、迈外迪等达成合作协议，为战略转型作出了各种铺垫。入股麦考林，继而与京东商城形成合作关系，新浪微博以"微购物"打头阵踏出了整合电子商务的第一步。入股土豆的"微视频"战略，意在实现捆绑微博，以更便捷地获得广告收益，拓宽流量变现管道。其他的战略合作，则分别为开拓网络互通平台、实现真实身份信息快捷核验、推进移动化作准备。

腾讯微博：开拓用户与资源的宣传合作。相比于新浪，腾讯由于已经拥有了拍拍、财付通等业务，整体架构已较为成熟，实现与微博之间的对接也有基础可循。2011 年 7 月，腾讯微博与上海东方广播公司 SMG 开启战略合作，捆绑广播与微博，促动新一代广播听众在新媒体下崛起。同时，腾讯微博更整合中国网络电视台 CNTV、香港无线电视台 TVB 以及 SMG 旗下东方卫视、IPTV 等多种资源，全方位重点打造"微电视"模块。

战略商业行为从一定程度上可以被看作是另一种宣传应用方式，并且其对于系统及界面设计的功能添加有比较直接的影响，因此是反映现行战略的最重要因素。由上可见，新浪微博的各项战略行为皆围绕 SOLOMO 进行探索，以多方合作拓宽平台；腾讯微博则从广播与电视入手，在抢占新用户群体的同时，增强平台娱乐性，延续腾讯已有的风格与优势。

4 竞争态势比较分析

4.1 微博软实力比较

这里的微博软实力是指不受硬件影响下的微博竞争力评价因素，分别包括注册用户数、活跃用户数。用户资源一直是影响社交网站核心竞争力的重要因素，因为用户之间的交流与联系是维系社交网站运作的关键，让用户之间产生更多的交互，有助于增加用户的活跃度与黏度。

根据新浪与腾讯的 2012 年第一季度财务报告可知，目前新浪微博的注册用户数是 3.24 亿，而腾讯微博则为 4.25 亿，人数优势较为明显。新浪微博的日活跃用户人数占注册用户数的 9%，约 3 000 万；腾讯微博的日活跃用户则为 6 700 万，2 倍于新浪微博。

腾讯由于拥有 7. 52 亿的 QQ 活跃用户，并且微博直接嵌入 QQ 软件，导致腾讯获取微博用户成本极低，因此在用户数量上远远赶超新浪微博。而巨大的用户基数以及腾讯平台中设置有多个微博访问阅读入口，也构成了腾讯微博拥有较大活跃用户群的原因。

4.2 微博硬实力比较

这里的微博硬实力是指微博平台本身的硬件技术及兼容性，对微博的延伸发展有着不可忽视的影响，其中包括影响用户体验的 APP 应用数量和影响第三方开发者参与的平台开放性。

在 APP 应用数量比较上，由表 2 可知，新浪微博总计有 6 342 个上线应用，而腾讯微博只有 2 043 个，有明显落后之势。两者的应用类别大致相似，其中新浪微博为迎合其 SNS 强关系链的发展方向，在社交型开发方面倾注了较大的努力，其社交类应用比例占应用总数的 24. 98%，并且按社交类型分为了社区论坛、社交网络、婚恋交友、通讯聊天等几个大类，通过扩大应用层面弥补社交方面的薄弱之处；而腾讯微博得益于腾讯平台已有的强大游戏资源，游戏应用的占比最高，为应用总数的 34. 26%，而且资源质量也较高，对于巩固腾讯微博已有的年轻用户群以及开发其他娱乐化受众起到了较大的作用。

表 2　新浪微博与腾讯微博的 APP 应用数量比较（截至 2012 年 7 月 9 日）

类别 / 数量（个） / 微博	娱乐	生活	社交	资讯	工具	总计
新浪微博	2 413	1 028	1 584	357	960	6 342
腾讯微博	632	255	700	55	401	2 043

开放平台的构成，主要是在提供基本服务的基础上，通过开放自身的接口，让第三方开发者得以通过运用和组装，产生新的应用，并且使其能够统一运行在这个平台之上[13]。总体而言，新浪微博与腾讯微博的新型开放平台设计，都采取了网站接入与创建应用两个模块分类，方便用户接入和使用。本文的平台开放性主要采用 API 多样性、数据完整性以及请求限制作为比较因素，如表 3 所示：

表 3　新浪微博与腾讯微博的平台开放性比较

<table>
<tr><th>微博</th><th>API 接口数（个）</th><th>数据完整性</th><th colspan="5">请求限制
（单个用户使用一个 APP 每小时可响应次数）</th></tr>
<tr><td rowspan="2">新浪微博</td><td rowspan="2">125</td><td rowspan="2">一次请求最多获取一个用户 5 000 个粉丝的 id</td><td>测试</td><td>普通</td><td>中级</td><td>高级</td><td>合作</td></tr>
<tr><td>150</td><td>150</td><td>300</td><td>450</td><td>无上限</td></tr>
<tr><td rowspan="2">腾讯微博</td><td rowspan="2">132</td><td rowspan="2">一次请求最多只能获取 200 个粉丝信息</td><td>初级</td><td colspan="2">高级</td><td colspan="2">合作方</td></tr>
<tr><td>1 500</td><td colspan="2">30 000</td><td colspan="2">60 000</td></tr>
</table>

API 多样性，即 API 接口数，是第三方获取平台内容几乎唯一的合法途径，API 种类的丰富性、数据完整性以及使用限制等，都直接影响了平台第三方参与者的创业可行性。新浪微博共有 14 类、125 个接口，而腾讯微博则有 17 类、132 个接口，腾讯较新浪略多，但总体差距不大。两者的接口种类基本相近，对于微博、关系链、收藏、话题、标签、搜索、账号及基于位置的服务（LBS）方面都提供了一致的普遍服务。相对而言，腾讯接口更为多样化，如其提供的时间线、热度趋势及微群服务等，比新浪拥有更独特的分析价值。而新浪为了加强其移动化的发展，在 LBS 上也提供了更为完善的接口吸引第三方开发者使用。

数据完整性是指当开发者请求某种数据时，开放平台是否对返回数据的数量有所限制。目前新浪微博与腾讯微博都未能如 Twitter 一样做到真正的开放，在获取关系信息如粉丝列表和关注列表等方面，都有一定的数量限制，新浪最多的返回数据是 5 000，而腾讯的单次返回数据则只有 200。如果想利用返回信息进行“社交图谱”构建，相对来说新浪更有优势，而腾讯则因请求数量的限制，有较大的构架难度。但腾讯微博新推出的“兴趣图谱 API”，却颇具令人惊喜的表现，可获取共同属性的内容与用户，对于开发新兴兴趣图谱的应用有很大的帮助。

在请求限制方面，几乎所有的开放平台包括 Twitter、Facebook 等，都会一定程度地限制开发者对自己资源的使用，主要是基于系统安全性的考虑，而非开放策略问题[14]。因此，请求限制也成为开发者应用平台的障碍之一。对比表 3 中的数据，新浪微博的请求限制分级较细，并且可用限额较低，腾讯在开放平台改版以后请求限制上限即实现了较大幅度的提升，远高于新浪微博。从总体的规模与开放性看，新浪微博与腾讯微博各有优劣。

4.3　微博关注度比较

这里的微博关注度比较，主要分为用户关注度与媒体关注度。其数据来源为百度指数，是以百度网页搜索和百度新闻搜索为基础的海量数据分析服务，用以反映不同关键词在过去一段时间里的用户和媒体关注程度。

图 1 截取了 2011 年 6 月至 2012 年 6 月一年间的用户关注度折线图，可以看出新浪微博的用户关注度明显高于腾讯微博，均值在 450 000 左右，但增势有所起伏，在 2011 年第三季度一直呈较快增长之势，2011 年第四季度增势开始减缓，并有少许下降之势。腾讯微博的用户关注度则维持在 50 000 左右，一直无甚增幅，两者之间差距非常大。

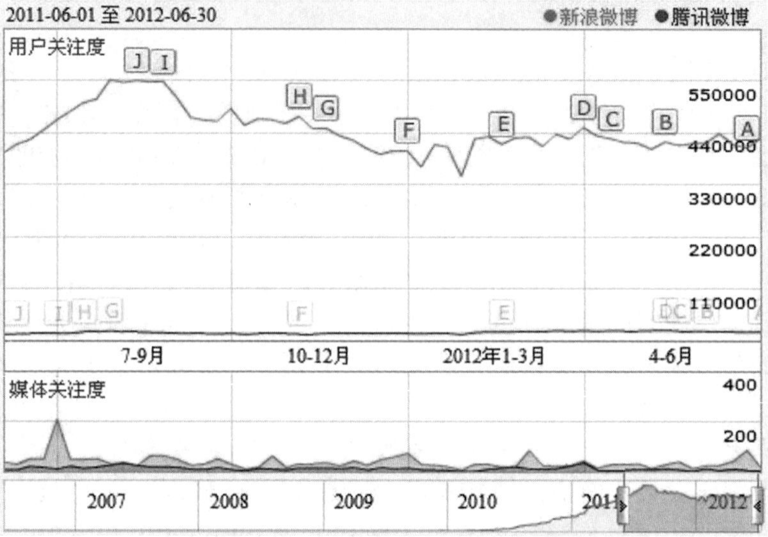

图 1 新浪微博与腾讯微博半年用户关注度比较
（2011 年 6 月 –2012 年 6 月）

图 2 截取了新浪微博与腾讯微博的季度、月度与一周媒体关注度做比较。新浪微博的媒体关注度总体上有上升趋势，但短期内有所反复。腾讯微博的媒体关注度则在各个时间段内都呈下降之势，说明其社会影响力近期有所减弱。

4.4 微博的竞争态势矩阵

在对竞争对手进行分门类别的定性分析之后，用定量的方法可以更直观地表征竞争对手的优劣势所在。竞争态势矩阵是在定性分析的基础上，找出竞争力的关键因素，并依据其重要程度赋予合理的权值（各关键因素权值之和为 1），得出比较计量分数，从而有效认识竞争对手的优势与弱点以及总体表现。

微博软实力一直是新浪与腾讯财报、各大投行分析师与投资者的关注重点，可见其对微博可持续发展的重要影响。其次，根据用户与第三方参与者

图 2　新浪微博与腾讯微博媒体关注度比较
（2012 年第二季度）

的使用调查分析，可知微博硬实力是微博服务性能的基本体现，因为其对用户操作性和开发可用性都有着直接的作用。相对而言，微博关注度则是从侧面对竞争力产生推动性的影响，具有一定的引导作用，但不属于核心因素。因此，通过对以上三方面的比较权衡，初步得出了三者的权值占比分别为 35%、55%、10%。在微博软实力中，由于活跃用户数对微博的流量产生与活动运营贡献更大，因此权值分配略高于注册用户数。在微博硬实力中，APP 应用数量与 API 接口数所占权值最高，在于它们分别代表了普通用户与第三方开发者的最直观应用体现；数据完整性与请求限制则相对偏向于后台，对于平台开放性的影响略次于 API 接口数。具体权值分配与竞争态势比较如表 4 所示：

表 4　新浪微博与腾讯微博的竞争态势矩阵

关键因素		权值	新浪微博		腾讯微博	
			评分	加权评分	评分	加权评分
微博软实力（35%）	注册用户数	0.15	3	0.45	4	0.6
	活跃用户数	0.2	2	0.4	4	0.8
微博硬实力（55%）	APP 应用数量	0.2	4	0.8	2	0.4
	API 接口数	0.15	3	0.45	4	0.6
	数据完整性	0.1	3	0.3	2	0.2
	请求限制	0.1	2	0.2	4	0.4
微博关注度（10%）	用户/媒体关注度	0.1	4	0.4	1	0.1
合　计		1		3.00		3.10

表 4 中评分值含义为：1 代表弱，2 代表次弱，3 代表次强，4 代表强。

新浪微博的总加权数为3.00，而腾讯微博为3.10，说明腾讯微博的总体竞争力略高于新浪微博。腾讯微博由于背靠原有的强大用户资源，注册用户数与活跃用户数都占有明显优势，具有更强的微博软实力。微博硬实力上，新浪微博在APP应用数、数据完整性上优于腾讯微博，但API接口数与请求限制方面却略显落后。微博关注度上，新浪微博一直领先于腾讯微博，虽然表现有所起伏，但并不影响其绝对优势地位。总而言之，数字表面上的精确性并不完全代表现实情况，意在对量化实现直观的数据比较。

5 发展展望

通过上述分析研究，可以从竞争对手未来目标、现行战略以及以微博软实力、硬实力和关注度为基础的竞争态势矩阵中，对微博之争有了一个全面的了解与认识。但市场竞争形势瞬息万变，以上分析也只限于最近时间段的观察研究，以作预测之用。

对于微博的未来发展，笔者作出如下展望：

5.1 核心商业模式是未来微博发展的关键点

进入平稳发展期，微博的用户数量与产品体验都已达到了一个较高的层次，平台开放与商业营销也成为了微博发展的新亮点，但至今为止核心商业模式的缺乏，却让微博的长远发展存在隐患。以新浪微博为例，虽然明确了SOMOLO平台发展方向，但受到媒体转社交、盈利模式不确定的约束，其目标实施环境较为不利，在尚未探索出核心商业模式、克服发展阻力的情况下，要构建出良性循环的互联网生态体系将有很大的难度。微博要想摆脱风投困境，实现自主盈利和良性发展，核心商业模式的探索将是未来的重中之重。

5.2 平台化将为微博持续发展提供支撑

由前面的目标分析中，可以发现两者未来战略的大方向存在共性，就是走平台化路线，由点及面扩大经营范围，巩固产品实力。微博作为网络产品服务，生命周期较普通产品更短，要实现其持续发展，打造共生平台、丰富辅助产品、互为融合促进无疑是提供支撑力的合理途径。但平台化后的微博，却有可能出现产品独立性的欠缺，导致核心价值无法展现。因此，明确微博的平台定位，实现平台的良性共生，才能使平台化的支撑作用有效发挥。

5.3 轻博客将成为微博的竞争对手

起源于Tumblr网站的轻博客，是介于博客与微博之间的一种网络服务，支持多种格式信息并且不限数量。轻博客的核心价值在于它是基于兴趣图谱的社交产品，模糊了真实社交而突出了兴趣社交。其作为一种需求的改良，主要强调博客内容本身而淡化个了体性特征。虽然目前而言，多数用户尚未适应轻博客的产品定位，但其巨大的发展空间与发展潜力，确实给予了微博一个新的挑战。

参考文献：

[1] 平亮，宗利永．基于社会网络中心性分析的微博信息传播研究——以 Sina 微博为例［J］．图书情报知识，2010（6）：92－97.

[2] 夏雨禾．微博互动的结构与机制——基于对新浪微博的实证研究［J］．新闻与传播研究，2010（4）：60－69.

[3] 孙强，王蓓蓓．微博井喷式发展动力何在？——从用户特征角度分析中国微博发展的动力因素［J］．广告大观（理论版），2010（6）：45－53.

[4] 杨成明．微博客用户行为特征实证分析［J］．图书情报工作，2011，55（12）：21－25.

[5] 金永生，王睿，陈祥兵．企业微博营销效果和粉丝数量的短期互模型［J］．管理科学，2011，24（4）：71－83.

[6] 常宁．微博时代的企业营销——以“新浪微博”为例［J］．科技传播，2012（2）：243－245.

[7] 谢丽星，周明，孙茂松．基于层次结构的多策略中文微博情感分析和特征抽取［J］．中文信息学报，2012，26（1）：73－82.

[8] 程传鹏，夏敏捷．微博自动标引关键技术的研究［J］．计算机工程与应用，2011，47（34）：137－140.

[9] 帕尔哈提·尼加提，黄晓斌．微博客的竞争性信息构成与质量评价［J］．情报理论与实践，2012，35（5）：10－14.

[10] 帕尔哈提·尼加提，黄晓斌．基于微博客的企业竞争情报搜集与分析［J］．情报理论与实践，2012，35（5）：5－9.

[11] 毛晓燕，环菲菲．竞争对手情报分析［J］．情报探索，2006（3）：73－75.

[12] 韩贵义，夏天，胡锋．基于基尼系数分解法的中国报表软件行业竞争态势研究［J］．管理评论，2010，22（11）：88－92.

[13] 月光．互联网开放平台应用综述［EB/OL］．［2010－08－13］．http：//www. williamlong. info/archives/2289. html.

[14] 邵宝麟．腾讯与新浪微博开放平台之比较［EB/OL］．［2011－04－15］．http：//web2. iresearch. cn/87/20110415/137325. shtml.

作者简介

罗颖瑶，女，1988 年生，硕士研究生。

邬锦雯，女，1969 年生，教授，硕士生导师，博士，发表论文 45 篇，出版著作 3 部。